长三角城市乡土语文丛书

U0564174

淮安乡土语文

清江浦
淮阴 淮安
洪泽 涟水
盱眙 金湖

Huaian Xiangtu Yuwen

丛书编委会主任○熊月之

本 书 主 编○陈 武 严 苏 陈晓岩

上海社会科学院长三角城市历史文化研究中心 编

江苏大学出版社
JIANGSU UNIVERSITY PRESS

镇 江

长三角城市乡土语文丛书

淮安乡土语文

丛书编委会主任　熊月之（上海社科院教授、研究员）

丛 书 编 委　马学强（上海社科院历史所上海史室主任、教授、研究员）　陈梦熊（上海社科院文学所副研究员）　唐力行（上海师范大学教授、研究员）　王国平（苏州大学教授）　陶水木（杭州师范大学教授、研究员）　王　健（上海社科院历史所副研究员）　徐重庆（湖州职业技术学院特聘教授、知名现代文学研究专家）　徐永强（上海社科院长三角城市历史文化研究中心副主任）　施伟强（上海社科院长三角城市历史文化研究中心副主任）

本 书 主 编　陈武，江苏东海人，曾在《人民文学》《中国作家》《十月》《作家》《钟山》《山花》《花城》《天涯》《芙蓉》等杂志发表文学作品，多篇小说被《小说选刊》《小说月报》《中篇小说选刊》《中华文学选刊》《作品与争鸣》《北京文学·中篇小说月报》等选载。中国作家协会会员，文学创作一级。

严苏，中国作家协会会员，文学创作一级。曾任淮安市文联副主席、作家协会副主席、《短小说》杂志执行主编。20 世纪 80 年代开始文学创作，在《十月》《大家》《清明》《芙蓉》《长江文艺》《作品》等刊物发表中短篇小说一百余篇，部分作品被《新华文摘》《小说选刊》《作家文摘》《读者》等转载、推介。小说《草垛》入选《中国新文学大系》。代表作品有：长篇小说《古槐》、中篇小说《新上任的八品芝麻官》、短篇小说《王老五和他的黑牯》。出版长篇小说 2 部、中短篇小说集 9 部、散文随笔集 3 部，400 余万字。长篇小说《古槐》入选 2015 年度《当代》长篇小说论坛"五佳"候选作品，获全国网络票选第三名。获紫金山文学奖（编辑奖）、《中国作家》及《雨花》短篇小说奖、大红鹰文学奖等。现居淮安。

陈晓岩，1986 年生于江苏省东海县。受家庭影响，深爱文学与历史，并有多篇文学作品见诸报端，对苏北地区历史文化研究颇多。参与编写《连云港乡土语文读本》等多部书籍。

编 委 人 员　于兆文　朱月娥　朱士元　吕红梅　仲晓君　孙连洲　华　跃　李亚夫　陈　进　陈传银　沙立卫　杭　贰　金　虹　杨绵发　龚逸群

品读乡土语文

广识中华文化

辛卯军夏枞晓光

（陈晓光　中国文联原副主席、全国政协教科文卫体委员会原副主任、文化部原副部长）

前 言

淮安位于江苏省中北部，江淮平原东部，地处长江三角洲地区，坐落于古淮河与京杭大运河交点，境内有中国第四大淡水湖洪泽湖，与扬州等为淮扬菜的主要发源地，是江淮流域古文化发源地之一。淮安建城至今已有2200多年的历史。秦时置县，曾是漕运枢纽、盐运要冲，历史上与杭州、苏州、扬州并称运河沿线的"四大都市"，有"中国运河之都"的美誉。

淮安是一座人杰地灵、历史悠久的名城。6000余年前这里就有人类生活的遗迹，留下了"青莲岗文化遗址"。自隋朝起，大运河成为南北运输的重要通道，地处运河中段的淮安成为交通枢纽，白居易称其为"淮水东南第一州"，明代姚广孝称淮安为"襟吴带楚客多游，壮丽东南第一州"。这里诞生过大军事家韩信、汉赋大家枚乘、巾帼英雄梁红玉、《西游记》作者吴承恩、民族英雄关天培、旷世奇才刘鹗等杰出人才，这里也是一代伟人周恩来总理的故乡。

历史是源泉，文化是灵魂，它们相互依存，相互浇灌。深厚的文化积淀、秀丽的自然风光，造就了淮安，这里诞生了许多文人墨客，也吸引了大量外地文人慕名而来，留下许多美妙的诗词歌赋。历代积累的无数篇佳作，无疑是淮安人的巨大宝藏，而这些宝藏也渐渐成了淮安的乡土文化。

一个地方的乡土文化，是特别的，也是唯一的。它的存在，是这个地方有别于其他任何一个地方的证据和说明。这是一种语言，是一个代码，是文明发展中的一个美丽的枝杈，正是这些枝杈，组成了文明这棵丰茂的大树。如果没有这些枝杈，那么这棵大树只怕就只是一根简陋的大木料了。

在全球化时代，文化渐渐同化，乡土文化或许会断裂，如果失去了乡土文化，人们也就失去了文化的身份，这是乡土文化需要重视和加强的原因。乡土文化不仅是一个地区的本地知识文化，更是每一个人与家乡、与历史的对话，是每个人文化身份的确认。保存和守护乡土文化，成了一个必然的话题和难题。希望这本书能够对保存和传播淮安的乡土文化做出一点贡献。

目　录

第一单元　古代诗歌篇

[1]

［3］

第二单元　小说篇

第三单元　古代散文篇

第四单元　现代散文篇

第五单元　传记篇

第一单元 古代诗歌篇

汉·三国

终日舂薄暮
戚夫人

子为王，
母为虏，
终日舂薄暮，
常与死为伍。
相离三千里，
当谁使告汝^①？

【注释】

①谁使：使谁。汝：一作"女"，你。指赵王如意。

【导读】

　　这是戚夫人在遭受非人折磨时唱出的饱含强烈感情的诗歌。在"子为王"的情况下，母亲却从早到晚忍受繁重的、惩罚性的劳作，生活在死亡阴影的笼罩中。而唯一的亲人却远在千里之外，有谁能把母亲的悲惨处境告诉儿子呢？诗中通过尖锐的对比、沉痛的倾诉，表现出对残酷命运的无助，对生活的绝望，以及一个母亲对儿子的深深思念。全诗直陈悲抑，令人动容。

【作者简介】

　　戚夫人（生卒年不详），是汉高祖刘邦的宠姬，其子赵隐王如意得刘邦喜爱，刘邦常欲废太子刘盈而立如意，遭吕后忌恨。高祖死后不久，吕后即将戚夫人囚禁于永巷，剃其发，以铁圈圈其颈，令其舂粮。戚夫人在舂粮时唱出了《终日舂薄暮》，也称《永巷歌》。吕后闻之大怒，将赵隐王如意毒死，砍掉戚夫人手、足，挖出眼珠，并致其聋哑。其墓冢在今淮安市盱眙县境内。

杂诗九首

枚乘

一

西北有高楼，上与浮云齐。

交疏结绮窗①，阿阁②三重阶。

上有弦歌声，音响一何悲！

谁能为此曲？无乃杞梁妻③。

清商④随风发，中曲正徘徊。

一弹再三叹，慷慨有余哀。

不惜歌者苦，但伤知音稀。

愿为双鸿鹄⑤，奋翅起高飞。

【注释】

①疏：透刻。绮：有花纹的细绫。

②阿阁：四面有檐的阁子。

③无乃杞梁妻：无乃：莫非。杞梁妻：杞梁，春秋时齐国的大夫，为齐国伐莒，死于莒国城下，其妻一连哭了十天，连城墙也被她哭塌了。之后演变为孟姜女哭长城的传说故事。

④清商：乐曲名。

⑤鸿鹄：鸿指大雁，鹄是天鹅。大雁和天鹅是近亲，均是鸟纲，雁行目，鸭科，雁亚科。鸿鹄是古人对秃鹰之类飞行极为高远鸟类的通称。

二

东城高且长，逶迤自相属①。

回风②动地起，秋草萋③已绿。

四时更变化，岁暮一何速！

《晨风》④怀苦心，《蟋蟀》⑤伤局促。

荡涤⑥放情志，何为自结束⑦？

燕赵多佳人，美者颜如玉。

被服罗裳衣，当户理清曲⑧。

音响一何悲，弦急知柱促⑨。

驰情整中带⑩，沉吟聊踯躅⑪。

思为双飞燕，衔泥巢君屋。

【注释】

①相属：指连续不断。

②回风：旋风。

③萋：指草很茂盛。

④《晨风》：《诗经》篇目，是女子怀人诗。

⑤《蟋蟀》：《诗经》篇目，是感时诗。

⑥荡涤：扫除。这里是扫除烦恼的意思。

⑦结束：拘束。指《晨风》《蟋蟀》的作者感伤自缚。

⑧理清曲：温习清商曲。

⑨弦急知柱促：弦急：指弦紧音高。柱：筝、瑟等乐器上架弦的木柱。

⑩中带：古代妇女衣服的一种。中，一作"巾"。

⑪踯躅：脚步才移又止。

三

行行重行行①，与君生别离。

相去万余里，各在天一涯。

道路阻且长，会面安可知？

胡马②依北风，越鸟③巢南枝。

相去日已远，衣带日已缓④。

浮云蔽白日，游子不顾反。

思君令人老，岁月忽已晚。

弃捐勿复道⑤，努力加餐饭⑥。

【注释】

①重行行：行之不已，含有愈走愈远之意。

②胡马：北方所产的马。

③越鸟：南方所产的鸟。这两句含依恋故土之情。

④缓：宽松。

⑤弃捐：抛弃。

⑥加餐饭：劝游子保重自爱。

四

涉江采芙蓉①，兰泽②多芳草。

采之欲遗③谁？所思在远道。

还顾望旧乡④，长路漫浩浩。

同心而离居，忧伤以终老。

【注释】

①芙蓉：荷花。

②兰泽：长有兰草的沼泽。

③遗：赠送。

④旧乡：故乡。

五

青青河畔草，郁郁①园中柳。

盈盈②楼上女，皎皎③当窗牖。

娥娥④红粉妆，纤纤⑤出素手。

昔为倡家女⑥，今为荡子⑦妇。

荡子行不归，空床难独守。

【注释】

①郁郁：茂盛的样子。

②盈盈：形容仪态美好。

③皎皎：白皙明洁的样子。

④娥娥：美貌。

⑤纤纤：纤细。

⑥倡家女：指歌舞伎。

⑦荡子：漫游四方的人。

六

兰若^①生春阳，涉冬犹盛滋。

愿言追昔爱，情款^②感四时。

美人在云端^③，天路隔无期。

夜光照玄阴^④，长叹恋所思。

谁谓我无忧？积念发狂痴。

【注释】

①兰若：兰草和杜若，都是香草。

②情款：情意诚挚融洽。

③云端：比喻相隔遥远。

④玄阴：幽暗。

七

庭中有奇树^①，绿叶发华滋^②。

攀条折其荣^③，将以遗所思。

馨香盈怀袖，路远莫致之^④。

此物何足贵^⑤？但感别经时^⑥。

【注释】

①奇树：嘉树。

②发华滋：花开得很茂盛。

③荣：花。

④致之：送达。

⑤贵：一作“贡”。

⑥别经时：离别很久。

八

迢迢^①牵牛星，皎皎河汉女^②。

纤纤擢^③素手，札札弄机杼^④。

终日不成章⑤，泣涕零⑥如雨。

河汉清且浅，相去复几许⑦？

盈盈一水间，脉脉⑧不得语。

【注释】

①迢迢：遥远的样子。

②河汉女：织女星。

③擢：摆动。

④札札弄机杼：札札：织机声。机杼（zhù）：织机。

⑤不成章：不能织成经纬文理。

⑥零：落。

⑦几许：有多远。

⑧脉脉：相视的样子。

九

明月何皎皎，照我罗床帏①。

忧愁不能寐，揽衣起徘徊。

客行虽云乐，不如早旋②归。

出户独彷徨，愁思当告谁？

引领③还入房，泪下沾裳衣。

【注释】

①罗床帏：床帐。

②旋：同"还"。

③引领：抬头远望。

【导读】

《古诗十九首》为汉代无名氏的作品，非一时一人所作。梁代萧统因各篇风格相近，合在一起题为《古诗十九首》。其中九首被认为是枚乘所作，《玉台新咏》题为《杂诗九首》。诗歌内容大都写夫妇朋友间的离愁别恨和士子彷徨失意的情绪。作品虽情调低沉，但在创造诗的意境方面，有其独到的成就。语言朴素自然、婉曲含蓄，是早期文人五言诗的重要作品。特别是《行行重行行》《迢迢牵牛星》等篇目，广为后人称道，影响深远。

【作者简介】

枚乘（？—前140），西汉辞赋家。汉淮阴县（治今淮阴区）人。初为吴王刘濞郎中，刘濞谋反，上书劝阻，吴王未听，遂去梁。吴楚七国反，再上书劝吴王罢兵，又不听。"吴楚七国之乱"平复后，被汉景帝召拜为弘农都尉。因不喜郡吏生活，以病去官，复游于梁。梁孝王卒，乃归淮阴。武帝久闻其名，即位后，以"安车蒲轮"召他入京，终因年老体衰，病死途中。有赋9篇，今存《七发》等3篇。

饮马长城窟行

陈琳

饮马长城窟①，水寒伤马骨。

往谓长城吏②，慎莫稽留太原卒③！

官作自有程④，举筑谐汝声⑤。

男儿宁当格斗死，何能怫郁⑥筑长城！

长城何连连⑦，连连三千里。

边城多健少，内舍多寡妇。

作书与内舍，便嫁⑧莫留住。

善事新姑嫜⑨，时时念我故夫子⑩。

报书往边地，君今出言一何鄙⑪！

身在祸难中，何为稽留他家子⑫？

生男慎勿举⑬，生女哺用脯。

君独不见长城下，死人骸骨相撑拄！

结发行事君，慊慊心意关⑭。

明知边地苦，贱妾何能久自全⑮。

【注释】

①长城窟：长城边的泉眼。

②长城吏：监管修筑长城的官吏。

③太原卒：征来的民夫。

④程：期限。

⑤谐汝声：齐唱夯歌。

⑥怫郁：烦闷，忧愁。

⑦连连：绵长不断的样子。

⑧便嫁：改嫁。

⑨姑嫜：公婆。

⑩故夫子：原来的丈夫，即戍卒自己。

⑪鄙：鄙俗。

⑫他家子：别人家的女子。

⑬举：养大。勿：一作"莫"。

⑭慊慊：怨恨不满。关：关联，牵挂。这句说婚后的别离使她满怀怨恨，心中时时牵挂着远方的丈夫。

⑮全：周全。

【导读】

《饮马长城窟行》是乐府古题，属《清商曲·瑟调曲》。诗中通过一个修筑长城的戍卒与妻子的对话，生动而真实地揭露了战争和徭役给人民带来妻离子散、家破人亡的深重灾难。

【作者简介】

陈琳（？—217），汉末文学家，"建安七子"之一。曾任大将军何进主簿。何进死，依附袁绍，掌管书记。袁绍败，归依曹操，任司空军谋祭酒，管记室，又为门下督。陈琳以善拟章表书记著称于世。原有集 10 卷，后散佚。其诗作仅存 4 首，明人辑《陈记室集》1 卷，流传后世。

关于陈琳的籍贯，许多著作都称其为江苏扬州人，实为误解。《资治通鉴》63 卷记载："魏之广陵郡治淮阴，汉之广陵故城废弃不治。"历代《淮安府志》亦称"琳为广陵射阳人"。广陵射阳即今淮安市淮安区。

止欲赋

陈琳

媛①哉逸女，在子②东滨。色耀春华③，艳过硕人④。乃遂古其寡俦⑤，固当世之无邻。允⑥宜国而宁家，实君子之攸嫔⑦。伊子情之是悦⑧，志荒溢而倾移⑨。宵炯炯⑩以不寐，昼舍食以忘饥。吸北风之好我，美携手之同归。忽日月之徐迈⑪，庶枯杨之生稊⑫。道悠长而路阻，河广漾而无梁⑬。虽企子而欲往，非一苇⑭之可航。展子辔⑮以言归，含惨瘁⑯而就床。忽假瞑其若寐，梦所欢之来征。魂翩翩以遥怀，若交好而通灵。欲语言于元鸟，元鸟逝以差池⑰。

【注释】

①媛：美好。

②子：一作"余"。

③春华：春花。

④硕人：《诗·卫风·硕人》："硕人其颀，衣锦褧衣。"硕：大也。言仪表美丽俊好。

⑤寡俦：少有匹配。

⑥允：诚，信。

⑦攸嫔：攸：所。嫔：嫔俪，配偶。

⑧情之是悦：感情唯以此（她）而喜悦、愉快。

⑨志荒溢而倾移：心志（因她而）荒废、溢失、倾覆、移去。

⑩炯炯：犹言耿耿，不寐貌。

⑪徐迈：慢慢地消逝。

⑫稊（tí）：通"荑"，植物的嫩芽。

⑬河广漾而无梁：漾：水流长。梁：桥。

⑭一苇：捆苇草当筏，后用作小船的代称。

⑮辔（pèi）：驾驭牲口的缰绳。

⑯惨瘁：悲痛忧伤。

⑰差池：差错，错过。

【导读】

这是一首优美的爱情篇章，写所钟情女子的美好和对她的思慕之情，文字真实、细腻、委婉，感人肺腑。

【作者简介】

见《饮马长城窟行》。

南朝

芜城赋

鲍照

泳迤平原①，南驰苍梧涨海②，北走紫塞雁门③。柂以漕渠④，轴以昆岗。重江复关之隩，四会五达之庄⑤。

当昔全盛之时，车挂辖⑥，人驾肩，廛闬扑地⑦，歌吹沸天。孳货盐田，铲利铜山⑧。才力雄富，士马精妍⑨。故能侈秦法，佚周令⑩，划崇墉，刳浚洫⑪，图修世以休命⑫。是以板筑雉堞之殷⑬，井干烽橹之勤⑭，格高五岳，袤广三坟⑮，崒若断岸，矗似长云⑯。制磁石以御冲⑰，糊赪壤以飞文⑱。观基扃之固护⑲，将万祀而一君⑳。出入三代㉑，五百余载，竟瓜剖而豆分㉒。

泽葵依井，荒葛罥涂㉓。坛罗虺蜮，阶斗麏鼯㉔。木魅山鬼㉕，野鼠城狐。风嗥雨啸，昏见晨趋㉖。饥鹰砺吻，寒鸱吓雏㉗。伏暴藏虎，乳血飧肤㉘。崩榛塞路，峥嵘古馗㉙。白杨早落，塞草前衰㉚。棱棱霜气，蔌蔌风威㉛。孤蓬自振，惊砂坐飞㉜。灌莽杳而无际，丛薄纷其相依㉝。通池既已夷，峻隅又以颓㉞。直视千里外㉟，唯见起黄埃。凝思寂听，心伤已摧㊱。

若夫藻扃黼帐㊲，歌堂舞阁之基；璇渊碧树，弋林钓渚之馆㊳，吴蔡齐秦之声；鱼龙爵马之玩㊴，皆熏歇烬灭，光沉响绝㊵。东都妙姬，南国丽人㊶，蕙心纨质，玉貌绛唇㊷，莫不埋魂幽石，委骨穷尘㊸，岂忆同舆之愉乐，离宫之苦辛哉㊹？

天道如何，吞恨者多㊺，抽琴命操㊻，为《芜城之歌》。歌曰：边风急兮城上寒，井径灭兮丘陇残㊼。千龄兮万代，共尽兮何言㊽！

【注释】

①泳迤（mí yì）：地势逐渐平坦。"迤"亦作"迆"。平原：指广陵一带地势。

②苍梧：在今广西梧州。涨海：在今南海至爪哇海一带。

③紫塞:长城。雁门:郡名,秦置,今山西省北部。

④柂(duò):引导,沟通。漕渠:漕河,水道运粮。此处指今江苏江都西北至淮安三百七十里的一段运河。轴:作动词用,像车轴一样。昆岗:又名阜岗、昆仑岗、广陵岗,广陵城建置其上。

⑤重江:众多的水道。复关:广陵有内外二城,故称。隩(yù):水涯深曲处。四会五达:四通八达的康庄大道。庄:大道。

⑥挂:牵挂。轊(wèi):车轴的末端。人驾肩:人肩相摩,拥挤不堪。

⑦廛(chán):居民区。闬(hàn):里门。扑地:遍地。

⑧孳:同"滋",滋生。货:钱财。铲:开掘。

⑨士马:兵马。妍(yán):美。

⑩侈:扩大,过分,引申为超越。佚:通"轶",超过。

⑪划:开,建造。崇墉(yōng):高城墙。刳(kū):挖掘。浚:深。洫:护城河。

⑫修:长。修世:永世。休命:好运。

⑬板筑:古代筑墙,在两块木板中间填上土,夯结实,叫作板筑。也作"版筑"。雉堞:城上的女墙。殷:与下句的"勤"为互文。

⑭井干(hán):井上木栏。构筑楼台、烽橹时,梁木交架如同井栏,因而用以借喻城楼。烽橹:瞭望烽火的望楼。

⑮格:量度。五岳:东岳泰山,西岳华山,南岳衡山,北岳恒山,中岳嵩山。袤广:南北为袤,东西为广。坟:"分"。一说即古人以天下九州为九分。这里"三坟"即"三分"。

⑯崒(zú):高峻而危险。断岸:陡峭的河岸。矗:高耸。

⑰冲:突击。

⑱糊:涂饰。赪(chēng):赤色。飞文:光彩相照。

⑲基:城基。扃(jiōng):门闩。基扃:指城阙。固护:牢固。

⑳将:欲,打算。祀:年。

㉑三代:汉、魏、晋三个朝代,约五百余年。

㉒瓜剖豆分:形容广陵城的崩裂毁坏。

㉓泽葵:莓苔。荒葛:荒野葛藤。罥(juàn):缠绕。涂:同"途",路。

㉔坛:祭祀的土台。罗:列。虺(huǐ):毒蛇。蜮:短狐,据说

能含沙射人，形似鳖，又称"射工"。麇（jūn）：似鹿而小。鼯：一种"大飞鼠"，昼伏夜出。

㉕魅（mèi）：古人以为是木石的精怪。

㉖嗥：野兽吼叫之声。见：同"现"。趋：奔走。

㉗砺吻：磨嘴。鸱：鸱鹰。吓：怒叱声。雏：小鸟。

㉘豼（hán）：白虎。乳：用作动词。飧（sūn）：用作动词。肤：指肉。

㉙榛：丛生的树木。峥嵘：幽深。馗（kuí）：同"逵"，大路。

㉚塞草：城垣上的草。前衰：早枯。

㉛棱棱：霜气严寒。蔌蔌（sù）：劲疾的风声。

㉜振：拔。坐飞：无故自飞。

㉝灌：丛生。莽：常绿灌木。杳：深远。丛薄：草木丛生。相依：彼此相连。

㉞通池：城濠。夷：平。峻隅：高城。颓：倒塌。

㉟直视：极目远视。

㊱凝思：凝神而思。寂听：静听。摧：忧伤已极。

㊲藻：文采。扃：这里指门。黼（fū）：古代礼服上白黑相间的花纹。

㊳璇渊：玉池。碧树：玉树。弋林：射鸟的地方。钓渚：钓鱼的水洲。馆：建筑在林中池边的宫馆。

㊴吴蔡齐秦之声：吴、蔡之女善于歌唱，齐、秦之女善于弹奏，形容声音的美。鱼龙爵马之玩：戏法杂技等玩赏节目。爵：同"雀"。

㊵熏：花草的芳香。烬：灰烬。光沉：光华淹没。响绝：音声消失。

㊶东都：洛阳。妙姬：美女。姬：古代妇人的美称。南国：南方。

㊷蕙心：性情芳洁如兰蕙。纨质：体质像纨素一样柔媚。纨：洁白的细绢。绛：红。

㊸委：弃。

㊹舆：车。离宫：俗谓"冷宫"。

㊺天道：这里指命运、造化。吞恨：含恨。

㊻抽：引出。命：使，弹奏。操：琴曲。

㊼井：井田。这里泛指田亩。径：小路。丘陇：坟墓。

㊽共尽：同归于尽。

名城广陵曾是西汉诸王国的治所，又是南北朝时的交通枢纽，地势重要，市容繁华。宋文帝元嘉二十七年（450）北魏举戈南侵，广陵被焚。宋孝武帝大明三年（459）竟陵王刘诞据广陵叛变，孝武帝派兵讨平，并下令屠杀城中全部男丁。十年之间，广陵两遭兵祸，繁富闹市变成一座荒城。大明年间，鲍照登广陵城楼，目睹眼前残败破乱、荒芜不堪的凄凉景象，俯仰苍茫，感慨万千，写下了《芜城赋》。这篇抒情小赋通过对广陵城昔日繁盛、今日荒芜的渲染夸张和铺叙对比，抒发了作者对历史变迁、王朝兴亡的感慨。

【作者简介】

鲍照（414—466），字明远，东海（治今涟水县）人。南朝宋杰出文学家。出身寒微，早年经历不详。后因献诗临川王刘义庆，受赏识，擢为国侍郎。孝武帝即位后，曾任海虞令、太守博士兼中书舍人、永嘉令等职。临海王刘子顼出镇荆州时为前军参军，掌书记，世称"鲍参军"。后晋安王刘子勋谋反，子顼起兵响应，兵败，荆州大乱，鲍照为乱军所杀。钟嵘说他"才秀人微，故取湮当代"。

鲍照的诗、赋、骈文都有名作，而以诗的成就最大。他的七言诗，大胆采用民歌形式，并加以改造，变逐句韵为隔句韵，还可以自由换韵。和同时期的谢灵运、颜延之并称为"元嘉三大家"，其《芜城赋》和骈体文《登大雷岸与妹书》在文学史上有一定影响。著有《鲍参军集》。

拟行路难（二首）

鲍照

泻水置平地

泻水置平地，各自东西南北流。
人生亦有命，安能行叹复坐愁！
酌酒以自宽，举杯断绝歌《路难》。
心非木石岂无感？吞声踯躅^①不敢言。

对案不能食

对案不能食，拔剑击柱长叹息。
丈夫生世会几时，安能蹀躞^②垂羽翼？
弃置罢官去，还家自休息。
朝出与亲辞，暮还在亲侧。
弄儿床前戏，看妇机中织。
自古圣贤尽贫贱，何况我辈孤且直！

【注释】
①踯躅：驻足，踏步不前。
②蹀躞（dié xiè）：小步走路状。

【导读】
《行路难》原为汉代乐府旧题，属《杂曲歌辞》，鲍照拟作 18 首。
这些拟古诗大都表现出诗人对南朝门阀制度的不满和抑郁不平的情绪。
这二首诗亦是他忧愁和悲愤之情的真实写照，诗中感情强烈，形象鲜明，
表现了他沉痛难言的矛盾。

【作者简介】
见《芜城赋》。

梦还乡

鲍照

衔泪出郭门，抚剑无人逵①。

沙风暗塞起，离心眷乡畿②。

夜分就孤枕，梦想暂言归。

孀妇③当户织，缫丝复鸣机。

慊款④论久别，相将⑤还绮闱⑥。

历历櫩下凉，胧胧帐里辉。

刈兰争芬芳，采菊竞葳蕤⑦。

开衾集香苏⑧，探袖解缨徽⑨。

寐中长路近，觉后大江违⑩。

惊起空叹息，恍惚神魂飞。

白水漫浩浩，高山壮巍巍⑪。

波澜异往复⑫，风霜改荣衰。

此土非吾土⑬，慷慨⑭当告谁！

【注释】

①逵：四通八达之路。

②乡畿：故乡门内。

③孀妇：此谓独居之妇，指主人公之妻。古诗言妇人不必夫死而后称寡，如陈琳《饮马长城窟行》中之"寡妇"。

④慊款：诚挚，恳切。

⑤相将：相互搀挽。

⑥绮闱：罗帐。

⑦葳蕤：鲜丽貌。

⑧苏：草名，即紫苏，又名桂荏。

⑨缨徽：琴徽，指系琴弦之绳。

⑩违：别离。

⑪"白水"二句：钱振伦注以为：《列女传》记宁戚之妾引"古有白水之诗"——"浩浩白水，鯈鯈之鱼。君来召我，我将安居？国家未

定，从我焉如"——而断言"此宁戚之欲得仕国家也"；黄节补注以为：亦用秦嘉赠妇诗"河广无舟梁，浮云起高山"意。

⑫往复：往返。

⑬"此土"句：用王粲《登楼赋》"虽信美而非吾土兮"之意，写其思乡之情。

⑭慷慨：同"忼慨"，悲叹。

【导读】

这首五言古诗，当为鲍照寄寓建康（今江苏南京）而未见知于临川王刘义庆之前所作，时在宋文帝元嘉十六年（439）之前的两三年间，亦即其《拟行路难》18首末首所云"余当二十弱冠辰"之后的两三年间（参见钱仲联《鲍参军集注》开篇所附的《鲍照年表》）。

诗题《梦还乡》的"乡"，自然是《南史》本传所说之"东海"。不过刘宋时的东海今为何地，众说纷纭。臧励龢等编写《中国古今地名大辞典》云："东海郡，南朝宋置。东魏改曰海西。隋废。故治在今江苏涟水县北。"

此诗开头四句，为第一层，写其怀才不遇、眷念故乡的悲愤情怀。中间十二句，为第二层，描述夜梦归乡、与妻相亲的缠绵情景。最后十句，为第三层，抒写梦醒空叹、乡情难诉的愤懑之感。

钟嵘《诗品》称誉鲍照"善制形状写物之词，得景阳（晋人张协）之诡诡，含茂先（晋人张华）之靡嫚，骨节强于谢混（晋人，字叔源），驱迈疾于颜延（南朝宋人颜延之），总四家而擅美，跨两代而孤出"。虽以四家诗比其诗风不尽妥帖，但看此诗抑塞不平之气刻骨思乡之情，堪谓擅美而孤出。

【作者简介】

见《芜城赋》。

拟青青河畔草

鲍令晖

袅袅①临窗竹，蔼蔼②垂门桐。

灼灼③青轩女，泠泠高台中。

明志逸秋霜，玉颜④艳春红。

人生谁不别，恨君早从戎。

鸣弦⑤惭夜月，绀黛⑥羞春风。

【注释】

①袅袅：随风摇摆的样子。

②蔼蔼：茂盛的样子。

③灼灼：形容女子艳丽。

④艳：一作"掩"。

⑤鸣弦：指弹琴。

⑥绀黛：指美女丹青色的秀眉。

【导读】

《古诗十九首·青青河畔草》的拟作很多，鲍令晖这首拟作与原诗相比虽然都是写思妇的离愁别恨，却具有不同的特点。原诗抒情显得坦率、直接，而鲍诗中明显反映出主人公对感情的理性克制及心理上的内倾，也就是说，发乎情而止乎礼，表达了一种纯洁的思念。

【作者简介】

鲍令晖（生卒年不详），鲍照之妹。工诗，有才思，著名女诗人。鲍照曾对宋孝武帝说："臣妹才自不亚于左芬，臣才不及太冲尔。"他以左思兄妹自况，足见令晖才华之非凡。钟嵘《诗品》评其诗"崭绝清巧，拟古尤胜"。著有《香茗赋集》，已佚。

拟客从远方来

鲍令晖

客从远方来，赠我漆鸣琴。

木有相思文，弦有别离音。

终身执此调，岁寒不改心。

愿作《阳春曲》，宫商^①长相寻。

【注释】

①宫商：分别为我国古代五声音阶的第一、第二个音阶，此处泛指音乐。

【导读】

诗中主人公收到远方爱人相赠的"漆鸣琴"，琴弦所发出的别离之音，使她感受到一种强烈的愿望：在《阳春曲》乐曲声中相依相欢，长相厮守。全诗通过赠琴、琴声、琴曲，隐喻一对爱人的相思及对爱的执着和忠贞。

【作者简介】

见《拟青青河畔草》。

古意赠今人

鲍令晖

寒乡无异服，衣毡代文练①。

月月望君归，年年不解绖②。

荆扬③春早和，幽冀犹霜霰④。

北寒妾已知，南心⑤君不见。

谁为道辛苦？寄情双飞燕。

形迫杼煎丝，颜落风催电。

容华一朝尽，惟余心不变。

【注释】

①文练：带毛纹的绢。这里代指衣服。"毛毡"一作"毡褐"。

②解绖（rán）：指去官辞职。绖，冠冕上的装饰。

③荆扬：荆州、扬州。

④幽冀：幽州、冀州。霰：指雪珠。

⑤南心：指妻子之心，妻子住在南方，故称。

【导读】

这是以一个女子的口吻赠给多年征戍未归的丈夫的诗。诗中闺妇既有对丈夫无冬衣御寒的担忧，也有对丈夫远征不归的愁闷，更有对自身容颜渐衰的慨叹，但最后以"惟余心不变"作结。全诗情深意长，深沉含蓄，耐人品味。

【作者简介】

见《拟青青河畔草》。

代葛沙门妻郭小玉诗（二首）

鲍令晖

一

明月何皎皎，垂幌照罗茵^①。

若共相思夜，知同忧怨晨。

芳华岂矜貌^②，霜露不怜人。

君非青云逝^③，飘迹事咸秦^④。

妾持一生泪，经秋复渡春。

二

君子将徭役，遗我双题锦^⑤。

临当欲去时，复留相思枕。

题用常著心，枕以忆同寝。

行行日已远，转觉心弥甚^⑥。

【注释】

①茵：车上的垫子。

②矜：顾惜。

③青云：指远大志向。

④咸秦：以秦建都咸阳，故曰咸秦，这里泛指西方。

⑤遗（wèi）：送。

⑥弥：更加。

【导读】

这是鲍令晖代他人写作的两首表现离愁别恨的诗。诗中都以闺中思妇的心理活动为线索展开。虽是代人之作，但诗人作为一个女子，完全能够体察和理解郭氏的心态，内心刻画含蓄细腻，因而写得极为感人。表现手法上朴素而沉挚，外静而内动，无声却胜于有声。

【作者简介】

见《拟青青河畔草》。

唐

淮阴书怀寄王宋城①

李白

沙墩至梁苑②，二十五长亭③。

大舶④夹双橹，中流鹅鹳鸣。

云天扫空碧，川岳涵⑤余清。

飞凫⑥从西来，适与佳兴⑦并。

眷言王乔舄⑧，婉娈⑨故人情。

复此亲懿⑩会，而增交道荣。

沿回⑪且不定，飘忽怅徂征⑫。

暝⑬投淮阴宿，欣得漂母⑭迎。

斗酒烹黄鸡，一餐感素诚⑮。

予为楚壮士⑯，不是鲁诸生⑰。

有德必报之，千金耻为轻。

缅书羁孤意⑱，远寄棹歌⑲声。

【注释】

①王宋城：在宋城做知县的王姓友人。古人往往将某人的籍贯或任官的地方借来称呼该人。例如，柳宗元籍贯河东，在柳州做过刺史，因而人们又称之"柳河东""柳柳州"。

②沙墩：古地名，在今安徽境内。梁苑：古地名，今属河南。

③长亭：古时设在路旁的亭舍。《白孔六帖》卷九："十里一长亭，五里一短亭。"

④大舶：大船。

⑤涵：包含。

⑥凫：野鸭。

⑦佳兴：好兴致。

⑧王乔舄（xiè）：王乔，神话人物。舄，即鞋。王乔有神术，常

自县至京师，而不见车骑，临至，必有双凫飞来，人举网得之，则为乔所穿之鞋。传说王乔曾在淮安钵池山炼丹，后登仙而去。

⑨婉娈：眷恋。

⑩亲懿：亲切，美好。

⑪沿回：沿，顺着水道而下。回，回去。

⑫徂征：远行。徂，往。

⑬暝：日落，天黑。

⑭漂母：漂洗衣物的老妇。据《史记》记载，韩信少时钓于城下，有漂母"见信饥，饭信"。后信为楚王，召漂母，赐千金。

⑮素诚：真情。

⑯楚壮士：指韩信。

⑰鲁诸生：鲁国的儒生，指孔子及其门徒。他们在陈蔡绝粮，曾经骂过农民。事见《史记·孔子世家》。

⑱羁孤意：漂泊外乡的孤独心情。

⑲棹歌：船歌。

【导读】

这是李白途经淮阴时写给河南王姓友人的诗。前十二句写旅途所见和对故友的想念，后十二句写夜宿淮阴时受到的真诚款待。关于王宋城，《全唐诗》注"一作王宗成"，也有的地方说是"王宗城"。诗中"楚壮士"指韩信，李白在淮阴，故以"淮阴"故事为喻，言自己受人款待，如韩信之于漂母，受一饭之恩，以千金相报，而不像"鲁诸生"那样不达世情。

"诗仙"李白游历淮阴，大约在开元二十六年（738）前后，李白开始了一段长达一年左右的运河之旅，所走线路是"由泗入淮"。沿着泗水，李白来到淮阴，在此流连很久，写下了《淮阴书怀寄王宋城》一诗。从淮阴渡过淮河后，李白在山阳坐船继续旅行。第二年春天，李白又来到楚州安宜县（今扬州宝应）赋诗《赠徐安宜》。从李白游踪图可见，"诗仙"脚步遍布大江南北，浪漫而漂泊，留下了诸多不朽诗篇。

【作者简介】

李白（701—762），字太白，号青莲居士，又号谪仙人。伟大的浪漫主义诗人，有"诗仙"之称，与杜甫齐名，世称"李杜"，有《李太白集》传世。

李白生活在盛唐时期，年轻时随大纵横家赵蕤学习帝王学和纵横术，并"练剑十年"，24岁只身出蜀，"仗剑去国，辞亲远游"，此后再未回乡，期间与孟浩然、杜甫等结为至交好友；贺知章惊其诗文与风采，誉之为"谪仙人"。李白出蜀不久后即名满天下，一生曾三至长安（存疑，一说为两至），但是仅被玄宗皇帝当作诗客文人对待，其经纶济世的理想始终不得伸展。李白出身商人"贱籍"，依唐律没有资格参加科举，又不得当权者赏识，安史之乱时入永王李璘幕府，因"永王东巡"案被判流放夜郎，一年后被赦。此后三年，李白生活无着，贫病交加，最终死于当涂。李白之死，有三种说法，其一见《旧唐书》："以饮酒过度，醉死于宣城。"其二为考证之说，当李光弼东镇临淮时，李白不顾61岁高龄，闻讯前往请缨杀敌，因病返回，次年病死于当涂李阳冰处。其三为民间传说，极富浪漫色彩，说李白在当涂的江上饮酒，入水捉月而死。

李白的诗以抒情为主，能够广泛地从民间和秦、汉、魏乐府民歌吸取丰富营养，形成独特风格。他具有超乎寻常的艺术天才和磅礴雄伟的艺术力量。一切可惊可喜、令人兴奋、发人深思的现象，无不尽归笔底。

淮阴侯庙①

刘禹锡

将略兵机②命世雄③，苍黄④钟室叹良弓⑤。
遂令⑥后代登坛者⑦，每一寻思怕立功。

【注释】

①淮阴侯：指韩信，汉初诸侯王。初属项羽，继归刘邦，被任为大将。在楚汉之争中协助刘邦打败项羽发挥了重要作用，与萧何、张良被刘邦称赞为"汉初三杰"。起初被封为齐王，汉朝建立后改封楚王。后有人告他谋反，被降为淮阴侯。又被告与陈豨勾结在长安谋反，被吕后斩于长乐宫钟室。

②将略兵机：率兵作战的方略计谋。

③命世雄：堪称盖世英雄。命，命名，这里有"堪称"的意思。

④苍黄：本指青色与黄色，后喻事情的变化不定。

⑤叹良弓：韩信被斩前，曾以"狡兔死，走狗烹。飞鸟尽，良弓藏"比喻刘氏王朝在取得天下后杀害功臣的行径。

⑥遂令：就使得。

⑦登坛者：被任命为将帅的人。古时任命将帅时多设坛场，举行隆重仪式。

【导读】

这首诗前两句写韩信卓越的成就和悲剧结局，后两句抒发心中的感慨，言简意长，发人深思。

韩信是淮阴人，秦末著名的战将，谋略家。微时，曾受过胯下之辱，还受漂母一饭之恩。秦末大乱，他先投项羽，不得重用，转投刘邦，一开始也没有被重视。只有萧何、夏侯婴等人赏识他，极力推举他为将。《史记·淮阴侯列传》中萧何称韩信"国士无双"。登坛拜将后，在韩信的谋划和领兵打击下，项羽果然一步步被削弱，最终十面埋伏，在垓下被击败。楚汉相争结束，韩信被封为楚王，刘邦评价曰："战必胜，攻必取，吾不如韩信。"韩信是中国军事思想"谋战"派代表人物，被后人奉为"兵仙""战神"，"王侯将相"韩信一人全任。但因其功高盖主，希望国家回到春秋诸侯割据时代，与刘邦实行郡县制中央集权的思想不合，汉朝建立后他被解除兵权，徙为楚王，后被人告发谋反，降为淮阴侯，最后在吕后和萧何的合谋下被斩于钟室。

【作者简介】

刘禹锡（772—842），唐朝文学家、哲学家，有"诗豪"之称。字梦得，河南洛阳人，自称"家本荥上，籍占洛阳"，又自言"系出中山"。其先祖为中山靖王刘胜。刘禹锡于贞元九年（793）进士及第，初在淮南节度使杜佑幕府中任记室，为杜佑所器重，后从杜佑入朝，为监察御史。后历任朗州司马、连州刺史、夔州刺史、和州刺史、主客郎中、礼部郎中、苏州刺史等职。会昌时，加检校礼部尚书，卒年70，赠户部尚书。刘禹锡诗文俱佳，涉猎题材广泛，与柳宗元并称"刘柳"，与韦应物、白居易合称"三杰"，与白居易合称"刘白"，有《陋室铭》《竹枝词》《杨柳枝词》《乌衣巷》等名篇。哲学著作《天论》三篇，论述天的物质性，分析天命论产生的根源，具有唯物主义思想。有《刘梦得文集》，存世有《刘宾客集》。

楚州开元寺北院枸杞临井繁茂可观群贤赋诗因以继和

刘禹锡

僧房药树依寒井，井有香泉树有灵。
翠黛叶生笼石甃^①，殷红子熟照铜瓶。
枝繁本是仙人杖，根老新成瑞犬形。
上品功能甘露味，远知^②一勺可延龄。

【注释】

①石甃：石砌的井壁。

②远知：一作"还知"。

【导读】

开元寺北院有一口枸杞井，井周围枸杞树郁葱茂密，枸杞成熟的时节，枝头上的小红果远远看去一片殷红，煞是好看。寺院里的僧人每天饮用枸杞井的水，结果人人面色红润，还有好多僧人到了80岁还头发乌黑、牙齿坚固。这口井因此名声远扬。

唐宝历二年（826），刘禹锡与白居易曾相伴游览于扬州、楚州（今淮安）一带，他们沿运河北上去游赏楚州古城，受到山阳太守郭行余的热情接待。当时的场景非常热闹，"自到山阳不许辞，高斋日夜有佳期""笑看儿童骑竹马，醉携宾客上仙舟"便是当时的情景写照。

两位大诗人的到来引起了当地人们的轰动。能够目睹两位大诗人的风采，甚至能够与他们当面交谈，附近的文人都兴奋异常。当时，太守郭行余亲自策划安排，在开元寺举办了一场盛大的文人聚会。白居易、刘禹锡、郭行余都留下了诗篇。

这次文坛聚会引起了空前的轰动，从此，枸杞井和枸杞井诗广为世人传颂，常食枸杞子能延年益寿也逐渐流传开来，食用枸杞子风靡一时。

【作者简介】

见《淮阴侯庙》。

和郭使君题枸杞井①

白居易

山阳太守政严明②，吏静人安无犬惊。
不知灵药根成狗③，怪得时闻吠夜声④。

【注释】

①和：依照别人诗词的格律或内容写作诗词。题：书写，题写。枸杞井：在楚州城西南开元寺北院，井旁长有枸杞，故得名。

②严明：严肃而公正。

③根成狗："狗"是"枸"的谐音。

④时闻：常常听到。

【导读】

见 29 页【导读】。

【作者简介】

白居易（772—846），字乐天，号香山居士，又号醉吟先生，祖籍山西太原，生于河南新郑。白居易是唐代伟大的现实主义诗人，唐代三大诗人之一。白居易与元稹共同倡导新乐府运动，世称"元白"，与刘禹锡并称"刘白"。白居易的诗歌题材广泛，形式多样，语言平易通俗，有"诗魔"和"诗王"之称。官翰林学士、左赞善大夫、太子少傅、刑部尚书。白居易逝于洛阳，赠尚书右仆射，谥号"文"。白居易去世后，唐宣宗李忱写诗悼念他说："缀玉联珠六十年，谁教冥路作诗仙？浮云不系名居易，造化无为字乐天。童子解吟《长恨》曲，胡儿能唱《琵琶》篇。文章已满行人耳，一度思卿一怆然。"著有《白氏长庆集》七十一卷。

赠楚州郭使君

白居易

淮水东南第一州，山围雉堞①月当楼。

黄金印绶悬腰底，白雪歌诗②落笔头。

笑看儿童骑竹马，醉携宾客上仙舟。

当家美事堆身上，何啻林宗与细侯③。

【注释】

①雉堞：又称齿墙、垛墙、战墙，是有锯齿状凹凸叠起的城墙。可用来作为守御城墙者在反击攻城者时的掩蔽之用。垛口长度几十厘米到两米。古代计算城墙面积的单位是"方丈曰堵，三堵曰雉，一雉之墙，长三丈，高一丈"。堞则是城墙上如齿状的薄型矮墙。

②白雪歌诗："白雪"即《阳春白雪》，古代歌名，曲调高雅，和者甚少，见宋玉《对楚王问》。后常用"白雪"赞誉别致高雅的文学作品。

③林宗与细侯：东汉郭秦，字林宗，品学为时人所重。后汉郭伋，字细侯，王莽时为并川牧，建武中由颍州太守复调并川牧，县邑老幼相携途迎，行部到西河，有儿童数百各骑竹马，道次迎拜。后常用"林宗""细侯"赞扬官吏到任，受人欢迎。

【导读】

见 29 页【导读】。

【作者简介】

见《和郭使君题枸杞井》。

赠少年

温庭筠

江海①相逢客恨多，秋风叶下②洞庭波。
酒酣夜别淮阴市，月照高楼一曲歌。

【注释】

①江海：泛指外乡。

②叶下：指秋风吹得树叶纷纷落下，借以渲染客恨。

【导读】

作品大意写浪迹江湖的诗人，在秋风萧瑟的时节与一位少年相遇。彼此情味相投，但只片刻相会就分手了。诗人选择相逢又相别的场景来表现"客恨"，流露出离恨别情，给人以颇深的艺术感染。

诗中的"客恨"不是一般的离愁别恨，这首小诗是借客游抒写作者落拓江湖的"不遇"之感。客游他乡，忽遇友人，本当使人高兴，但由于彼此同有沦落江湖、政治失意之感，故觉颇多苦恨。尤其是在这金风起浪、落叶萧萧的秋天，更容易触动游子的愁肠。"秋风叶下洞庭波"，是化用《楚辞》"袅袅兮秋风，洞庭波兮木叶下"的诗句，描绘南方萧索的秋色，借以渲染"客恨"，并非实指。和下文的"夜别淮阴市"一样，都是借意。

诗的前半融情入景，"客恨"的含意还比较含蓄。后半借酒消愁，意思就显露得多了。"酒酣夜别淮阴市，月照高楼一曲歌"中的"淮阴市"，固然点出话别地点，但主要用意还是借古人的酒杯浇胸中块垒。这里是暗用淮阴侯韩信的故事。韩信年少未得志时，曾乞食漂母、受辱胯下，贻笑于淮阴，而后来却征战沙场，成为西汉百万军队的统帅。温庭筠也是才华出众，素有大志，但因其恃才傲物，终不为世用，只落得身世飘零，颇似少年韩信。故"酒酣夜别淮阴市"句，正寓有以韩信的襟抱期待自己、向昨天的耻辱告别之意。所以最后在高楼对明月，他和少年知音放歌一曲，以壮志共勉，表达了一种豪放不羁的情怀。

这首诗用典故寄托怀抱，不着痕迹，写景叙事自然地融为一体，因景见情，含蓄隽永。暗用韩信故事来自述怀抱之后，便引出"月照高楼一曲歌"的壮志豪情。"月照高楼"明写分别地点，是景语，也是情语，四个字点染了高歌而别的背景，展现着一种壮丽明朗的景色。它不同于"月上柳梢"的缠绵，也有别于"晓风残月"的悲凉，而是和慷慨高歌的情调相吻合，字里行间透露出一种豪气，这正是诗人壮志情怀的写照。诗贵有真情，温庭筠多纤丽藻饰之作，而此篇却以峻拔爽朗的面目独标一格，令人耳目一新。

【作者简介】

温庭筠（？—866），唐代诗人、词人，本名岐，字飞卿。太原（今山西太原西南）人。温庭筠是唐初宰相温彦博之后裔，富有天赋，文思敏捷，每入试，押官韵，八叉手而成八韵，有"温八叉"之称。然恃才不羁，又好讥刺权贵，多犯忌讳，又不受羁束，纵酒放浪，因此得罪权贵，屡试不第，一生坎坷，终身潦倒。唐宣宗朝试宏辞，温庭筠代人作赋，因扰乱科场，贬为隋县尉。后襄阳刺史署为巡官，授检校员外郎，不久离开襄阳，客于江陵。唐懿宗时曾任方城尉，官终国子助教。温庭筠精通音律，工诗，与李商隐齐名，时称"温李"。其诗辞藻华丽，艳美精致，内容多写闺情。其词更是刻意求精，注重词的文采和声情，艺术成就在晚唐诸词人之上，为"花间派"首要词人，被尊为"花间词派"之鼻祖，对词的发展影响较大。在词史上，与韦庄齐名，并称"温韦"。文笔与李商隐、段成式齐名，因三人都排行十六，故称"三十六体"。其诗今存300多首，有《温飞卿诗集》等，其词今存60余首，收录于《花间集》等书中。

送归中丞使新罗册立吊祭①

吉中孚

官称汉独坐，身是鲁诸生②。

绝域通王制③，穷天向水程。

岛中分万象，日处转双旌。

气积鱼龙窟，涛翻水浪声。

路长经岁④去，海尽向山行。

复道殊方⑤礼，人瞻汉使荣⑥。

【注释】

①归中丞：归崇敬（712—799），字正礼。中丞：唐代官名，御史大夫的副职。唐代虽设御史大夫一职，但往往缺位，以中丞代行其职，掌刑法、典章、纠劾。

②诸生：儒生。

③绝域通王制：把唐朝的典章制度传播到边远的地方。王制：出自《礼记》，指君主治理天下的规章制度，内容涉及封国、职官、爵禄、祭祀、葬丧、刑罚、教育等方面。

④经岁：终年。

⑤殊方：异域，他乡。

⑥人瞻汉使荣：新罗人都来瞻仰汉使的荣耀。

【导读】

新罗为朝鲜半岛古国，公元四世纪中叶成为半岛东南部的强国。七世纪中叶统一半岛大部，进入鼎盛时期。新罗与唐朝关系密切。唐大历初，新罗王宪英死，子乾运立，遣使入唐待命。代宗李豫派归崇敬前往吊唁，并册立新君。这是吉中孚为归崇敬送别的诗。

【作者简介】

吉中孚（？—798），唐楚州（今淮安）人。为"大历十才子"之一。少年出游，客居鄱阳。曾一度为道士，中年还俗后，由朝臣推荐给皇上，遂步入仕途。历任校书郎、翰林学士、户部侍郎、中书舍人等职。卢纶称其"侍郎文章秀（宗），杰出淮楚灵"。原有集，已佚。今存诗一首，载于《全唐诗》。

古 意

张夫人

辘轳①晓转素丝绠，桐声②夜落苍苔砖。
涓涓③吹溜若时雨，濯濯④佳蔬非用天。
丈夫不解此中意，抱瓮⑤当时徒自贤。

【注释】

①辘轳：安装在井上绞起汲水桶的器具。

②桐声：梧桐落叶的声音。

③涓涓：细小的流水。

④濯濯：有光泽。

⑤抱瓮：《庄子·天地》篇中云："子贡南游于楚，反于晋，过汉阴，见一丈人方将为圃畦，凿隧而入井，抱瓮而出灌，搰搰然用力甚多而见功寡。"后多以抱瓮比喻淳朴的生活。

【导读】

本诗描写了乡村清晨的田园生活，塑造了一位勤劳、能干的家庭主妇的美丽形象，表现了农家生活的恬淡、亲切，以及平淡中蕴藏的乐趣。全诗景中有情，情中有景，情景兼容，富有生机与活力。

【作者简介】

张夫人，生卒年、籍贯皆不详。约代宗、德宗时人，贞元初户部侍郎吉中孚妻。事迹散见于《又玄集》《唐诗纪事》。《全唐诗》存其诗 5 首。

拜新月

张夫人

拜新月，拜月出堂前。

暗魄①初笼桂，虚弓②未引弦。

拜新月，拜月妆楼上。

鸾镜③始安台，蛾眉已相向。

拜新月，拜月不胜情，庭花风露清。

月临人自老，人望月长明。

东家阿母亦拜月，一拜一悲声断绝。

昔年拜月逞容辉，如今拜月双泪垂。

回看众女拜新月，忆却红闺年少时。

【注释】

①暗魄：月初出或将没时的微光。

②虚弓：没有安装弓弦的弓。此处指新月形似弯弓。

③鸾镜：饰有鸾鸟图纹的铜镜。

【导读】

拜月为古代闺中风俗，起于唐代。闺中女子囿于礼教和环境，内心隐秘往往难为人道，就把月作为知己，在向它礼拜时表白倾诉，祈愿祝福。本诗通过对拜月不同情景的描写，以及对女子拜月到阿母拜月不同心境的描述，表现了主人公对人生、命运的思索，对女子红颜易老、难以掌握自身命运的深沉感叹。

【作者简介】

见《古意》。

柳 絮

张夫人

霭霭①芳春朝，雪絮起青条。

或值花同舞，不因风自飘。

过尊浮绿醑②，拂幌缀红绡③。

那用持愁玩，春怀不自聊。

①霭霭：云雾密集的样子。

②醑（xǐ）：美酒。

③幌：帐幔。指柳条像帐幔一样。

【导读】

起青条、花同舞、浮绿醑、缀红绡，作者对春天柳絮的千姿百态进行了细致的观察、生动的描绘。春景弥漫，春怀难遣，作者感情不能自持的苦闷情怀悄然逼出。

【作者简介】

见《古意》。

拾得韦氏花钿以诗寄赠

张夫人

今朝妆阁前，拾得旧花钿①。

粉污痕犹在，尘侵色尚鲜。

曾经纤手里，拈向翠眉边。

能助千金笑，如何忍弃捐②？

【注释】

①花钿：古代一种嵌金花的首饰。

②忍弃捐：忍心抛弃。忍：舍得。

【导读】

花钿是古代女子珍爱的装饰物。诗人在拾得花钿归还主人时配以此诗寄赠。诗中描述了旧花钿的色泽，以及曾给主人带来的欢欣与愉悦，调侃主人为何会忍心丢弃。全诗语言质朴浅白，自然流畅。

【作者简介】

见前一篇。

啰唝曲①

刘采春

一

不喜秦淮水，生憎江上船。
载儿夫婿去，经岁又经年。

二

借问东园柳，枯来得几年？
自无枝叶分，莫怨太阳偏。

三

莫作商人妇，金钗当卜钱②。
朝朝江口望，错认几人船。

四

那年离别日，只道住桐庐③。

桐庐人不见，今得广州书。

五

昨日胜今日，今年老去年。

黄河清有日，白发黑无缘。

六

昨日北风寒，牵船浦里安。

潮来打缆断，摇橹始知难。

【注释】

①啰唝曲：方以智《通雅》卷二十九《乐曲》云："啰唝犹来罗。""来罗"有盼望远行人回来之意。

②卜：占卜问卦。

③桐庐：地名，在今浙江杭州。

【导读】

《啰唝曲》也叫《望夫歌》，全诗表现了一位妇女对丈夫远途经商长久不归的思念、怨恨与无奈。唐代商业发达，嫁作商人妇的少女越来越多，商人经常不归，他们的妻子终日翘盼悲伤。《啰唝曲》正是对这一社会现实的真实写照。据说，"采春一唱是曲，闺妇、行人莫不涟泣"，可见当时此曲的影响深广。全诗采用白描手法，直表事象，直抒胸臆，不加雕琢，浑然天成，具有浓郁的民歌。

【作者简介】

刘采春（生卒年不详），唐淮阴县（治今淮阴区）人，女诗人，伶工之妻，以善歌唱著称。元稹曾有一首《赠刘采春》诗，赞美她"言词雅措风流足，举止低徊秀媚多"。《全唐诗》存其《啰唝曲》6首。

汾上宴别

赵嘏

云物如故乡，山川知异路。
年来未归客，马上春色暮。
一尊花下酒，残日水西树。
不待管弦终①，摇鞭背花去。

【注释】

①管弦：指宴会上的音乐。

【导读】

全诗写思乡之情。在异乡，一个春色将暮的宴会上，所见云物山川一如故乡。诗人想到多年不能回乡，竟然连花也不忍再看，于是未至终席便离去。

【作者简介】

赵嘏（约806—约852），字承祐，山阳（今江苏淮安）人，唐代诗人。年轻时曾四处游历，会昌四年（844）进士，大中年间官终渭南尉，世称赵渭南。赵嘏诗与许浑同调，属于律切工稳、清圆流畅的一路，然较许浑稍沉着。《全唐诗》称其"为诗赡美，多兴味"。"残星几点雁横塞，长笛一声人倚楼"（《长安秋望》）一句得杜牧激赏，呼为"赵倚楼"。他的诗风也多少接近杜牧，在辞采风华之中兼俊逸疏宕之气，尤工起调，"流年堪惜又堪惊，砧杵风来满郡城"（《齐安早秋》）、"三年踏尽化衣尘，只见长安不见春"（《寄归》）等，皆发语挺拔，力振全篇。著有《渭南集》。

长安秋望

赵嘏

云物凄清拂曙流，汉家宫阙动高秋。

残星几点雁横塞，长笛一声人倚楼。

紫艳半开篱菊静，红衣落尽渚莲愁①。

鲈鱼正美②不归去，空戴南冠③学楚囚。

【注释】

①莲愁：指莲花枯败状。用拟人手法。

②鲈鱼正美：《晋书·张翰传》："翰因见秋风起，乃思吴中菰菜、莼羹、鲈鱼脍，曰：'人生贵得适志，何能羁宦数千里以要名爵乎！'遂命驾而归。"此处表示故园之情和退隐之思。

③南冠：《左传·成公九年》："晋侯观于军府，见钟仪，问之曰：'南冠而絷者，谁也？'有司对曰：'郑人所献楚囚也！'"杜预注："南冠，楚冠也。"后因此以南冠为囚犯的代称。

【导读】

这也是一篇思乡之作。诗人通过"望"中的见闻，抒写深秋拂晓的长安景色和羁旅思归的心情。南归之雁、东篱之菊的典型景物与思乡归隐的特定心情相结合，使全诗意境深远，风格峻峭清新。赵嘏也因此诗赢得"赵倚楼"的雅称，可见此诗影响之广。

【作者简介】

见《汾上宴别》。

东 望

赵嘏

楚江①横在草堂前，杨柳洲②西载酒船。

两见梨花归不得，每适寒食一潸然③。

斜阳映阁山当寺，微绿含风月满川。

同郡故人攀桂④尽，把诗吟向泬寥⑤天。

【注释】

①楚江：故乡楚地的江河。

②杨柳洲：水中绿地。

③潸（shān）然：流泪的样子。

④攀桂：折桂，比喻登科及第。攀桂犹言循之而上，在仕途上向上攀缘。

⑤泬（jué）寥：空旷清朗的样子。

【导读】

赵嘏于唐宣宗大中三年（849）中进士，但又因宣帝索看诗卷，其第一首咏秦始皇说"徒知六国随斤斧，莫有群儒定是非"，惹恼了宣帝，只授予"渭南尉"。仕途不得意和强烈的思乡之情交织在一起，加上对眼前景物的生动描写和对故乡情境的玄想，使这首诗充分体现其"清圆熟练，蕴藉含蓄，情致悠远"的特色。

【作者简介】

见《汾上宴别》。

别麻氏

赵毂

晓哭呱呱动四邻，于君我作负心人。
出门便涉东西路，回首初惊枕席尘①。
满眼泪珠和语咽，旧窗风月更谁亲。
分离况值花时节，从此东风不似春。

【注释】

① "回首"句：枕席生尘，表示通宵不眠。两人难舍难分的情状可以想知。"出门"一作"于门"。

【导读】

赵毂与麻氏情爱甚笃，相期终身厮守，但因母命赴京城赶考，不得不两相分离。这是一首感情诚挚的离别诗。

【作者简介】

见《汾上宴别》。

江楼感旧

赵嘏

独上江楼思渺然，月光如水水如天。
同来望月人何处，风景依稀似去年。

【导读】

　　这是一首情味隽永、淡雅洗练的怀人之作。在一个清凉寂静的夜晚，诗人独自登上江边楼阁，旧地重游，感慨良多。曾几何时，人事蹉跎，昔日友朋不知已漂泊何方，面对依稀可辨的风物，怀念和怅惘之情油然而生，从中折射出诗人旅居异乡孤独寂寞的心境。

　　"独上"，透露出诗人寂寞的心境；"思渺然"三字，又使人仿佛见到他那凝神沉思的情态。第二句，将笔荡开从容写景，进一层点染"思渺然"的环境气氛。波柔色浅，宛若有声，静中见动，动愈衬静，意境幽美恬静。诗人用叠字回环，一笔包蕴天地间景物，将江楼夜景写得清丽绝俗。"同来"与第一句"独上"相应，暗示今昔不同。

【作者简介】

　　见《汾上宴别》。

遣兴二首（其一）

赵嘏

读彻残书弄①水回，暮天何处笛声哀。

花前独立无人会②，依旧去年双燕来。

【注释】

①读彻：读完，读透彻。残书：残剩的书页。弄：戏。

②会：理会，理解。

【导读】

诗人描写了自己独处而清冷的状态。语句简洁自然，圆润有致，很好地描绘出心理状态，在营造气氛上语意简明而功力深厚。

【作者简介】

见《汾上宴别》。

忆山阳

赵嘏

家在枚皋①旧宅边，竹轩②晴与楚波连。

芰荷③香绕垂边袖，杨柳风④横弄笛船。

城碍十洲烟岛路，寺临千顷夕阳川⑤。

可怜时节堪归去，花落猿啼又一年。

【注释】

①枚皋：字少儒，西汉辞赋家，以下笔敏捷得名。有赋140篇，今

多不传。他是著名辞赋家枚乘之子，枚氏父子都是淮安人。

②轩：有窗的廊子或小屋子。旧时多用为书斋名或茶馆、饭馆等的字号。

③茇（jì）荷：出水的荷。这里指荷叶。

④杨柳风：指春风。杨柳发绿的时候，春风吹拂，枝条飘动，使人格外感到风的柔和，所以说春风为"杨柳风"。

⑤川：平地。

【导读】

这是一首思乡之作。故乡淮安的湖光秀色牵动了作者的乡愁，他为自己的不得归去而悲叹。诗中对故乡山阳景色的白描十分生动。

【作者简介】

见《汾上宴别》。

长安月夜与友人话故山

赵嘏

宅边秋水浸苔矶①，日日持竿去不归。
杨柳风多潮未落，蒹葭霜冷雁初飞。
重嘶匹马吟红叶②，却听疏钟忆翠微③。
今夜秦城④满楼月，故人相见一沾衣。

【注释】

①苔矶：长着青苔的水边岩石。矶，水边突出的岩石或石滩。

②"重嘶"句：秋天骑马观赏红叶吟诗。

③疏钟：稀朗的钟声。翠微：指青翠掩映的山腰幽深处。

④秦城：指长安。战国时属秦地。

【导读】

诗人与同郡故人相见于长安，谈起故乡的风光和生活时，不禁泪落沾衣，表现了对故乡的热爱和思念。苔矶、杨柳、蒹葭、红叶、翠微等典型的选择，使这首诗更具形象与色彩。

【作者简介】

见《汾上宴别》。

宿龙兴寺①

綦毋潜

香刹②夜忘归，松清古殿扉。
灯明方丈③室，珠系比丘④衣。
白月⑤传心静，青莲喻法⑥微⑦。
天花⑧落不尽，处处鸟衔飞。

【注释】

①龙兴寺：淮安古代著名佛寺，在今文通塔附近。

②香刹：飘散着香火味的佛寺。

③方丈：原指禅寺的长老或住持所居之处，后用为一般寺院内主持寺院者职称。

④比丘：和尚。

⑤白月：印度历法，月盈至满为白分，称为白月，即满月，此处指脸。下句的"青莲"是产于印度的青色莲花，诗中指眼。这两个比喻，

皆出典于梁简文帝《释迦文佛像铭》："满月为面，青莲在眸。"

⑥法：指佛教教义。

⑦微：深奥，微妙。

⑧天花：天上的花。传说梁武帝时云光法师讲经感动上苍，天花纷纷落下。一说天花即雪花。

【导读】

此诗写龙兴寺环境清凉寂静，寺内的僧人清净淡泊，勤修佛法，为世人祈福。诗人具体通过"灯明方丈室""青莲喻法微"来点明。作为辅助，诗人用了"珠系比丘衣""白月传心净"两个句子。诗人用"处处鸟衔飞"来写照寺内庭园的清静，龙兴寺既有古刹的风貌，又有修行高深的僧侣，可见不同凡响。

【作者简介】

綦（qí）毋潜（692—约749），字孝通，虔州（今属江西）人，一说荆南人，唐代著名诗人。约开元十四年（726）前后进士及第，授宜寿（今陕西周至）尉，迁右拾遗，终官著作郎。约开元二十一年（733）冬，綦毋潜送诗友储光羲辞官归隐，受其影响，他萌发了归隐之志，便于当年年底离开长安，经洛阳，盘桓半年多，最后下定决心弃官南返。他先在江淮一带游历，足迹几乎遍及这一带的名山胜迹。流传至今的诗也多描写风光之作。天宝初，綦毋潜返洛阳、长安谋求复官。约天宝十一载（752）任左拾遗，享从八品，后长为著作郎，享五品。"安史之乱"爆发后，他再度归隐，但未返里，游于江淮一带，此后不知所终。綦毋潜才名盛于当时，与王维、张九龄、储光羲、孟浩然、卢象、高适、韦应物等过从甚密，其诗清丽典雅、恬淡适然，后人认为他诗风接近王维。《全唐诗》收录其诗1卷，共26首，内容多为记述与士大夫寻幽访隐，代表作《春泛若耶溪》选入《唐诗三百首》。

经漂母墓①

刘长卿

昔贤②怀一饭，兹事③已千秋。
古墓樵人④识，前朝楚水⑤流。
渚萍⑥行客荐⑦，山木杜鹃愁⑧。
春草茫茫绿，王孙⑨旧此游。

【注释】

①漂母：在水边漂洗衣物的老妇。韩信少时钓于城下，有漂母见信饥，与饭食。后信为楚王，召漂母，赐千金。

②昔贤：昔日有才德的人，指韩信。

③兹事：这件事。

④樵人：樵夫，打柴的人。

⑤楚水：楚地的水。当时淮阴郡属楚州管辖。

⑥渚萍：渚：水中的小块陆地。萍：多年生水生蕨类植物，四片小叶像"田"字，也叫"田字草"，这里泛指野草。

⑦荐：草荐，草垫。这里用作动词。

⑧杜鹃愁：杜鹃，鸟名。传说古蜀王杜宇因水灾让位给他的臣子，自己隐居山中，死后灵魂化为杜鹃，啼声非常悲凄。在古诗文中，作者常以杜鹃啼鸣烘托心中的愁思。

⑨王孙：古代对贵族子弟的通称。这里指韩信。

【导读】

这是一首怀古诗，漂母对韩信有一饭之恩，韩信一直铭心不忘。如今，往事千年，水流依旧，漂母的事却几乎被人遗忘，作者联想起自己政治上的失意，抒发了极大的感慨和不平。

【作者简介】

刘长卿（？—789），唐代诗人，字文房，河间（今属河北沧州）人，一说宣城（今安徽宣城）人，后迁居洛阳。玄宗天宝年间进士。肃宗至德中官监察御史，后为长洲县尉，因事下狱，贬南巴尉。代宗大历中任转运使判官、知淮西鄂岳转运使，后再贬睦州司马。德宗建中年间，官终随州刺史，世称"刘随州"。刘长卿生卒年未确论，各家说法相差甚远，争议十分激烈，一般认为生于公元709—725年，逝于786—790年。刘长卿工于诗，长于五言，自称"五言长城"。《骚坛秘语》谓："刘长卿最得骚人之兴，专主情景。"《全唐诗》收刘长卿诗5卷。

宋

赴桐庐郡淮上遇风三首

范仲淹

一

圣宋非强楚，清淮异汨罗 ①。
平生仗忠信，尽室任风波。
舟楫颠危甚，蛟鼋②出没多。
斜阳幸无事，沽酒听渔歌。

二

妻子休相咎，劳生险自多。
商人岂有罪，同我在风波。

三

一棹③危于叶，傍观亦损神。
他时在平地，无忽险中人。

【注释】

①汨罗：汨罗江。战国末期，楚国著名的政治家、诗人屈原感到救国无望，投汨罗江而死。

②蛟鼋：蛟龙与大鳖。

③棹：船。《宋史·太祖本纪》："发战棹东下。"徐彦伯《采莲曲》："春歌弄明月，归棹落花前。"

【导读】

景祐元年（1034），时年46岁的范仲淹官居右司谏，在朝堂上直谏"郭后无故不可废"而触怒宋仁宗赵祯，被贬守睦州。范仲淹携带妻小赶赴睦州，中途渡淮河，不幸遇到风浪，幸好平安无事。船抵岸边后，范仲淹与同船商人饮酒压惊。

【作者简介】

范仲淹（989—1052），字希文，苏州吴县人。北宋杰出的思想家、政治家、文学家。范仲淹幼年丧父，母亲改嫁长山朱氏，遂更名朱说。大中祥符八年（1015），范仲淹苦读及第，授广德军司理参军，迎母归养，改回本名。后历任兴化县令、秘阁校理、陈州通判、苏州知州等职，因秉公直言而屡遭贬斥。康定元年（1040），与韩琦共任陕西经略安抚招讨副使，采取"屯田久守"方针，巩固西北边防。庆历三年（1043），出任参知政事，发起"庆历新政"。不久后，新政受挫，范仲淹被贬出京，历知邠州、邓州、杭州、青州。皇祐四年（1052），改知颍州，范仲淹扶疾上任，于途中逝世，年64岁。追赠兵部尚书、楚国公，谥号"文正"，世称范文正公。范仲淹政绩卓著，文学成就突出。他倡导的"先天下之忧而忧，后天下之乐而乐"的思想和仁人志士的节操，对后世影响深远。有《范文正公文集》传世。

小 村

梅尧臣

淮①阔洲②多忽有村，棘篱疏败漫为门③。
寒鸡得食自呼伴，老叟④无衣犹⑤抱孙。
野艇⑥鸟翘⑦唯断缆⑧，枯桑水啮⑨只危根⑩。
嗟哉⑪生计⑫一如此⑬，谬⑭入王民版籍⑮论。

【注释】

①淮：淮河。
②洲：水中的陆地。

③"棘篱"句：棘树编的篱笆稀疏破烂，留下个缺口，就算是门。

④老叟：年老的男人。

⑤犹：还。

⑥野艇：停在野外的小船。

⑦鸟翘：像鸟儿翘着尾巴那样。

⑧唯断缆：只剩一根断了的缆绳。

⑨水啮：被水冲蚀。啮，用牙啃咬。

⑩只危根：（泥土被冲走），只剩下扎得不牢的树根。

⑪嗟哉：可叹啊。

⑫生计：生活。

⑬一如此：竟然这样。一，语助词。

⑭谬：错误。

⑮版籍：户籍册。

【导读】

这首诗描绘了淮河边一个萧索的荒村。败篱、寒鸡、无衣叟、断缆艇、危根枯桑，选材十分典型，突出了小村的破落、荒凉。

【作者简介】

梅尧臣（1002—1060），字圣俞，世称宛陵先生，宣州宣城（今安徽宣城）人，北宋诗人。梅尧臣初以恩荫补桐城主簿，历镇安军节度判官。于皇祐三年（1051）始得宋仁宗召试，赐同进士出身，为太常博士。以欧阳修荐，为国子监直讲，累迁尚书都官员外郎，故世称"梅直讲""梅都官"。嘉祐五年（1060），梅尧臣去世，年59。梅尧臣少即能诗，与苏舜钦齐名，时号"苏梅"，又与欧阳修并称"欧梅"。为诗主张写实，反对西昆体，所作力求平淡、含蓄，被誉为宋诗的"开山祖师"。曾参与编撰《新唐书》，并为《孙子兵法》作注，另著有《宛陵先生集》《毛诗小传》等。

淮中晚泊犊头^①

苏舜钦

春阴垂野^②草青青，时有幽花一树明^③。
晚泊孤舟古祠下^④，满川风雨看潮生^⑤。

【注释】

①犊头：犊头镇，淮河边的一个地名，在今江苏淮阴区境内。
②春阴：春天的阴云。垂野，笼罩原野。
③幽花：幽静偏暗之处的花。明：明艳夺目。
④古祠：古旧的祠堂。
⑤满川：满河。生：上涨。

【导读】

这是一首描写春晚淮上风光的诗。晚泊小舟于古祠之下，于满川风雨中静观春潮上涨。第一、二句写景，第三句叙述，语意皆恬淡自然，最后一句于平地中顿生风涛，变全诗气象。全诗四句，第一句是春天晚上的大全景；第二句是"一树幽花"的特写；第三句代入人物，是一个有人有景、如同山水画般的画面，虽有"泊孤舟"的动作，但画面主体和前两句一样，都是静态，然则第三句与前两句不同，已是静中有动；第四句风云突变，描画了一个几乎全动态的画面，声势浩大，极具冲击力，但尺度又把握极佳，没有太过突兀，一个"看"字，如同定海神针——依然有一个静态的人（在看）——点入满川风雨之中，镇住了这个汪洋恣意的动态画面。后两句是动与静、具体与写意的完美结合，如同神来之笔，完美体现了中国文化的神韵。而这四句诗，其场景的切换如同现代电影蒙太奇一般，非常具有画面感，实乃一代大家手笔。

【作者简介】

苏舜钦（1008—1048），字子美，北宋诗人、书法家，祖籍梓州铜山（今四川中江），曾祖时迁至开封。苏舜钦年轻时不顾流俗耻笑，和穆修一起提倡古文，比尹洙、欧阳修等开始提倡的古文运动都早。与宋诗"开山祖师"梅尧臣合称"苏梅"。祖父苏易简，宋太宗时参知政事。父苏耆，官至工部郎中、河东转运使。苏舜钦景祐元年（1034）举进士，曾任县令、大理评事、集贤殿校理，监进奏院等职位。庆历四年（1044），范仲淹、杜衍、富弼等人延揽人才，准备实行新法。苏舜钦是杜衍的女婿，被范仲淹推荐为集贤殿校理，监进奏院。御史中丞王拱辰等反对政治改革，时值进奏院祀神，苏舜钦按惯例用所拆奏封的废纸换钱置酒饮宴，王拱辰诬奏苏舜钦以监主自盗，借以打击范、杜。苏舜钦被削籍为民，与会的名士十余人同时被贬逐。之后，苏舜钦离开开封，于苏州修建沧浪亭，隐居不仕，庆历八年（1048）复官为湖州长史，未及赴任即病逝，终年41岁。有《苏学士文集》《苏舜钦集》传世。

过淮三首赠景山兼寄子由（其一）

苏轼

好在长淮①水，十年三往来。
功名真已矣②，归计亦悠哉③。
今日风怜④客，平时浪作堆⑤。
晚来洪泽口⑥，悍索⑦响如雷。

【注释】

①长淮：指淮河。唐王维《送方城韦明府》诗："高鸟长淮水，平芜故郢城。"

②已矣：完了，罢了。

③悠哉：长久。

④怜：同情。

⑤堆：形容浪大。

⑥洪泽口：洪泽湖口，淮河进入洪泽湖的入水处。

⑦悍索：悍，（水流）强劲，急暴。索，铁索，锚链。

【导读】

这首诗运用比喻和拟人，描写了洪泽湖上的风浪，隐含着诗人对人生际遇的万般感慨。

【作者简介】

苏轼（1037—1101），字子瞻，号东坡居士，世称苏东坡。眉州眉山（今属四川眉山）人，祖籍河北栾城，北宋文学家、书法家、画家，诗词大家。嘉祐二年（1057），苏轼进士及第。宋神宗时曾在凤翔、杭州、密州、徐州、湖州等地任职。元丰三年（1080），因"乌台诗案"被贬为黄州团练副使。宋哲宗即位后，任翰林学士、侍读学士、礼部尚书等职，并出知杭州、颍州、扬州、定州等地，晚年因新党执政被贬惠州、儋州。宋徽宗时获大赦北还，途中于常州病逝。宋高宗时追赠太师，谥号"文忠"。

苏轼是北宋中期的文坛领袖，在诗、词、散文、书、画等方面均取得极高成就。其文纵横恣肆，著述宏富，豪放自如，与欧阳修并称"欧苏"，为"唐宋八大家"之一；其诗题材广阔，清新豪健，善用夸张比喻，独具风格，与黄庭坚并称"苏黄"；其词开豪放一派，是宋词豪放派代表，与辛弃疾并称"苏辛"；其书法为"宋四家"之一；工于画，尤擅墨竹、怪石、枯木等。有《东坡七集》《东坡易传》《东坡乐府》等传世。

正月一日雪中过淮谒客回作

苏轼

十里清淮上，长堤转雪龙。

冰崖落屐齿①，风叶乱裘茸②。

万顷穿银海，千寻③渡玉峰。

从来修月④手，合在广寒宫⑤。

【注释】

①屐齿：木屐的齿。屐：鞋子的一种，通常是木底的，或有齿，或无齿。也有草制或帛制的。

②裘茸：裘，皮衣。茸，柔软的兽毛。

③寻：古代长度单位，八尺为一寻。

④修月：民间故事称月由七宝合成，人间常有八万二千户给它修治。

⑤广寒宫：月中仙宫名。

【导读】

这首诗生动地描写了雪中淮河的壮丽景象。末两句作者用广寒宫比喻这银白的世界，并以"修月手"自许，寄托了胸中的抱负。

【作者简介】

见《过淮三首赠景山兼寄子由（其一）》。

淮上早发

苏轼

澹月倾云晓角哀①，小风吹水碧鳞②开。

此生定向江湖老，默数淮中十往来③。

【注释】

①"澹月"句：澹月倾云，淡淡的月光洒向片片浮云。角，古代军中的一种乐器。晓角，城里驻军早晨吹角的声音。

②碧鳞：碧绿的水纹。鳞，比喻水的波纹似鱼鳞。

③"默数"句：苏轼熙宁四年（1071）自汴京赴杭州通判任，熙宁七年（1074）由杭州赴密州，元丰二年（1079）四月赴湖州，八月赴御史台狱，元丰七年（1084）由常州至南都，元丰八年（1085）回常州，同年九月赴登州，元祐四年（1089）赴杭州任知州，元祐六年（1091）回京，再加上这次过淮，往返经淮河共有十次，所以说"十往来"。

【导读】

这首诗抒发了诗人自己江湖漂泊的无限感慨。

【作者简介】

见《过淮三首赠景山兼寄子由（其一）》。

送表弟程六知楚州

苏轼

炯炯明珠照双璧，当年三老苏程石①。
里人下道避鸠杖，刺史迎门倒凫舃②。
我时与子皆儿童，狂走从人觅梨栗。
健如黄犊不可恃③，隙过白驹那暇惜。
醴泉寺古垂橘柚，石头山高暗松栎④。
诸孙相逢万里外，一笑未解千忧积。
子方得郡古山阳，老手风生谢刀笔⑤。
我正含毫紫微阁⑥，病眼昏花困书檄⑦。
莫教印绶系余年，去扫坟墓当有日。
功成头白早归来，共藉梨花作寒食⑧。

【注释】

①双璧: 喻苏轼的两位表弟程六之元（字德孺）、程七之邵（字懿叔）。
三老苏程石: 皆为眉山人，"苏"指苏轼祖父苏序，"程"指苏轼外祖
父程文应，"石"可能是景德三年（1006）九月亲试贤良方正入第四等
的石待问，也可能是善为诗、有名当时终于知制诰的石昌言，不能确定。

②倒凫舃: 倒屣迎。

③健如黄犊不可恃: 化用杜甫《百忧集行》："忆年十五心尚孩，
健如黄犊走复来。庭前八月梨枣熟，一日上树能千回。"

④醴泉: 眉州山名。石头山: 眉州有石佛山，未有石头山，疑石头
山为石佛山之误。

⑤刀笔: 古人用简牒，故吏皆以刀笔自随。

⑥紫微阁: 唐代开元年间，改中书省为紫微省，东坡时为中书舍人。

⑦书檄: 公文类，泛指书记、书文。

⑧共藉梨花作寒食: 梨花多与寒食并举，似因梨花开在暮春，正值
清明前后。又如，苏轼《追饯正辅表兄至博罗赋诗为别》："梨花寒食
隔江路，两山遥对双烟鬟。"

【导读】

皇祐四年（1052），苏洵幼女苏八娘，苏轼与苏辙之三姊，即传说中的苏小妹，受其夫程家凌虐而卒，时年18岁。苏洵作《自尤》诗与《苏氏族谱亭记》，与程家断绝关系，自此两家再无来往。

《送表弟程六知楚州》作于元祐元年（1086）三月，苏程两家断交已34年，时表弟程六即程之元（字德孺）任楚州知州，苏轼写诗作贺。诗中回顾了两家交好及当初在眉山一带显赫的历史，回顾了少年时代的生活，表达了对程家长辈的祭奠之情。一首诗打破了苏程两家关系的坚冰，向表弟发出了修复两家关系的真诚愿望。自此，苏轼兄弟与程之元、程之邵交往颇密。绍圣二年（1095），苏轼60岁，时在惠州，程之元做广南东路提点刑狱，先因侯晋叔致意，东坡遂有答程之元简。同年三月初五，程之元携子"十秀才"来惠州，与苏轼"乐哉十日游"。自此，苏轼与程之元尽释前嫌。

【作者简介】

见《过淮三首赠景山兼寄子由（其一）》。

十月十六日记所见

苏轼

风高月暗云水黄，淮阴夜发朝山阳。

山阳晓雾如细雨，炯炯初日寒无光[①]。

云收雾卷已亭午，有风北来寒欲僵。

忽惊飞雹穿户牖，迅驶不复容遮防。

市人颠沛百贾乱，疾雷一声如颓墙。

使君来呼晚置酒，坐定已复日照廊。

恍疑所见皆梦寐，百种变怪旋消亡。

共言蛟龙厌旧穴，鱼鳖随徙空陂塘[②]。

愚儒无知守章句[③]，论说黑白推何祥。

惟有主人言可用，天寒欲雪饮此觞。

【注释】

①炯炯初日寒无光：白居易诗："白日冷无光，黄河冻不流。"

②陂塘：《水经注》载："水积之处谓之陂塘。"

③"愚儒"句：愚蠢的儒生只知道从书本上获取知识。《汉书·夏侯胜传》："章句小儒，破碎大道。"鲍照："愚儒守章句，未足识行藏。"

【导读】

宋熙宁四年（1071），苏轼36岁，出任杭州通判。十月十六日乘船从淮阴到山阳。苏轼水上舟行一夜，第二天早晨到楚州。本想看楚州早市，可惜天公不作美，雾浓天冷，风大飞雹，扰乱了集市。"市人颠沛百贾乱，疾雷一声如颓墙"，又反映了宋时山阳商品贸易的繁荣。让苏轼惊讶的是，"使君来呼晚置酒"时，"坐定已复日照廊"。一日之间，天气变化无常，从早晨"风高月暗""雾如细雨"，到中午"有风北来"，"忽惊飞雹"，突然间"疾电一声如颓墙"，等坐下喝酒的时候"已复日照廊",让诗人有一种恍如梦魇的感觉。

【作者简介】

见《过淮三首赠景山兼寄子由（其一）》。

送表弟程之元知楚州

苏辙

与君外兄弟，初如一池鱼。

中年云雨散，各异涧谷居。

客舍复相从^①，语极长欷歔^②。

青衫^③奉朝谒，白发惊晨梳。

百年不堪把，一樽欢有余。

清言我未厌，昨夜闻除书。

淮南早已久，疲民食田蔬。

诏发上供米，仍疏古邗渠^④。

要须贤使君^⑤，均此积岁储。

径乘两桨去，不待五马车。

别离难重陈，劳徕不可徐。

政成得召节，岁晚当归欤。

【注释】

①从：随行，跟随。

②欷歔：哭泣后不由自主地急促呼吸，现在通常指感慨，叹息的意思，同"唏嘘"。

③青衫：泛指官职卑微。宋欧阳修《圣俞会饮》诗："嗟余身贱不

敢荐，四十白发犹青衫。"

④邗渠：水名，即邗沟。春秋时吴王夫差为争霸中原，在江淮间开凿的一条古运河名。唐以后改称漕河、官河或合渎渠。

⑤使君：对州郡长官的尊称。

【导读】

参阅《送表弟程六知楚州》一诗及【导读】。

苏辙此诗不仅表达了希望修复关系的愿望，也期盼表弟程之元能够在楚州任上有所作为。

【作者简介】

苏辙（1039—1112），字子由，一字同叔，晚号颍滨遗老，眉州眉山（今属四川）人。与父洵、兄轼同以文学知名，合称"三苏"。唐宋八大家之一。仁宗嘉祐二年（1057）与其兄苏轼同登进士科。因与时任副相王安石政见不合，出为河南推官，哲宗元祐元年（1086），入为右司谏，寻迁起居郎、中书舍人，累迁尚书右丞、门下侍郎。绍圣元年（1094），以元祐党人落职，出知汝州，此后连贬数处。大观二年（1108），复朝议大夫、迁中大夫。政和二年（1112），转太中大夫致仕，同年十月卒，年74。高宗时累赠太师、魏国公，孝宗淳熙中，追谥文定。有《诗传》《春秋传》《栾城集》等。

程之元①表弟奉使江西次前年送赴楚州韵戏别

苏辙

送君守山阳，羡君食淮鱼。

送君使钟陵，羡君江上居。

怜君喜为吏，临行不歔歙。

纷纷出歌舞，绿发照琼梳②。

归鞍踏凉月，倒尽清樽余。

嗟我病且衰，兀然守文书。

齿疏懒食肉，一饭甘青蔬。

爱水亦已干，尘土生空渠。

清贫虽非病，简易由无储。

家使赤脚妪③，何烦短辕车④。

君船系东桥，兹行尚徐徐。

对我竟不饮，问君独何欤。

【注释】

①程之元：苏轼表弟程德孺。《全宋文》载"程之元，字德孺，眉山人。熙宁六年为戎州司户参军，寻调夔州安抚司勾当公事，迁本路转运判官。转运使。元丰二年，以太子中舍徙知嘉州。五年，提点广南东路刑狱。七年，由右朝奉郎进主客郎中。"

②琼梳：饰以美玉的发梳。

③妪：老年妇女。

④短辕车：《晋书·王导传》："初曹氏性妒，导甚惮之，乃密营别馆，以处众妾。曹氏知，将往焉。导恐妾被辱，遽令命驾，犹恐迟之，以所执麈尾柄驱牛而进。司徒蔡谟闻之，戏导曰：'朝廷欲加公九锡。'导弗之觉，但谦退而已。谟曰：'不闻余物，惟有短辕犊车，长柄麈尾。'"后以"短辕"指代牛车或粗陋小车，此处乃苏辙自嘲。

【导读】

题中的"次……韵"是古体诗词写作的一种方式，按照原诗的韵和用韵的次序来和诗，也叫步韵。世传次韵始于白居易、元稹，称"元和体"。

这首诗是苏辙写给表弟程之元的，苏辙在诗中聊了聊家常，感慨了一下生活，如同聊天一般亲切，娓娓道来。

【作者简介】

见《送表弟程之元知楚州》。

渔 者

徐积

缚竹编茅杂乱蓬，四篱俱是野花丛。
莫道江湖山色好，篱落不禁秋后风。
秋后风从西北起，身上蓑衣冷如水。
夫妻却在钓船中，儿孙走入芦花里。
夫妻不会作活计，辛苦卖鱼沽酒费。
儿孙身上更贫穷，白日无衣夜无被。
昨日前村沽酒处，今朝忽见无人住。
闻道江南地更暖，移舟急望江南去。

【导读】

写当地渔民贫穷、无以聊生的困境，终至"移舟急往江南去"。江南等待他们的又是怎样一种生存状态呢？表现了诗人对贫苦百姓的深切关怀。

【作者简介】

徐积（1038—1114），字仲车，楚州山阳（今淮安）人。因晚年居楚州南门外，故自号南郭翁。三岁父殁，因父名石，终身不用石器，行遇石，避而勿践。事母至孝，母亡，庐墓三年，哭不绝音，以孝道名闻乡里。初从胡瑗学。幼时家贫，"寒一衲袭，啜菽（豆）饮水"，仍潜心求学。30岁中进士，曾任扬州司户参军、楚州教授。中年因患耳疾致聋，"屏处乡里，而四方事无不知"。从此写诗作文大体都打好腹稿，然后口授给儿子笔录。坚持"每天作一首诗"。苏轼称他的诗"怪诞而奔放"。徐积德行高尚，事母至孝，为乡里推重，死后谥"节孝处士"。著有《节孝集》。

示诸君

徐积

古俗今时不用分，只将虚实判浇淳①。
养心有要②先除伪，入德无难只用真。
此道若从为得路③，他歧如往是迷津。
我曹好尚虽迂阔，最爱山夫共野人④。

【注释】

①浇：刻薄。淳：淳厚。
②要：要旨，关键。
③得路：得到正确途径。
④野人：村野之人，农人。

【导读】

作者认为虚实、真伪是判断人的道德品质的最基本标准，古今皆然，又认为最真实、最高尚的是"山夫""野人"。

【作者简介】

见《渔者》。

题东轩①

徐积

我家东畔好凭栏，柳一林边水一湾。
城下人烟②都似野③，城头云树恰如山。

【注释】

①东轩：诗人的书斋名。

②人烟：住户的炊烟，泛指人家。

③野：村野，乡间。

【导读】

这首诗运用生动的比喻，描写了东轩幽静、秀丽的环境，表现了诗人恬淡的生活情趣。

【作者简介】

见《渔者》。

初离山阳回寄城中友人

张耒

落月昏昏向水低，五更残梦一声鸡。
只应魂梦犹东去，从此扁舟日向西。

【导读】

这首诗写出了诗人初离家乡时眷恋故土的深情。

【作者简介】

张耒（1054—1114），字文潜，号柯山，人称宛丘先生、张右史。淮阴县（治今淮阴区）人。神宗熙宋六年（1073）进士，历任临淮主簿、著作郎、史馆检讨。哲宗绍圣初，以直龙阁知润州。宋徽宗初，召为太常少卿。是"苏门四学士"（秦观、黄庭坚、张耒、晁补之）中辞世最晚而受唐音影响最深的作家。诗学白居易、张籍，平易舒坦，不尚雕琢，关怀民生的内容较多；其词流传很少，语言香浓婉约，风格与柳永、秦观相近。代表作有《少年游》《风流子》等。晁补之说："君诗容易不着意，忽似春风开白花。"黄庭坚则赞之："文字江河万古流。"著有《柯山集》《宛丘先生文集》。

北邻卖饼儿

张耒

北邻卖饼儿每五更未旦即绕街呼卖，虽大寒烈风不废，而时略不少差也。因为作诗，且有所警示秸秸。

城头月落霜如雪，楼头五更声欲绝。
捧盘出户歌一声，市楼东西人未行。
北风吹衣射我饼，不忧衣单忧饼冷。
业无高卑志当坚，男儿有求安得闲！

【导读】

钱锺书先生说："在'苏门四学士'中，张耒的诗作最富有关怀人民的内容。"这首诗就是一个很好的例证。北邻卖饼儿五更天就"绕街呼卖，虽大寒烈风不废"。此诗以深切的同情、晓畅如话的诗句，生动地描述了卖饼儿的情状。如果说"不忧衣单忧饼冷"是从白居易《卖炭翁》"心忧炭贱愿天寒"一句化出，结句的勉励之辞"业无高卑志当坚，男儿有求安得闲"，则给全诗注入一股积极向上的精神。

【作者简介】

见《初离山阳回寄城中友人》。

暮 春

张耒

夜雨轻寒拂晓晴，牡丹开尽过清明。
庭前落絮谁家柳，叶里新声是处莺。
白发生来如有信，青春归去更无情。
便当种秫①长成酒，远学陶潜②过此生。

【注释】

①秫：即高粱，多用以酿酒。

②陶潜：陶渊明，东晋大诗人，著名隐士。

【导读】

写暮春，也是写人生的向暮情怀，作者凭自身的生活经历，认识到"白发生来""青春归去"的自然规律；"远学陶潜"则是抱定那种不慕荣势、不随波逐流的高洁志趣。

【作者简介】

见《初离山阳回寄城中友人》。

绝句二首

张耒

一

亭亭画舸①系春潭，直待行人酒半酣。
不管烟波与风雨，载将离恨过江南。

二

风樯浮烟匝②地回，雨将浓翠扑山来。
晚凉鼓角三吹罢，夕照江天万里开。

【注释】

①舸：大船。
②匝：环绕。

【导读】

第一首写惜别之情，第二首写风雨初霁的景色。感情诚挚，气象宏阔，表现了张耒诗清圆流畅的又一风格。

【作者简介】

见《初离山阳回寄城中友人》。

风流子

张耒

　　木叶亭皋①下，重阳近，又是捣衣②秋。奈愁入庾肠③，老侵潘鬓④，漫簪⑤黄菊，花也应羞。楚天晚，白苹⑥烟尽处，红蓼⑦水边头。芳草有情，夕阳无语，雁横南浦⑧，人倚西楼。玉容知安否？香笺共锦字⑨，两处悠悠。空恨碧云离合⑩，青鸟⑪沉浮。向风前懊恼，芳心一点，寸眉两叶，禁甚闲愁？情到不堪言处，分付东流。

【注释】

①亭皋：指水边平地。

②捣衣：将织好的布帛（麻布）放在砧板上，用木棒敲击，使之柔软，以便缝制冬衣。

③庾肠：庾，指庾信。初仕梁，后出使西魏，值西魏灭梁，被留。他羁旅北地，常常想念南国和故乡，其《哀江南赋》等暮年所作，大都抒写乡关之思。后人常以"庾愁"代指思乡之意。"庾肠"，即思乡的愁肠。

④潘鬓：潘，指潘岳，西晋文学家。潘岳《秋兴赋·序》："余春秋三十有二，始见二毛。"二毛：指黑发、白发相间。后以"潘鬓"为中年鬓发初白的代词。

⑤簪：戴。

⑥白苹：水中浮草。

⑦红蓼：水生植物，名泽蓼或水蓼，开浅红色小花，叶味辛香，古称辛菜，有时用以比喻辛苦。

⑧雁横南浦：雁：候鸟。南浦：送别之地。江淹《别赋》："送君南浦，伤如之何？"

⑨香笺：女子的信札。锦字：锦书，珍贵的书信。

⑩碧云离合：指离别。语出江淹《休上人怨别》诗："日暮碧云合，佳人殊未来。"

⑪青鸟：神话中西王母饲养的鸟，能传递信息，后常以此指传信的使者。

【导读】

在"苏门四学士"中，张耒词作甚少。赵万里于诸家选本及宋人笔记中辑得其词 6 首，题曰《柯山诗余》，录入《校辑宋金元人词》中。《风流子》便是他词的代表作。这首词是写相思之情。从词中用语"重阳""捣衣""庾肠""潘鬓""锦字"等来看，可能是作者因坐元祐党籍，被贬外州时思念妻子所作。文中感情真挚，表述流畅、文辞优雅，可见张耒也是一位抒情能手。

【作者简介】

见《初离山阳回寄城中友人》。

楚城①晓望

张耒

鼓角凌虚②雉堞③牢，晚天如鉴④绝秋毫⑤。
山川摇落霜华重，风日清明雁字⑥高。

【注释】

①楚城：指楚州，今江苏淮安。

②凌虚：升向高空或高高地在空中。三国魏曹植《节游赋》："建三台于前处，飘飞陛以凌虚。"晋葛洪《抱朴子·君道》："剔腹背无益之毛，揽六翮凌虚之用。"

③雉堞：城上排列如齿状的矮墙。这里指整座城池。

④鉴：镜子。

⑤绝秋毫：没有一丝云彩。秋毫，鸟兽在秋天新长出来的细毛。比

喻极纤小的事物。

⑥雁字：大雁飞行时排列整齐，或"一"字或"人"字。比喻同仇敌忾。

【导读】

这首诗描写了楚州城防御的坚固和军民同仇敌忾的气概，格调雄浑豪壮。

【作者简介】

见《初离山阳回寄城中友人》。

秋日三首（其一）

秦观

霜落邗沟①积水清，寒星②无数傍船明。

菰蒲③深处疑无地，忽有人家笑语声。

【注释】

①邗沟：又名邗江，即今江苏境内自扬州市西北入淮河的运河。

②寒星：寒光闪闪的星。傍：靠近。

③菰蒲：菰：茭白。蒲：蒲草。

【导读】

这首诗表现了邗沟附近的水乡夜色。微霜已降，秋水方清，诗人乘船经过运河，四周没有其他船只，只有秋夜的寒星映照在水中，仿佛依傍着小船。两岸长满了菰蒲，在菰蒲深处，突然传来了人家的笑语。只用四句话，绘声绘色地写出了景物风光。前三句着意刻画静。秋夜霜落，万物萧瑟，流水静悄悄，而陪伴着孤舟的只有寒星菰蒲，显露了一个与世隔绝的境地。末句巧妙地利用夜色作掩护，在先写了由于夜色朦胧，四野幽静，菰蒲荒凉后，再突出听见水边人家笑语声的突然与惊喜。

"菰蒲深处疑无地，忽有人家笑语声"，从无声中透出有声，不仅构思奇巧，也扩展了诗所描写的画面。宋陈肖岩《庚溪诗话》认为本诗是学晋代帛道猷《陵峰采药触兴为诗》中"茅茨隐不见，鸡鸣知有人"句的意境。确实，通过声音表达画面以外的东西，使诗的韵味悠长，是古代诗人常常采取的艺术手法。如王昌龄《采莲曲》："乱入池中看不见，闻歌始觉有人来。"又如梅尧臣《鲁山山行》："人家在何许，云外一声鸡。"都以听觉作为视觉的延伸。这些诗，对秦观这首诗不无影响。宋释道潜《东园》"隔林仿佛闻机杼，知有人家住翠微"，陈与义《出山》"山空樵斧响，隔岭有人家"，采取的也是这一手法。

【作者简介】

秦观（1049—1100），字太虚，又字少游，别号邗沟居士，世称淮海先生，苏轼曾戏呼其为"山抹微云君"。为"苏门四学士"之一、"苏门六君子"之一。高邮人。官至太学博士，国史馆编修。一生坎坷，所写诗词，高古沉重，寄托身世，感人至深。他长于议论，文丽思深，兼有诗、词、文赋和书法多方面的艺术才能，尤以婉约之词驰名于世。秦观行踪所至之处，多有遗迹。秦观在北宋文学史上的地位举足轻重，被尊为婉约派一代词宗。著有《淮海集》。

初入淮河①四绝句

杨万里

一

船离洪泽②岸头沙③，人到淮河意不佳④。
何必桑乾⑤方是远，中流⑥以北即天涯⑦。

二

刘岳张韩⑧宣国威，赵张二相⑨筑皇基。
长淮咫尺分南北，泪湿秋风欲怨谁？

三

两岸舟船各背驰⑩，波浪交涉亦难为⑪。
只余鸥鹭无拘管，北去南来自在飞。

四

中原父老莫空谈，逢着王人⑫诉不堪⑬。
却是归鸿不能语，一年一度到江南。

【注释】

①淮河：发源于河南、湖北交界的桐柏山，流经安徽、江苏，注入洪泽湖。据《绍兴和议》规定，宋、金以淮河为分界线。

②洪泽：湖名，在江苏西部，自北宋开水道以通淮河，是运输要道。作者由此北行入淮。

③沙：水边或水中由沙子淤积成的陆地。

④意不佳：心绪不舒畅。

⑤桑乾：桑乾河为永定河上游。桑乾河流域当时已沦陷金人之手。

⑥中流：指淮河的中流线，为宋、金的分界线。

⑦天涯：天边，指极远的地区。

⑧刘岳张韩：刘锜、岳飞、张俊、韩世忠。他们都是著名的抗金将领。

⑨赵张二相：赵鼎、张俊二丞相。

⑩背驰：背道而驰。

⑪"波浪"句：淮水中流即是界限，交通断绝，连水波的交流似乎也难以做到。

⑫王人：皇帝的使臣，这里指南宋赴金的使者。

⑬诉不堪：诉说难以忍受的痛苦生活。

【导读】

宋孝宗淳熙十六年（1189）让位，光宗（赵惇）受禅即位，召杨万里为秘书监。十二月，金遣"贺正使"（互贺新年的使者）来贺次年正旦。杨万里奉命迎接。他从临安到淮河，面对宋、金划淮而治的现实，触景伤怀，写成《初入淮河四绝句》。诗中即景生情，以"天涯""鸥鹭""归鸿"为喻，抒发了国土沦丧、南北分裂的悲愤心情。

第一首写诗人入淮时的心情。首两句总起、入题。交代了出使的行程和抑郁的心情，为这一组诗奠定了基调。诗人离开洪泽湖进入淮河，心情烦乱、骚动，这是因为昔日国中流水今日已为边境界线。这两句写出了南宋人面对长淮时心理上独特的变化。后两句写感慨，是"意不佳"的原因之一。"桑乾"即永定河上游的桑乾河，在今山西省北部与河北省的西北部，唐代这里是北方少数民族的交接处。唐代诗人雍陶《渡桑乾水》一诗有"南客岂曾谙塞北，年年唯见雁飞回"之句，表示过了桑乾河才是中国的"塞北"的意思。刘皂《渡桑乾》也有"无端更渡桑乾水，却望并州是故乡"之句。在北宋，苏辙在元祐五年（1090）出使辽国回国离开辽境时所写的《渡桑乾》一诗中仍曾这样写道："胡人送客不忍去，久安和好依中原。年年相送桑乾上，欲话白沟一惘怅。"正因为前人有过那样的边境观念，所以现在作者说"何必"，乃是悲愤无奈的反讽，在今不如昔的对比中表达对江山半壁的哀婉和对朝廷偏安的愤恨。"天涯"原指极远的地方，这里指宋、金以淮河为界的边境线。诗人说桑乾用"远"字，称淮河却用"天涯"，一方面强调了淮河的边界意念，一方面渲染了淮河的遥远。这种渲染进一步表达了作者对南宋王朝心理上弃北逃南、政策上妥协投降，视国土沦陷于不顾，置中原人民于不救的哀痛和不满。

第二首是对造成山河破碎的南宋朝廷的谴责。南宋初年的名将刘锜、岳飞、张俊、韩世忠，力主抗金，屡建功勋。赵、张指赵鼎和张俊，都在南宋前期两度任相，重用岳、韩，奠定南宋基业。诗人在这里采取了欲抑先扬的手法。在第三句来了一个陡转到反面，而今竟然出现了"长淮咫尺分南北"的奇耻大辱的结果。前面的因和这里的果似乎产生了明显的矛盾，再加上结尾的"欲怨谁"一语，更是发人深思：究竟是怎么一回事？该由谁来负责？当时以高宗赵构和秦桧为首的主和派贬、杀抗金将领，这怎能不使人在肃杀的"秋风"中涕泪满襟呢！诗人的愤懑之情，以婉语微讽，曲折道出，显得更为深沉。

第三首因眼前景物起兴，以抒发感慨。淮河两岸舟船背驰而去，了无关涉；一过淮水，似乎成了天造地设之界。这里最幸运的要数那些在水面翱翔的鸥鹭了，只有它们才能北去南来，任意飞翔。两者相比，感慨之情自见。"波痕交涉"之后，著以"亦难为"三字，凝聚着作者的深沉感喟。含思婉转，颇具匠心。诗人采取了虚实相生的写法，前两句实写淮河两岸舟船背驰、波痕接触也难以做到，虚写作者对国家南北分离的痛苦与无奈。后两句实写鸥鹭可以南北自由飞翔，虚写作者对国家统一、人民自由往来的强烈愿望。

第四首写中原父老不堪忍受金朝统治之苦及他们对南宋朝廷的向往，感慨更为深沉。前两句说中原父老见到"王人"像遇到了久别的亲人一样，滔滔不绝地诉说不堪忍受金朝压迫之苦。"莫空谈"中一个"莫"字，即排除了一切泛泛的应酬客套话。他们向使者谈的话题都集中在"诉不堪"这一点上。这是诗人想象中的情景，并非实事。因为根据当时的实际情况，南宋使者到了北方后不可能直接跟遗民对话，中原父老更不会面对面地向南使"诉不堪"。但是中原遗民向往南宋朝廷之心却用各种方式来表白。此诗所表达的中原父老的故国情思，虽非实事，但确是实情。这里的弦外之音是对南宋小朝廷的强烈谴责，诗人以率直的方式表现了曲折的心思，读来宛转有致。后两句借羡慕能南飞的鸿雁来表达遗民们对故国的向往。"却是"为反是、倒是之意：羡慕的是鸿雁一年一度的南归；遗憾的是鸿雁不解人意，不能代为传达这故国之情。真是含不尽之意于言外。

《初入淮河四绝句》以"意不佳"为贯穿全组诗的感情主线，有"长淮咫尺分南北""中流以北即天涯"的沉痛感喟，也有"北去南来自在飞"，"一年一度到江南"的向往和痛苦。前两首侧重于诗人主观感情的抒写，后两首则为淮河两岸人民，特别是中原遗民代言，主题鲜明。全诗寓悲愤于和婉，把悲愤之情寄托在客观景物的叙写之中，怨而不怒，风格沉郁，语言平易自然，时用口语，这些都体现了"诚斋体"的特色。

【作者简介】

杨万里（1127—1206），字廷秀，号诚斋。吉州吉水（今江西省吉水县）人。著名文学家、爱国诗人，与陆游、尤袤、范成大并称"南宋四大家"（又作"中兴四大诗人"）。因宋光宗曾为其亲书"诚斋"二字，故学者称其为"诚斋先生"。杨万里于绍兴二十四年（1154）登进士第，历仕高宗、孝宗、光宗、宁宗四朝，曾任国子博士、广东提点刑狱、太子侍读、秘书监等职，官至宝谟阁直学士，封庐陵郡开国侯。开禧二年（1206），杨万里病逝，年80。获赠光禄大夫，谥号"文节"。杨万里一生作诗2万多首，传世作品有4200首，被誉为"一代诗宗"。他创造了语言浅近明白、清新自然，富有幽默情趣的"诚斋体"。杨万里的诗歌大多描写自然景物，且以此见长，也有不少反映民间疾苦、抒发爱国感情的作品。著有《诚斋集》等。

登楚州城①望淮河

杨万里

望中白处②日争明，个③是淮河冻作冰。
此去中原④三里许，一条玉带界天横。

【注释】

①楚州城：今江苏淮安。
②白处：明亮的地方。

③个：这，此。

④中原：指整个黄河流域。当时被金国占领。

【导读】

南宋初年，宋金南北对峙，楚州成为军事重镇。建炎四年（1130）八月，楚州城破。绍兴元年（1131），楚州被收复。绍兴五年（1135）三月，韩世忠任淮东宣抚使，屯重兵于山阳。六年（1136）三月，韩世忠以少保、淮东宣抚处置使、兼节制镇江府，徙武宁、安化军节度使，正式置司楚州。《宋史·韩世忠传》云："世忠披草莱，立军府，与士同力役。夫人梁亲织薄为屋。将士有怯战者，世忠遗以巾帼，设乐大宴，俾妇人妆以耻之，故人人奋厉。抚集流散，通商惠工，山阳遂为重镇。刘豫兵数入寇，辄为世忠所败。"绍兴十一年（1141），宋金和议，以淮河为界，楚州成为边关重镇。宋金双方置军于淮河两岸，长期对峙。王清叔《淮安州》诗云："喉襟关重地，鼓角动边楼。"

杨万里一生力主抗金，恢复中原失地，解救陷落于故土的百姓。诗中前两句乃白描，自然清晰，正是"诚斋体"的风格。后两句"此去中原"仅仅"三里许"，距离何其之短，却被作为宋金边界的淮河"一条玉带界天横"，这两句一眼看去只是描绘眼前景色，语意淡远，却被"界天横"三字重重砸下，直入人心，随后戛然而止，沉郁而不悲愤，愤慨痛惜之情不言而言之。可谓厚重而自然悠远，实乃一代诗宗的宏大手笔。

【作者简介】

见《初入淮河四绝句》。

望楚州新城①

杨万里

已近山阳望渐宽，湖光百里见千村。

人家四面皆临水，柳树双垂便是门。

全盛向来元孔道②，杂耕今是一雄藩③。

金汤再葺真长策，此外犹须子细论。

【注释】

①新城：指南宋初年重修过的楚州城，周二十里，金使路经此地，曾称之为"银铸城"，可见其景象。

②"全盛"句：北宋时期，楚州原是大道，南北咽喉。

③杂耕：指韩世忠屯兵山阳，久驻屯田的士兵杂于百姓之间。雄藩：边疆地方势力雄大的藩镇。

【导读】

宋乾道六年（1170）正月，楚州知州陈敏修楚州城。陈敏长期处在抗金前线，曾先后在盱眙、泗州、高邮等地为官。陈敏曾上书："金兵每出清河，必遣人马先自上流潜渡，今欲必守其地，宜先修楚州城池，盖楚州为南北襟喉，彼此必争之地。长淮二千余里，河道通北方者五，清、汴、涡、颍、蔡是也；通南方以入江者，惟楚州运河耳。北人舟舰自五河而下，将谋渡江，非得楚州运河，无缘自达。昔周世宗自楚州北神堰凿老鹳河，通战舰以入大江，南唐遂失两淮之地。由此言之，楚州实为南朝司命，愿朝廷留意。"楚州新城筑成后，金国使臣路过此地，观其城墙，称其为"银铸城"。

诗中首联、额联是杨万里对景色的描写，语言浅白，简洁流畅，自然清新，为宋诗一绝。颈联叙述楚州城现状。尾联赞赏修建楚州新城的军事价值，并对抗金战事寄予了殷殷期盼。

【作者简介】

见《初入淮河四绝句》。

淮村兵后^①

戴复古

小桃无主^②自开花，烟草茫茫带晚鸦^③。
几处败垣围故井^④，向来一一是人家。

【注释】

①淮村：淮河边的村子。兵后：经过战乱之后。兵，战事。
②无主：没有主人，无人照管。
③烟草：烟雾笼罩的草丛。晚鸦：傍晚的乌鸦。
④败垣：倒塌毁坏了的矮墙。故井：废井。

【导读】

南宋时，淮河流域是宋、金交战的前线，村庄田野都受到毁灭性的破坏，昔日繁华的城市、富饶的村庄，一派萧条。戴复古的这首诗，运用对比手法，描写了淮河岸边一个村庄经历战乱后的破败和荒凉。诗写得朴实、真切、形象。读后，一个萧索荒村的景象如在眼前。

"小桃无主自开花"，桃花不识人间悲苦，花开依旧。这早春的艳阳景色，倍增兵后的凄凉。烟草茫茫，晚鸦聒噪，兵后逃亡，人烟稀少，为后面两句点题的诗蓄势。"几处败垣围故井，向来一一是人家"，这两句是诗的主旨。本来，这里原是人们聚居的地方，可现在只留下了残垣故井，一切都已荡然无存了。这首绝句，为兵后荒村画出了最典型的图景。

井是聚居的重要标志。有井处，方有人家。干戈寥落，家园破败，最难移易的是井，最难毁损的是井，井是逝去生活的不移见证。因此，井最能触动怀旧的心理。历来诗人对故宅荒芜、沧桑变迁，多有以井为题材的描写。隋元行恭《过故宅诗》："草深斜径灭，水尽曲池空。林中满明月，是处来春风。惟余一废井，尚夹两株桐。"韦应物《至开化里寿春公故宅》："废井没荒草，阴牖生绿苔。门前车马散，非复昔时来。"许浑《经马镇西宅》："乱藤侵废井，荒菊上丛台。"物是人非，故井、废井，最能引发往昔的思念。因为，井旁人家，饮用洗涤，须臾不能离开；井旁人家，悲欢离合，演出了多少人间故事。井，如此贴近人们的生活；井，如此感应人们的心灵。"几处败垣围故井，向来一一是人家。"典型的环境，典型的细节，戴复古找到了兵后荒村最真实的遗迹，找到了追怀往昔最有力的载体。

诗的巧思源于生活的实感。戴复古家居浙东，偏安一隅，却能把离乱景象写得如此真切。南宋文士忧国忧民，"难禁满目中原泪"，他们对沦入敌手的中原铭记心中，正如戴复古感叹的那样："最苦无山遮望眼，淮南极目尽神州！"所以，他在《久客还乡》中写道："生长此方真乐土，江淮百姓正流离。"正因心存沦亡后的中原，心存流离中的百姓，方能心心相印，方能写出如此真切的劫难后的荒村景象。

整首诗以景为主，寄托诗人对遭受兵乱的人民表示深厚的同情和对入侵敌人的仇恨。江湖诗派的作者固然多应酬之作，但当他们的笔触涉及现实生活时，同样有自己深沉的思想。

在中国古代，不知发生了多少次战争，"兴，百姓苦；亡，百姓苦"，因而不少诗人通过对战祸的描写，表达自己的哀悼之情。著名的诗如杜甫《春望》："国破山河在，城春草木深。感时花溅泪，恨别鸟惊心。"借草木花鸟以抒愤疾。又如韩偓《乱后却至近甸有感》写乱后的城市情况说："狂童容易犯金门，比屋齐人作旅魂。夜户不扃生茂草，春渠自溢浸荒园。"戴复古这首诗，很明显借鉴了杜、韩的写法，含蓄地表示情感，很具特色。

【作者简介】

戴复古（1167—？）字式之，号石屏，天台黄岩（今属浙江台州）人，常居南塘石屏山，故自号石屏、石屏樵隐。一生不仕，浪迹江湖，后归家隐居，卒年80余岁。曾从陆游学诗，作品受晚唐诗风影响，兼具江西诗派风格。部分作品抒发爱国思想，反映人民疾苦，具有现实意义。有《石屏诗集》《石屏词》。戴复古的时代，正是"山河破碎风飘絮"的南宋王朝，朝廷偏安江南，辛弃疾、陆游等力主抗金的将领大臣皆被闲置，无名无望的戴复古，"负奇尚气，慷慨不羁"，空怀一腔忠心报国的热血，却毫无用武之地。

淮安州①

王清叔

平野围淮甸②，双城③入楚州。
喉襟④关重地，鼓角动边楼。
闻雁思乡信，歌鱼抚剑緱⑤。
此行安所适⑥，江海任浮鸥。

【注释】

①淮安州：南宋绍定元年（1228）改楚州为淮安军，端平元年（1234）又改为淮安州。

②甸：上古时代，国都城外百里以内称"郊"，郊外称"甸"。后泛指都城郊外。

③双城：当时楚州有新旧二城。

④喉襟：咽喉和胸襟。比喻地势险要。

⑤"歌鱼"句：用战国冯谖典。冯谖寄食于孟尝君门下，不被重用，心中不平，弹铗（剑柄）而歌："长铗归来兮，食无鱼！"这里借以抒发怀才不遇的感慨。緱，剑柄上的绳系。

⑥安所适：到何处去。

【导读】

这首诗描写了淮安作为边关重镇的险要形势，抒发了诗人怀才不遇的感慨。

【作者简介】

王清叔，宋代诗人，生平不详。

自题《中山出游图》

龚开

髯君①家本住中山，驾言出游安所适②。
谓为小猎无鹰犬，以为意行有家室。
阿妹韶容见靓妆，五色胭脂最宜黑。
道逢驿舍须少憩，古屋何人供酒食。
赤帻③乌衫固可亨，美人清血终难得。
不如归饮中山酿，一醉三年万缘息。
却愁有物觑高明，八姨豪买他人宅。
□□君醒为扫除，马嵬金驮去无迹。

　　人言墨鬼为戏笔，是大不然，此乃书家之草圣也，世岂有不善真书而能作草者？在昔善画墨鬼，有如颐真、赵千里。千里《丁香鬼》，诚为奇特，所惜去人物科太远，故人得以戏笔目之；颐真鬼虽甚工，然其用意猥近；甚者作髯君，野涧一豪猪即之，妹子持杖披襟赶逐，此何为者耶？仆今作《中山出游图》，盖欲一洒颐真之陋，庶不废翰墨清玩。譬之书，犹真行之间也。钟馗事绝少，仆前后为诗未免重用，今即他事成篇，聊出新意焉耳。淮阴龚开记。

【注释】

①髯君：指钟馗。
②安所适：到何处去。
③赤帻：赤色头巾，古代武士所服。《后汉书·舆服志下》："武吏常赤帻，成其威也。"

【导读】

　　龚开作钟馗画较多，又勇于创新，独具特色。《中山出游图》是其代表作之一，以高超的技法赋予钟馗以威严的精、气、神，为钟馗画别开一格。在画跋中，对于如何画鬼和钟馗，与同时代的其他画家相比，作者表达了不同的看法。龚开以书法中的狂草比拟绘画中的画墨鬼，认为必须从人物科入手才能画好墨鬼，而不应将其归为"戏笔"。对于同时代画墨鬼名家姒颐真、赵千里所作墨鬼，他均不认同。并质疑同时代其他画家将钟馗表现为野涧中的豪猪，而作了此图。

从自题诗来看，作者一开始便交代了髯君的家乡是中山，这一点与钟馗传说中钟馗的出身"终南"相符。对于这幅作品的意图，我国的研究者，如王振德、李天庥认为，此作"寄寓了异常浓烈的民族情绪"，表现了龚开在南宋亡国以后对元代"异族统治者无比愤慨和毫不妥协的斗争精神"。美国学者认为，画跋中龚开提及的"马嵬"和"八姨豪买他人宅"等语，是借唐明皇宠爱杨玉环，杨家专权误国使国家出现"安史之乱"的历史典故，来影指南宋末年内戚擅权而误国的事件；并借《钟馗出游》，表现了对南宋灭亡的反思。

【作者简介】

龚开（1222—1306），字圣予，号翠岩，淮阴县（治今淮阴区）人。宋元间著名书画家。曾与陆秀夫同居广陵幕府，景定年间出任两淮制置司监。元人南犯，曾在浙闽间从事抗战活动。宋亡，隐居吴中，以书画自给。他擅长人物山水花鸟，尤长于画马。有画作收藏于美国、日本等国美术馆。

议纠合①两淮复兴

文天祥

一

清边堂上老将军②，南望天家雨湿巾。

为道两淮兵定出③，相公同作歃盟④人。

二

扬州兵了约庐州，某向瓜洲某鹭洲。

直下南徐⑤侯自管，皇亲刺史统千舟。

三

南八⑥空归唐垒陷，包胥一出楚疆还⑦。

而今庙社存亡决，只看元戎进退间。

【注释】

①纠合：集合；聚集。也作"鸠合"。

②"清边"句：指真州安抚使苗再成。

③"为道"句：指苗再成谋划集两淮之兵反击元兵之事。

④歃盟：即歃血为盟。歃血：古代会盟，把牲畜的血涂在嘴唇上，表示诚意；盟：宣誓缔约。泛指发誓订盟。出自《史记·平原君虞卿列传》："毛遂谓楚王之左右曰：'取鸡狗马之血来。'毛遂奉铜盘而跪进之楚王，曰：'王当歃血而定从，次者吾君，次者遂。'"

⑤南徐：古代州名。东晋侨置徐州于京口城，南朝宋改称南徐，即今江苏镇江。

⑥南八：唐朝名将南霁云，河南濮阳人。在"安史之乱"中，协助张巡镇守睢阳（今河南商丘），屡建奇功。后睢阳陷落，张巡与南霁云宁死不降，慨然就义。后代用"南八"指威武不屈的人或精神。

⑦"包胥"句：指包胥为解楚国之围，来到秦国求得大军，帮助楚国复国的典故。包胥：包姓，名胥，封于申邑故称申包胥，春秋时楚国大夫。楚国复国后楚昭王要封赏申包胥，他坚持不受，携家人隐居。

【导读】

第一首写苗再成献策，第二首写两淮联兵方略，第三首写国家存亡。

文天祥诗作前期受江湖派影响，诗风相对平庸，后期多为表现爱国精神之作，风格变得十分慷慨激昂（如《过零丁洋》）。其存词不多，但大多笔触有力，感情强烈，风骨凛然，表现了诗人威武不屈的英勇气概，有震撼人心之力量。"蛟龙（元）不是池中物"之句常为后人所引用。

公元 1275 年，元世祖忽必烈兴兵伐宋，兵锋直逼都城临安。宋廷抵抗不住，送上传国玉玺及投降文书。元军统帅伯颜提出要宋朝丞相陈宜中亲来祈降。陈宜中力主求和，但又怕当祸首，于是连夜逃到温州。太皇太后仓皇中要文天祥顶替，任命他为右丞相兼枢密使，都督诸路军马。文天祥与左丞相吴坚同去皋亭山元营会见伯颜。伯颜把文天祥视为降国之臣，对他毫不客气，文天祥正义凛然，提出"退兵议和"为"上策"，"否则兵连祸结，胜败尚未可知"。这番话触怒了伯颜，乃将文天祥扣留。

元军进入临安，大肆搜索，令宋廷降臣贾余庆等为祈请使，赴元大都向元帝奉表献降，且威逼文天祥登舟同行。文天祥失去自由后，多次谋划逃脱，最后与随从杜浒和帐前将官余元庆共同谋划，经历千难万险后，成功逃到了真州（今江苏仪征）。

真州安抚使苗再成已数月不知朝廷的情况，特来拜谒文天祥。两人商议复兴大计，苗再成提出了一个联结淮东、淮西各路兵马以图救亡的计划。文天祥听后，喜不自禁，深表赞成，马上向淮东、淮西主将及各路郡守写了信，希望共同御侮。文天祥兴奋之余，写下了《议纠合两淮复兴》诗三首。

不幸的是，文天祥逃离元军后，元军统帅阿术使反间计，在扬州一带散布谣言，称文天祥已反，使文天祥受到时任两淮安抚制置大使李庭芝等人的怀疑，导致两淮联兵计划破产。

【作者简介】

文天祥（1236—1283），初名云孙，字宋瑞，又字履善。道号浮休道人、文山。江西吉州庐陵（今江西省吉安市青原区）人，南宋末政治家、文学家，诗人，抗元名臣，与陆秀夫、张世杰并称为"宋末三杰"。著有《文山诗集》《指南录》《指南后录》《正气歌》等。宝祐四年（1256），文天祥 20 岁状元及第。开庆元年（1259），补授承事郎、签书宁海军节度判官。咸淳六年（1270）四月，任军器监、兼权直学士院，因草拟诏书有讽权相贾似道语，被罢官。德祐元年（1275），元军沿长江东下，文天祥罄家财为军资，招勤王兵 5 万人，入卫临安，因援军不至，退守余杭。任右丞相兼枢密使，奉命赴元军议和，面斥元丞相伯颜被拘，押解北上途中逃归。五月，在福州与张世杰、陆秀夫、陈宜中等拥益王赵昰为帝，后赴南剑州（今福建南平）聚兵抗元。景炎二年（1277）五月，再攻江西，因势孤力单，败退广东。祥兴元年（1278）十二月，在五坡岭（今广东海丰北）被俘。次年，书《过零丁洋》诗以明志。后被押解至元大都，元世祖忽必烈亲自劝降，许以宰相，文天祥拒绝，后英勇就义。

发淮安①

文天祥

九月初二日，车马发淮安。
行行重行行②，天地何不宽。
烟火无一家，荒草青漫漫。
恍如泛沧海，身坐玻璃盘。
时时逢北人③，什伍④扶征鞍。
云我戍江南，当军⑤身属官。
北人适⑥吴楚⑦，所忧地少寒。
江南有游子⑧，风雪止燕山⑨。

【注释】

①发淮安：从淮安出发。

②行行重行行：犹言走啊，走啊。

③北人：指南侵的元军。

④什伍：军队编制。以五人为伍，二伍为什。

⑤当军：掌管军队。

⑥适：到……去。

⑦吴楚：泛指江南一带地方。

⑧游子：离家远游的人。这里指亡国之臣。

⑨"风雪"句：意谓羁留于风雪弥漫的燕山。

【导读】

参阅《议纠合两淮复兴》之【导读】。

祥兴元年（1278）十二月，文天祥在五坡岭（今广东海丰北）被俘。次年，元军元帅张弘范将其押赴厓山（位于今广东新会区），令招降张世杰。文天祥拒之，书《过零丁洋》诗以明志。后被解至元大都（今北京）。文天祥出广东后，由赣江水路直入长江，东下至建康（今南京），八月二十四日渡江。九月初一日至淮安。九月初二日改陆路，从淮安出发，至十月一日晚至燕京（今北京），十月初五日移入狱中。在押赴大都的途中，文天祥写下了诸多诗篇。途经淮安，正是水陆车马舟楫交替的时候，相信诗人心里定有千言万语，无法言说。这首诗描写了遭元军洗劫后江淮一带的荒芜景象。

若文天祥变节，不仅能够自保，做大元朝宰相也轻而易举。但是，在"时务"面前，他视而不见，正因如此，中华民族的精神才多了几分慷慨淋漓，多了几分浩然正气，多了几分不朽的尊严。

【作者简介】

见《议纠合两淮复兴》。

淮安军

文天祥

楚州城门外，白杨吹悲风。
垒垒死人冢，死向锋镝^①中。
岂无匹妇冤，定无万夫雄。
中原在其北，登城望何穷。

【注释】

①锋镝：刀刃和箭镞，借指兵器或战争。唐张说《赠上柱国郭君碑》："命公统陇右之骑，济河曲之师，锋镝争先，玉石俱碎。"唐李贤等引注《邕别传》："臣所在孤危，悬命锋镝，湮灭土灰，呼吸无期。诚恐所怀随躯腐朽，抱恨黄泉。"

【导读】

淮安一代当时被称为"淮安军"，治所在楚州。明天启《淮安府志》记载：宋淮南为楚州山阳郡，又为淮安州。淮北为海州东海郡，安东州、清河军、淮阳军，俱属淮南东路。建炎中，置楚、泗、承州，涟水军镇抚使，寻罢。宝庆以逆全之乱，降为淮安军。

祥兴二年（1279）四月二十二日，文天祥被押解从广州出发去大都，九月初一日来到了淮安。其诗《淮安军》描绘了当时楚州遭受兵灾之后的惨状。可参看前一篇《发淮安》导读。

【作者简介】

见《议纠合两淮复兴》。

元

题淮安壁间

萨都剌

鱼虾泼泼①初出网，梅杏青青已著枝②。
满树嫩晴③春雨歇，行人四月过淮时。

【注释】

①泼泼：鱼甩尾的样子。

②著枝：附着在枝头上。

③嫩晴：春日雨后初晴。

【导读】

这首诗描写了水乡淮安春雨后的美丽景色。网中鱼虾，枝头梅杏，清新气象，往来行人，在诗人笔下构成了生动的画面，洋溢着浓郁的生活气息。

【作者简介】

萨都剌（约1272—1355），元代诗人、画家、书法家。字天锡，号直斋。其先世为西域人，出生于雁门（今山西代县），晚年居杭州。萨都剌善绘画，精书法，尤善楷书。有虎卧龙跳之才，人称雁门才子。他的文学创作，以诗歌为主，诗词内容，以游山玩水、归隐赋闲、慕仙礼佛、酬酢应答之类为多，有《雁门集》。萨都剌还留有《严陵钓台图》和《梅雀》等画，现珍藏于北京故宫博物院。

明

淮安览古

姚广孝

襟吴带楚①客多游，壮丽东南第一州。
屏列江山②随地转，练铺淮水③际天浮。
城头鼓动④惊乌鹊，坝口⑤帆开起白鸥。
胯下英雄⑥今不见，淡烟斜日使人愁。

【注释】

①襟吴带楚：意谓淮安地处要冲，犹如吴地的胸襟，楚地的腰带。

②屏列江山：岸边的大堤像屏风一样排列。

③练铺淮水：淮河的水流如白练一般铺展。

④鼓动：鼓声激荡。

⑤坝口：即老坝口。是淮河故道与大运河交汇处，在今徐杨乡老坝村。

⑥胯下英雄：指韩信。《史记·淮阴侯列传》："淮阴屠中少年有侮信者，曰：'若虽长大，好带刀剑，中情怯耳。'众辱之曰：'信能死，刺我；不能死，出我胯下。'于是信孰视之，俯出袴下，蒲伏。一市人皆笑信，以为怯。"

【导读】

这首诗描写了淮安的险要地势和壮丽景象，表现了对英雄韩信的敬慕和缅怀之情。

【作者简介】

姚广孝（1335—1418），元末明初政治家、高僧，出自显赫的吴兴姚氏。元至正十二年（1352）出家为僧，法名道衍，字斯道，自号逃虚子。明成祖朱棣自燕王时代起的谋士、靖难之役的主要策划者。始终未曾放弃成就大业的抱负，追求功利，仰慕元初僧人出身的开国功臣刘秉忠，欲成开国建业之功。谋划"靖难之役"帮朱棣从侄子手中夺得大明江山。朱棣即位，复姓，赐名广孝，授太子少师。广孝一直不蓄发，不娶妻，为出家之人，85岁病故，葬于北京房山崇各庄，现有墓塔留存。有"政治和尚""黑衣宰相"之称。为"北郭十友"之一。曾参与编修《永乐大典》《太祖实录》。

宿田家

吴承恩

客子湖阴归，田翁柳边谒①。
殷勤戒一饮②，要我留双楫③。
呼儿扫茅堂，盘飧旋陈设④。
徘徊意日夕，酬劝礼数拙。
拂席安我眠，地回众喧绝。
柴门闭流水，犬吠花上月。
天明即前途，眷眷意转切。
临歧仁野话，执手不能别：
君子倘重来，春山有薇蕨⑤！

【注释】

①谒：见。

②戒：斋戒。饮：食。

③双楫：代指舟船。

④飧：晚餐，引申为熟食。

⑤薇蕨：野菜。

【导读】

本诗叙述作者与"田翁"的一次交往，不仅写出了"田翁"的直率热切，也反映出作者对田夫野老、村居生活的向往，流露出他的隐逸之意。

【作者简介】

吴承恩（约 1500—1582），字汝忠，号射阳山人。淮安府山阳县（今淮安区）人。中国明代杰出的小说家，是四大名著之一《西游记》的作者，又有《射阳先生存稿》传世。祖籍桐城高甸（今安徽省枞阳县雨坛乡高甸），故称高甸吴氏，随祖辈迁徙至淮安府。他生于一个由学官沦落为商人的家族，家境清贫。父吴锐，字廷器，卖"彩缕文羯"，是"又好谭时政，竟有所不平，辄抚几愤惋，意气郁郁"之人。吴承恩自幼聪明过人，《淮安府志》载他"性敏而多慧，博极群书，为诗文下笔立成"。但他科考不利，至中年才补上"岁贡生"，后流寓南京，长期靠卖文补贴家用。晚年出任长兴县丞，由于看不惯官场的黑暗，不久愤而辞官，贫老以终。

斋居二首

吴承恩

一

中岁志丘壑①，茅斋寄②城郭。

窗午花气扬，林阴鸟声乐。

鱼蔬拙者政③，鸡黍朋来约。

何似陶隐居④? 松风满虚阁。

二

朝来把锄倦，幽赏供清燕⑤。

积雨流满畦，疏篁⑥长过院。

酴醾⑦春醉屡，蕉叶新题遍⑧。

怅望心所期，层城⑨隔芳甸。

【注释】

①中岁：中年。丘壑：山水幽深之处，指隐居生活。

②寄：依附、靠近。

③拙：朴拙。政：政事。这句话意思是：治理鱼、蔬是百姓的"大事"。

④陶隐居：陶渊明，东晋大诗人，去职而归隐。

⑤清燕：清宴。

⑥疏篁：稀疏的竹林。

⑦酴醾：酒。

⑧题：题诗。

⑨层城：旧时淮安有新、旧二城，1560 年又建连接二城的"夹城"。

【导读】

　　吴承恩居住在淮安府城西北隅的萧湖边河下镇打铜巷尾，其书室名为"射阳簃"。这两首诗记述了他家居时的生活状态和思想感情，是他五言诗的代表作。

【作者简介】

　　见《宿田家》。

《二郎搜山图》歌（并序）

吴承恩

《二郎搜山卷》，吾乡豸史①吴公家物，失去五十年。今其裔孙醴泉子复于参知李公家得之，青毡②再还，宝剑重合③，真奇事也！为之作歌。

李在唯闻画山水，不谓兼能貌神鬼。
笔端变幻真骇人，意志如生状奇诡。
少年都美清源公④，指挥部从扬灵风。
星飞电掣各奉命，搜罗要使山林空。
名鹰搏拿犬腾啮⑤，大剑长刀莹霜雪⑥。
猴老难延欲断魂，狐娘空洒娇啼血。
江翻海搅走六丁⑦，纷纷水怪无留踪。
青锋一下断狂虺⑧，金锁交缠禽毒龙。
神兵猎妖犹猎兽，探穴捣巢无逸寇⑨。
平生气焰安在哉？牙爪虽存敢驰骤⑩！
我闻古圣开鸿蒙⑪，命官绝地天之通⑫。
轩辕铸镜禹铸鼎，四方民物俱昭融。
后来群魔出孔窍，白昼搏人繁聚啸。
终南进士老钟馗，空向宫闱啖虚耗⑬。
民灾翻出衣冠中，不为猿鹤为沙虫。
坐观宋室用五鬼⑭，不见虞廷诛四凶⑮。
野夫有怀多感激，抚事临风三叹息。
胸中磨损斩邪刀，欲起平之恨无力。
救月有矢救日弓，世间岂谓无英雄？
谁能为我致麟凤⑯，长令万年保合清宁功！

【注释】

①豸史：执法官吏，属刑部。

②青毡：《晋书》："（王献之）夜卧斋中，而有偷人入其室，盗物都尽。献之徐曰：'偷儿，青毡我家旧物，可特置之。'群偷惊走。"后以"青毡"指代故家旧物。

③宝剑重合：传说干将、莫邪二人为夫妇。楚王命干将铸剑。三年铸成雌雄二剑，分别命名干将、莫邪。干将自知剑成后必将被杀，故藏雌剑不献，留给其子，希望为他报仇。后其子终于向暴君报了仇，而二剑重合。事见《搜神记》和《列异传》。

④清源公：指二郎神。

⑤搏拿：搏击。腾啮：跳跃咬啮。鹰和犬是搜山的主要帮手。

⑥"大剑"句：刀剑像白雪青霜一样晶莹闪光。

⑦六丁：火神。也是搜山除妖的助手。

⑧青锋：剑。虺：毒蛇，毒虫。

⑨逸：逃逸。

⑩敢驰骤：（妖邪）再也不敢逞威。

⑪鸿蒙：宇宙形成前的混沌状态。

⑫绝地天之通：使天地各得其所，人于其间建立固定的纲纪秩序。

⑬啖：吃。虚耗：意指鬼。传说钟馗捉鬼而啖之。

⑭五鬼：宋真宗朝，王钦若、丁谓、林特、陈彭年、刘承珪五人奸邪险伪，但能得到皇帝的欢心。时称"五鬼"。

⑮虞：虞舜。四凶：传说舜流放的四人或四族首领。《尚书·尧典》："流共工于幽州，放驩兜于崇山，窜三苗于三危，殛鲧于羽山，四罪而天下咸服。"

⑯致麟凤：将能使天下清宁的好意见上呈给圣主。麟：《春秋左氏传》杜预注："麟者仁兽，圣王之嘉瑞也。"凤：比喻有圣德之人。

【导读】

二郎神是民间神话传说中的除妖斩魔的英雄。明宣德（1426—1435）年间，画家李在以此为题材画了一幅《二郎搜山图》。此画后归淮安吴豸史所有，其裔孙吴醴泉失而复得。吴承恩为之作歌，并借此抒发了自己憎恨世道不平，眼见邪魔横行，又无力回天的激越之情。这是他后来写《西游记》的先声。

【作者简介】

见《宿田家》。

夏　日

吴承恩

高堂美人不禁暑，冰簟①湘帘梦秋雨。
岂知寒燠②运天功，为我黎民实禾黍。

【注释】

①簟：竹席。

②燠：暖。

【导读】

这首诗写于暑热的夏日。这时诗人的心情已经不能平静，他从"美人"在高堂消暑联想到田间劳作的农民。"美人"哪里知道，这炎炎暑日，是老天在为老百姓充实庄稼的籽粒呢！

【作者简介】

见《宿田家》。

送我入门来①

吴承恩

玄鬓垂云，忽然而雪②，不知何处潜来。吟啸临风，未许壮心灰，严霜积雪俱经过，试探取梅花开未开？安排事付与天公管领，我肯安排？

狗有三升糠分，马有三分龙性，况丈夫哉！富贵无心，只恐转相催。虽贫杜甫还诗伯③，纵老廉颇④是将才。漫说些痴话，赚他儿女辈，乱惊猜。

①送我入门来：词牌名。可能是吴承恩自度曲。原无副题。

②玄鬓：黑色的鬓发。忽然而雪：忽然就变得雪一样白。

③诗伯：（杜甫）诗足可以作表率。

④廉颇：战国时赵国良将。宋辛弃疾有词曰："凭谁问，廉颇老矣，尚能饭否？"

【导读】

这是吴承恩晚年的词作。他在迭经沧桑之后，发现自己已经垂老，他不愿再为俗事奔忙，他要像杜甫、廉颇一样，做个堂堂大丈夫。这时他已立志写他的长篇巨著《西游记》。"漫说些痴话……"是他的自谦辞，也是他的"壮心"——要为后人留下一部可以传世的作品。

【作者简介】

见《宿田家》。

舟 行

吴承恩

白鹭群翻①隔浦②风，斜阳遥映树重重。
前村一片云将雨，闲倚船窗看挂龙③。

【注释】

①翻：翻飞，飞翔。

②浦：水滨，水口。

③挂龙：一种发生在夏季的天气现象。夏季积雨云出现时，形状如

漏斗下垂，常伴有雷电、阵雨和强风。猛烈时有雹或龙卷风。这种积雨云现象，淮安民间称为"挂龙"。

【导读】

这首诗描写了淮安水乡夏日向晚的景色。末句既状写了倚窗看云的神态，又表露了怡然自得的心情，写得尤为传神。

【作者简介】

见《宿田家》。

堤　上
吴承恩

平湖渺渺①漾天光，泻入溪桥喷玉凉。
一片蝉声万杨柳，荷花香里据胡床②。

【注释】

①渺渺：水面辽阔悠远的样子。
②胡床：亦称"交床""交椅""绳床"。一种可以折叠的轻便坐具。

【导读】

这首诗虽只四句，却分别从视觉、感觉、听觉、嗅觉等方面写出了淮安水乡夏日风光的特点。

【作者简介】

见《宿田家》。

乡 思

顾达

家住新城①古刹②旁，小桥流水浴斜阳。

月明鹤影翻松径，日暖莺声闹草堂。

一箸③脆思蒲菜嫩，满盘鲜忆鲤鱼香。

病多欲去增惭愧，未有涓埃④报圣皇。

【注释】

①新城：在原楚州城北，建于元初。一说为南宋韩世忠、梁红玉抗金时筑。

②古刹：古庙。刹，佛教的寺庙。

③箸：同"箸"，筷子。

④涓埃：涓，细流。埃：轻尘。比喻微末细小。

【导读】

这首诗描写了淮安特有的旖旎风光和丰饶物产，表现了思念故乡的执着深情。

【作者简介】

顾达（1439—1523），字存道，号贯初子，晚号养浩居士，山阳（今淮安）人。明成化十四年（1478）进士，历官宜阳知县、兵部员外郎、陕西行太仆寺卿。不善华饰，性孝友，外柔内刚。工诗文，其文渊深宏博，其诗豪放明健，声律铿锵。著有《正德淮安府志》《眺丰亭记》《锦屏山二十咏》《存道诗集》等。

韩信荒城①

蔡昂

汉家司晨鸡用牝②，真主南行将星殒③。

苍凉故国吊遗踪④，落日清淮去无尽。

王孙不归城亦荒，沙头草树纷成行。

尚有千里不平气，化为双剑腾青苍⑤。

【注释】

①韩信荒城：宋时在清河县治内，与淮阴故城相近。故址在今淮安县城。

②"汉家"句：指汉初刘邦妻子吕后参与朝政。在封建社会，妇女参与国事被认为是违情悖理的，常用"牝鸡司晨"予以嘲讽。牝：雌性的（鸟兽）。

③"真主"句：汉十年（前197），陈豨反于代地，刘邦南下亲征，韩信欲趁机发兵袭吕后、太子，被吕后、萧何设计缚住，斩于长乐宫钟室。真主：指刘邦。将星：指韩信。殒：死。

④遗踪：遗址。

⑤青苍：天空。

【导读】

诗人凭吊韩信荒城，满目萧索、凄清。追忆历史，对吕后专权、韩信被杀，深感愤懑与不平。

【作者简介】

蔡昂，字衡仲，号鹤江，淮安府山阳县（今江苏淮安）人。明武宗正德九年（1514）甲戌科进士第三。除编修，累官至礼部左侍郎，兼翰林学士，于嘉靖十九年（1540）病逝，赠礼部尚书。有《颐贞堂稿》。

过高堰周桥①

沈柿

蜿蜒金堤百里长，汉家②天子重宣房③。
垂杨路满行人少，惟有寒蝉④噪夕阳。

【注释】

①高堰周桥：地名，在淮安城西南四十里。

②汉家：汉朝，这里借指明朝。

③重宣房：重视水利建设。宣房，宫名。《史记》载，汉元光年间，"河决于瓠子，东南注巨野，通于淮、泗"。后20余年，汉武帝命堵瓠子决口，筑宫其上，名宣房宫。故址在今河南濮阳县西南。

④寒蝉：指秋天的蝉。

【导读】

这首诗利用喧闹的蝉鸣烘托出长堤的宁静，含蓄地赞颂了水利建设给百姓带来的安宁生活。

【作者简介】

沈柿，字梦实。万历壬午举人，官南溪县。

泾河①放闸

蔡翰臣

秋水汤汤②灌百川，蓼汀萍渚③渺相连。

黍苗历乱西风里，鸿雁哀鸣④落照前。

地辟龙门⑤原赴壑⑥，堤穿蚁穴亦滔天。

何人为砥中流柱，碧海桑田总晏然⑦。

【注释】

①泾河：地名。在淮安城南五十里许。

②汤汤：水流大而急。

③蓼汀萍渚：这里指洪水泛滥时露出水面的小块陆地。蓼和萍都是水草名。汀：水边平地。渚：水中的小块陆地。

④"鸿雁"句：这句由"鸿雁于飞，哀鸣嗷嗷"（《诗经·小雅·鸿雁》）化来，形容灾民流离失所的凄惨景象。

⑤龙门：代指邗沟。

⑥壑：大水坑。这里指江海。

⑦晏然：平静、安定的样子。

【导读】

这首诗虽没有正面写泾河闸，但从对淮安水灾时汪洋一片、哀鸿遍野的惨景的描写和泾河放闸时诗人发出的"碧海桑田总晏然"的感慨中，读者却可以想象出泾河闸的规模和功效。

【作者简介】

蔡翰臣，字世卿。明嘉靖间山阳人，官蜀藩纪善。

悯 水

张养重

高堰①如城水如贼②，年年防水水莫测。

丙辰五月雨③十日，波撼长堤守不得。

洪水倒注势可骇，桑麻到处成沧海④。

蛟龙得意占民居，饱餐人肉甘于醢⑤。

尸骸遍野谁人收？数口牵绳逐乱流⑥！

自料偕亡⑦无计脱⑧，骨肉尚冀⑨同一邱⑩。

间⑪有巢林⑫与升屋⑬，或存或坠俱枵腹⑭。

不食三日亦饿死，性命悬丝⑮更惨酷。

昔闻此水高于城，城郭人民昼夜惊。

古人禋祀⑯沉苍璧，郡门投楔洪流平⑰。

谁云此事绝新奇，厌胜⑱之术古有之。

圣贤捍御大灾患，堤防疏导能先期。

呜呼！城郭人民尔莫舞，而今四境无干土。

皇天夺尔衣食资⑲，饥寒侧目⑳皆豺虎。

【注释】

①堰：挡水的低坝，这里指河堤。

②贼：强盗。

③雨：下雨。动词。

④沧海：大海。

⑤醢：肉酱。

⑥"数口"句：据文献记载，在当时漂流于洪水的尸体中，有一家七八口用绳牵连同死的。

⑦偕亡：都要死。偕：同。

⑧无计脱：没有办法逃脱。

⑨冀：希望。

⑩邱：同"丘"，坟墓。

⑪间：间或，偶尔。

⑫巢林：爬到树上。巢：筑巢，栖息。

⑬升屋：爬上屋顶。升：登。

⑭枵腹：空腹，指饥饿。枵：空虚。

⑮性命悬丝：比喻随时都可能丧生，令人担惊受怕。

⑯禋祀：祭祀。

⑰"郡门"句：当时总漕曾以郡治署區投入水中以镇洪水。

⑱厌胜：古代方士的一种巫术。谓能以诅咒制服人和物。

⑲资：依靠，凭借。

⑳侧目：不敢从正面看，斜着眼睛看。形容畏惧而又愤恨。

【导读】

这首诗真实地记录了明朝万历丙辰年（1616）黄河决堤给人民带来的深重灾难，并用明褒实贬的方法，对昏庸的统治者用"厌胜"之术治水的骗人把戏进行了辛辣的嘲讽。

【作者简介】

张养重，字斗瞻，号虞山，晚号椰冠道人。明清之际诗人，是淮安（旧名山阳）清初诗坛魁首，时称张山阳。他以坚贞的人格与高洁的诗品赢得了当世名流如王士禛、阎尔梅、杜濬等人的极口称道。更赢得了其后学人由衷的敬仰。吴玉搢云："国朝初年，吾淮诗人林立，然必以虞山（张养重）先生为冠"（《山阳志遗》），推奖甚诚；潘德舆赞曰："吾乡诗人入古人堂奥者，前推宛丘，后则虞山"（《养一斋诗话》），将其与北宋大诗人张耒并论；丁晏盛称："唐宋以后吾乡诗人，当以虞山为第一"（《山阳诗征》），尊崇备至。

清

题 壁
阎若璩

枯木寒岩不见花，非僧非俗道人家。

行年六十又加四，尚想桑榆①变彩霞。

【注释】

①桑榆：指落日的余光所在处，谓晚暮，比喻人的垂老之年。刘禹锡诗："莫道桑榆晚，为霞尚满天。"

【导读】

阎若璩不仅是著名学者、经学大师，他的诗也写得很好，这首诗是他六十三四岁时的作品，反映了他晚年生活的情境和志趣。

【作者简介】

阎若璩（1636—1704），字百诗，别号潜丘居士。世居山阳（今淮安市淮安区）。经学大师。他早年"天资愚钝"，但非常勤奋好学，读书常至千百遍。15 岁那年，冬夜读书，有疑难，发誓非弄通不可，到四更天，"坚坐沉思"，终于豁然开朗。自此"颖悟异常"。43 岁时应博学鸿词科，征辟进京，以此人称"阎征君"。50 岁以后，应聘参与编修《大清一统志》。69 岁时，被召再次进京，病故。20 岁时读《古文尚书》疑为伪书，他沉潜深研近 30 年，著《古文尚书疏证》，引经据典，有力地证明了自己的论点，树起清代考据学的一面旗帜，开辟了乾嘉学派的先河。又精于历史地理的考证研究，著有《四书释地》。

答吴亦韩

阎若璩

老爱青春任杖藜①，却嫌委巷入深泥②。

君家雪色壁如旧，醉罢还能满壁题。

【注释】

①藜：藜杖，藜的茎做成的拐杖。

②委巷：偏僻小巷。

【导读】

这首诗是阎若璩63岁左右时的作品，反映了他晚年生活的情境和志趣。

【作者简介】

见《题壁》。

刘伶台①

周鳞

荷锸②竟③何处，荒台异地④悬。

邙墟⑤余落日，禾黍散秋烟。

四海家同⑥在，人生醉亦传⑦。

独怜名利客⑧，不溯⑨竹林贤⑩。

【注释】

①刘伶台：在淮安城东刘伶村。今丘墟尚存。刘伶，晋沛国人，字伯伦。纵酒放达。常乘鹿车，携酒一壶，使人荷锸随之，说："死便埋我。"尝著《酒德颂》，自称"惟酒是务，安知其余。

②荷锸：荷：扛着。锸：古代一种掘土用的工具。

③竟：终。

④异地：刘伶是沛人，故称淮安为异地。

⑤邨墟：村落。邨：同"村"。墟：墟里，村落。

⑥"四海"句：即"四海为家"的意思。

⑦醉亦传：纵酒的人也能传名后世。

⑧名利客：追名逐利的人。

⑨溯：回想。

⑩竹林贤：《魏氏春秋》："（嵇康）与陈留阮籍，河内山涛，河南向秀，籍兄子咸，琅琊王戎，沛人刘伶相与友善，游于竹林，号为七贤。"

【导读】

这首诗，抨击了追名逐利之徒，颂扬刘伶，诗的三、四句，系由王维"渡头余落日，墟里上孤烟"（《辋川闲居赠裴秀才迪》）脱化而来。

【作者简介】

周鳞，字乔岳，岁贡，官潜山（安徽潜山）教谕。

满江红·万里归来

边寿民

万里归来，就宅畔诛茅结屋①，柴扉外，沙明水碧，荇青蒲绿②。安稳不愁风浪险，寂寥却喜烟霞足。更三城③，宛转一舟通，人来熟。

泉水冽，手堪掬，瓮酒美，巾堪漉。只有情有韵，无拘无束。壮志已随流水去，旷怀不与浮云逐。笑吾庐，气味似僧寮④，享清福。

【注释】

①诛茅结屋：砍伐茅草盖屋。诛，伐。

②荇：荇菜，水生植物。

③三城：淮安（今楚州）有旧城、新城、夹城，统称"三城"。

④寮：小屋。

【导读】

边寿民居住的草屋，周围碧水环绕、芦苇丛生。他在这里饮酒作画吟诗赋词，自得其乐。他为自己的书室题名"苇间书屋"，还自号"苇间居士"。这首《满江红》词描写了他晚年居苇间书屋时的情趣。

【作者简介】

边寿民（1684—1752），清代著名画家。初名维祺，字颐公，又字渐僧、墨仙，号苇间居士，山阳人，晚年又号苇间老民、绰翁、绰绰老人。因他画芦雁，称其所居名"苇间书屋"。善画花鸟、蔬果和山水，尤以画芦雁驰名江淮，有"边芦雁"之称。其泼墨芦雁，苍浑生动，朴古奇逸，极尽飞鸣、食宿、游泳之态，泼墨中微带淡赭，大笔挥洒，浑厚中饶有风骨。又善以淡墨干皴擦小品，更为佳妙。他又工诗词、精书法。和郑板桥、金农等人齐名。他的题画诗词皆"超逸有理趣"。

忆江南（四首）

边寿民

　　苇间好，明浦豁①西窗。两岸荇芦侵阔水，半天紫绿挂斜阳。新月到回廊。

　　苇间好，最好是新晴。寺后菜畦春雨足，城头帆影夕阳明。人傍女墙②行。

　　苇间好，初夏最关情。浅水半篙荷叶出，深芦一带水禽鸣。雨后杂蛙声。

　　苇间好，重九雨霏霏。古寺客穿红叶出，小舟人载菊花归。酒熟蟹螯肥。

【注释】

①豁：开阔。

②女墙：女儿墙，又名压檐墙。

【导读】

　　作者晚年居住在淮安旧城东北梁陂桥附近。其间远离闹市，清幽宁静，四面环水，芦苇丛集，风景佳绝。游憩其间，如在图画中。《忆江南·苇间好》咏唱了此间的情境。

【作者简介】

　　见《满江红·万里归来》。

满江红·老去填词

边寿民

老去填词，只不过一抒胸臆。叹年来，家园冷落，客途萧瑟。楚水吴山都历遍，春花秋月都虚掷。借长声短调作愁吟，苇间集。

那敢望，前秦少①？那敢并，今朱十②？况诗工半百，盛唐高适③！红烛乌丝书也愧，燕钗蝉鬓图难得④。算阶前古砌乱莎中，秋蛩唧⑤。

【注释】

①秦少：秦观（1049—1100），字少游。北宋词人。

②朱十：朱彝尊（见前注）。

③高适：盛唐诗人，和岑参齐名，并称"高岑"。

④燕钗蝉鬓：代指女子。钗：妇女的首饰。蝉鬓：古代妇女的一种发式。

⑤莎：草。蛩：蟋蟀。

【导读】

边寿民晚年自辑一册《苇间书屋词稿》，又自题《满江红》一首，阐述了自己作词的旨趣，"只不过一抒胸臆"，"借长声短调作愁吟"。

【作者简介】

见《满江红·万里归来》。

题画（六首）

边寿民

芦雁

秋风白雁下黄芦，要作无人看处图。

廿载江湖边塞客，于今衰病息菰蒲。

篱菊

故园三径吐幽丛，一夜玄霜①坠碧空。

多少天涯未归客，尽借篱落看秋风。

沙塞子·雁

闲窗醮墨貌秋鸿，和赭石，沙屿芦丝。

添几点、芙蓉水蓼，浅红深红。

一生踪迹与渠②同，描写处，凄惋无穷。

看此幅、荒江断雁，一片秋风。

双雁

菰米③足疗饥，江寒泊最宜。

天涯少俦侣，两两莫轻离。

鳜鱼

春涨江南杨柳湾，鳜鱼泼剌绿波闲。

不知可是湘江种，也带湘妃泪竹斑④？

孤雁

孤飞随意向天涯，却傍江湖觅浅沙。

恐有渔舟邻近岸，几回不敢宿芦花。

【注释】

①玄霜：秋霜。《尔雅》："九月为玄。"

②渠：方言，他。这里指雁。

③菰米：一称雕胡米；可以煮食。

④湘妃泪竹斑：传说舜帝南巡，葬于苍梧，尧二女（舜妻）娥皇、女英泪下沾竹，为斑竹，又称湘妃竹。此处说鳜鱼也有这样的斑纹，不知是不是"湘江种"？

【导读】

题画诗在边寿民的诗词作品中占有重要的位置。大多抒写性灵，显示其特立独行。短小精悍，清新可喜，耐人寻味。

【作者简介】

见《满江红·万里归来》。

自题芦雁

边寿民

凉月白芦花，疏星夜耿耿①。

篷窗人未眠，掠过孤飞影。

急雨打枯荷，凉风欺败苇②。

嗟③彼稻粱田，滞穗④能余几。

皑皑⑤沙⑥头积，芦丛压更多。

莫嗟寒太酷⑦，塞北又如何！

鹅鸭争稻粱，雁兮尔应耻⑧。

奋翮⑨上青霄，江天净如此。

【注释】

①耿耿：光线微明的样子。

②败苇：枯败的芦苇。

③嗟：叹息。

④滞穗：遗落的谷穗。

⑤皑皑：洁白的样子，多指霜雪。

⑥沙：沙洲。

⑦酷：程度深。

⑧耻：意动用法，以（争稻粱）为耻。

⑨翮：鸟的翅膀。

【导读】

这首题画诗，描写了衰败、冷酷的社会现实，寄托了作者耻与"鹅鸭"争食的高洁志向和盼望政治修明的美好理想。

【作者简介】

见《满江红·万里归来》。

淮阴边寿民①苇间书屋②
郑板桥

边生结屋③类蜗壳，忽开一窗洞④寥廓⑤。
数枝芦获撑烟霞，一水明霞静楼阁⑥。
夜星寒斗垂微茫，西风入嫌⑦摇烛光。
隔岸微闻寒犬吠，几拈吟髭⑧更漏⑨长。

【注释】

①边寿民：见前注。

②苇间书屋：边寿民酷爱芦与雁，"苇间书屋"其书房名。

③结屋：建造房子。

④洞：洞见。很清楚地看到。

⑤寥廓：空阔，指广阔的天地。

⑥静楼阁：使楼阁显得清静。

⑦帴：布的帘子，门帘。

⑧几拈吟髭：髭，嘴边的胡子。拈，用两三个指头夹。拈髭是古人潜心思考时的一种习惯动作。

⑨更漏：古代用滴漏计时，夜间凭漏刻传更，故名"更漏"。更漏长，指夜深。

【导读】

这首诗描写了边寿民苇间书屋的环境，也描述了他的艺术生活。他"烟霞""西风"全不顾，也忘了更深夜长。在"蜗壳"般的书屋中拈髭苦吟，挥毫作画，潜心于"寥廓"的艺术天地里。全诗用白描手法，人与物如在眼前。

【作者简介】

郑板桥（1693—1765），原名郑燮，字克柔，号理庵，又号板桥，人称板桥先生，江苏兴化人。乾隆元年（1736）进士。官山东范县、潍县县令，政绩显著，后客居扬州，以卖画为生，为"扬州八怪"重要代表人物。郑板桥一生只画兰、竹、石，自称四时不谢之兰，百节长青之竹，万古不败之石，千秋不变之人。板桥书法，用隶体掺入行楷，自称"六分半书"，人称"板桥体"，在中国书法史上独树一帜。其诗书画，世称"三绝"，是清代比较有代表性的文人画家。郑板桥卖画，大大方方，他制定《板桥润格》，成为中国画家明码标价卖画的第一人。代表作品有《修竹新篁图》《清光留照图》《兰竹芳馨图》《甘谷菊泉图》《丛兰荆棘图》等。著有《郑板桥集》。

淮阴怀古

曹雪芹

壮士须防恶犬欺①，三齐位定盖棺时②。
寄言世俗休轻鄙③，一饭之恩死也知④。

【注释】

①"壮士"句：指韩信青年时受辱的事。

②"三齐"句：意思是韩信被分封齐王之日，正是决定他最后结局之时。秦亡后项羽将齐地分为胶东、齐、济北三个诸侯国，故称三齐。三齐位，指即齐王之位。韩信破赵平齐后向刘邦讨价，要求立他为齐国的假王。刘邦大怒，大骂使者。张良急忙踩他的脚，要他对韩信暂时容忍。刘邦马上改口骂道："大丈夫要做就做真王，做什么假王！"立即封韩信为齐王。当时楚汉相持不下，"天下权在韩信"，韩信的向背关系重大，所谓"为汉则汉胜，与楚则楚胜"。齐人蒯通劝他不如割据一方，谁也不依靠，"三分天下，鼎足而居"，否则，"勇略震主者身危，而功盖天下者不赏"，将来必自取其祸。韩信因受刘邦之封，不愿背汉，后来，他被处死前说："吾悔不听蒯通之计。"

③"寄言"句：意思是世俗之人不要小看和鄙视。韩信早年贫困，品行不端，不事生产，"常从人寄食饮，人多厌之者"，受"胯下之辱"时"一市人皆笑信以为怯"。

④"一饭"句：韩信贫贱时，曾钓于淮安城北淮水之上，有一漂洗棉絮的大娘出于怜悯，供他饭食。后来韩信做了楚王，曾以千金相报。

【导读】

这是《红楼梦》第五十一回中薛宝琴作的十首怀古绝句中的一首。以高度概括的语言，叙述了韩信的一生遭遇。

【作者简介】

曹雪芹（约1715—约1763），名霑，字梦阮，号雪芹，又号芹溪、芹圃，中国古典名著《红楼梦》作者，祖籍辽宁铁岭，生于江宁（今南京），曹雪芹出身清代内务府正白旗包衣世家，是江宁织造曹寅之孙，曹颙之子（一说曹頫之子）。

曹雪芹早年在南京江宁织造府亲历了一段锦衣纨绔、富贵风流的生活。曾祖父曹玺任江宁织造；曾祖母孙氏做过康熙帝的保姆；祖父曹寅做过康熙帝的伴读和御前侍卫，后任江宁织造，兼任两淮巡盐监察御史，极受康熙宠信。在康熙、雍正两朝，曹家祖孙三代4个人主政江宁织造，家世显赫，有权有势，极富极贵，成为当时南京第一豪门，天下推为望族。康熙帝六下江南，曹寅接驾4次。雍正六年（1728），曹家因亏空获罪被抄家，曹雪芹随家人迁回北京老宅。后又移居北京西郊，靠卖字画和朋友救济为生。曹家从此一蹶不振，日渐衰微。

经历了生活中的重大转折，曹雪芹深感世态炎凉，对社会有了更清醒、更深刻的认识。他蔑视权贵，远离官场，过着贫困如洗的艰难日子。曹雪芹素性放达，爱好广泛，对金石、诗书、绘画、园林、中医、织补、工艺、饮食等均有所研究。他以坚韧不拔的毅力，历经多年艰辛，终于创作出极具思想性、艺术性的划时代伟大作品——《红楼梦》。

晚年，曹雪芹移居北京西郊，生活更加穷苦，"满径蓬蒿""举家食粥酒常赊"。乾隆二十七年（1762），曹雪芹幼子夭亡，他陷于过度的忧伤和悲痛，卧床不起。乾隆二十八年（1763）除夕（2月12日），因贫病无医而逝。关于曹雪芹逝世的年份，另有乾隆二十九年除夕（1764年2月1日）、甲申（1764）初春之说。

曹雪芹最伟大的贡献在于——《红楼梦》，该书规模宏大、结构严谨、情节复杂、描写生动，塑造了众多具有典型性格的艺术形象，堪称中国古代长篇小说的巅峰，在世界文学史上占有重要地位。曹雪芹为中华民族、为世界人民留下了宝贵的文化遗产和精神财富，不仅对后世作家的创作影响深远，而且在绘画、影视、动漫、网游等领域产生了大量优秀衍生作品，学术界、社会上围绕《红楼梦》作者、版本、文本等方面的研究与谈论甚至形成了一种专门的学问——红学。

桃源①道中

张鸿烈

风急津亭②唱鹧鸪③，更④从荒邑向征途。

鸡栖破屋牛羊少，草没平沙馌饷无⑤。

画鹢⑥千帆争入贡⑦，金堤百道面征夫。

郑国⑧岂悉南中苦，屈指⑨殊恩⑩雨露苏⑪。

【注释】

①桃源：地名。淮安北门外古有桃花营，亦名桃花坞、桃源。

②津亭：渡口边的亭子。津，渡口。

③鹧鸪：鸟名。鸣声凄切。

④更：又。

⑤馌（yè）饷（shǎng）无：没有往田野送饭的人，意谓田地无人耕种。馌：向田野送饭。饷：用酒食招待。

⑥画鹢（yì）：船的别称。古代在船首画鹢鸟的像，故称船为"画鹢"。

⑦入贡：亦称进贡。封建时代藩属对宗主国或臣民对君主呈献礼品。

⑧郑国：人名。战国末期的水利专家。曾受韩国之命，游说秦国兴修水利，企图借此消耗秦的国力，以阻止和延缓对韩国等国的兼并战争。秦王嬴政采纳了他的建议，发征大量民工，由他主持开凿西引泾水、东注洛河的灌溉渠，长达300余里，灌溉4万余顷。世称"郑国渠"。

⑨屈指：扳起指头计算，有急切等待之意。

⑩殊恩：异常的恩惠，多指皇帝所给的恩惠，这里指免除苦役。

⑪苏：醒过来，病体复原，引申为困顿后得到休息。

【导读】

这首诗真实地揭露了封建统治者的巧取豪夺和繁重徭役给人民带来的深重苦难，具有深刻的社会意义。诗人最后将摆脱苦难的希望寄托在皇帝身上，以当时的社会环境和社会结构看，是正常不过的，不能一味以现代眼光评价前人。

【作者简介】

张鸿烈，字毅文，号岸斋。康熙己未举博学鸿辞，官检讨。

哀廉吏（并序）

潘德舆

山阳令王公昉①，廉吏也，死阅六年柩厝野寺②，其父兄柩亦在焉③。作诗哀之。

人生仕宦，无得廉吏名。
古之廉吏，死则累孙子④；
今之廉吏，死耳死耳，灾及父若兄⑤。
父兄望子弟，作官亦何为！
不见王令尹，丧贫不归。
三棺横列野寺中，
窗风烈烈，阶草离离。

哀哉王令尹，不受一钱，
上官呵笑吏胥怨，
苍天令曰：得钱足赡百口，
但虑忤父兄⑥，
惊穷檐鸡狗。

今日令尹，明日羁魂⑦。
二千里路山盘盘，
还望太原，愁云遮断。

不及乡里穷民，

东风、寒食，

妻子墦间麦饭一碗⑧。

我欲涉淮入河逾汾，送汝归去，

男儿无钱刀⑨，百事哪可作！

赫赫墨吏⑩，乃得上官欢，

囊橐充牣⑪，食客粱肉⑫，妻妾绮纨⑬。

死时素车白旐⑭，送者杂沓⑮，

还旧故山。

王令尹，生不爱阿堵⑯，

死亦无纸钱，一陌奠棺下⑰。

当时富民，欢喜令尹呼父母，

今日官死，骸骨流离无主⑱。

令当时⑲，令尹侵牟索钱⑳，

阿谁摇手闭目，悭啬勿与㉑！

哀哉廉吏，不能葬父兄，

孤魂有知，捶胸、顿足、吞声。

堂堂一大郡，

有一廉吏不能葬！

赫赫墨吏，仰天大笑：

幸不得，廉吏名。

【注释】

①王昉：山西太原人，清嘉道间山阳县令，为官清廉，逝于任所。

②阅：经历。柩：已盛尸体的棺材。厝：停柩待葬。

③焉：这里。

④累：连累。孙子：孙与子。

⑤灾及：祸及。若：及。

⑥忤：违背。

⑦羁魂：羁留在外的灵魂。

⑧墦（fán）：坟墓。

⑨刀：古代钱币。

⑩赫赫：显耀盛大貌。墨吏：贪污的官吏。

⑪囊橐（tuó）：口袋，袋子。牣（rèn）：满。

⑫粱肉：指精美的膳食。

⑬绮（qǐ）纨（wán）：指精美的衣裳。绮：有花纹的丝织品。纨：细绢，细致洁白的薄绸。

⑭素车：丧事所用的车子。旐（zhào）：出丧时为棺枢引路的旗，俗称鬼幡。

⑮杂沓：众多杂乱貌。

⑯阿堵：指钱。

⑰陌：钱一百文。奠：祭奠。

⑱骸骨：尸骨。

⑲令：假令，假设，如果。

⑳牟：取。

㉑悭啬：小气，吝啬。

【导读】

潘德舆的诗作能够反映民间百姓的声音。这首《哀廉吏》对廉吏寄予深切的同情，对"墨吏"进行了尖锐的讽刺，对比十分鲜明。文字明白如口语，形式已突破旧有格律，可以看作是白话诗的发端。

【作者简介】

潘德舆（1785—1839），字彦辅，号四农，山阳县车桥镇人。经学大师。他出身乡间，26岁弃举业，潜心攻读经学，力求古人微言大义。在他之前，淮安府已经出过邱逢年、张弨、阮学浩、汪廷珍、李宗昉等诸多在经学研究上卓有成就的人物。他"孤童晚出，一露锋锐尽掩前人"。他论经术认为"其用在有刚直之气以起人心之痼疾";论治术认为"天下之大病不外一'吏'字,尤不外一'例'字,而实则不外一'利'字",针砭时弊十分中肯。他以《诗经》为根本,强调诗歌的教化作用,是清中叶著名的文艺理论家。著作主要有《养一斋诗文集》《养一斋札记》《丧礼正俗》等。

昔 游

鲁一同

昔游莽迢递①,今望独苍茫②。
落日见孤隼③,惊风吹大荒④。
蛟龙秋改窟⑤,鸿雁夜违霜⑥。
搔首歌哀郢⑦,鲸波万里长⑧。

【注释】

①莽:没有边涯。迢递:高远貌。

②苍茫:旷远迷茫。

③隼:飞得急疾的一种大鸟,亦解作"雕"。

④大荒:广野,极言其旷远。

⑤蛟龙:古代传说中的动物。

⑥违:背去,离开。此两句喻有才能的人远走高飞。

⑦搔首:抓头。《哀郢》:屈原作,主要写离开郢都,浮江东下,怀念家园的哀愤心情。

⑧鲸波:鲸鱼掀起的波浪。李白诗:"骑鲸钓大鳌",喻志向远大。

鲁一同天资聪颖，12 岁赴府城应试即受赞赏，年轻时结交多海内名士，纵论天下大事，多有精辟见解。这首诗回首往昔，可以见出他的宽阔胸襟和远大抱负。

【作者简介】

鲁一同（1805—1862），字兰岑，一字通甫。清代学者、文学家。他世居安东（今涟水县），入山阳县（今淮安区）籍，成年时移居清河县（今清江浦区）。幼年时即聪敏过人，6 岁通古音韵，能诗善对。18 岁为副贡生，20 多岁中举，此后屡试不第。他的文章长于史论，有阳刚之美，诗作则气象宏阔、苍凉盘郁，有"嗣响杜陵"之誉。林则徐总督湖广，曾邀约他一同前往，因"亲老"而止。著作有《通甫类稿》《通甫诗存》《清河县志》等十数种。

荒年谣（四首并序）

鲁一同

饥殍荐洊①，疮痏日甚②，闻见之际，愍焉伤怀③。爰次其事④，命为《荒年谣》⑤。事皆征实⑥，言通里俗。敢云"言之无罪"。然所陈者，十之二三而已。

卖耕牛

卖耕牛，耕牛鸣何哀！

原头草尽不得食，牵牛蹄躅屠门来⑦。
牛不能言但呜咽，屠人磨刀向牛说：
    "有田可耕汝当活，农夫死尽汝命绝。"
旁观老子方幅巾⑧，戒人食牛人怒嗔：
    "不见前村人食人！"

拾遗骸⑨

拾遗骸，遗骸满路旁。
犬饕乌啄皮肉碎⑩，血染草赤天雨霜。
北风吹下僵尸僵，欲行不行丑且厞⑪。
今日残魂身上布，明日谁家衣上絮？
行人见惯去不顾，触髅生齿横当路。

缚孤儿

孤儿，孤儿，缚急啼声悲。
人出门，呵阿母。阿母垂涕洟⑫：
    "已经三日不得食，安用以子殉母为！
不如弃儿去，或有人怜取。"
主人闻言泪如雨，
家中亦有三龄女，前日弃去无处所。

小车辚辚

小车辚辚，女吟男呻，
竹头木屑载零星。
呕呀啁哳行不停⑬，破釜堕地灰痕青。
路逢相识人，劝言："不可行。
南走五日道路断，县官驱人如驱蝇。
同去十人九人死，黄河东流卷哭声。"

车辚辚，难为听。

【注释】

①沴（lì）：灾沴，因气不和而生的灾害。荐：聚集。迭：重叠，更迭，连续不断。

②疮痏（wěi）：伤痕。

③愍（mǐn）：哀怜。

④次：按次序排比，编列。

⑤命为：命名为。

⑥征：证验，证明。

⑦蹄躅：徘徊不进。

⑧方幅巾：方巾，多为儒生用。

⑨遗骸：尸骨。

⑩饕：贪食。

⑪尪（wǎng）：瘠病，瘦弱的样子。

⑫涕洟（yí）：眼泪鼻涕。

⑬呕呀：象声词。啁（zhāo）哳（zhā）：形容声音繁杂而细碎。

【导读】

自公元 18 世纪末叶以来，黄河日淤，河身日高，年年决口，里下河地区灾害频仍，民不聊生。鲁一同亲见、亲历荒年景象，乃作《荒年谣》组诗。这里选录四首。从中可以看到当时的实况，也可见出作者哀痛和悲愤的心情。

【作者简介】

见《昔游》。

夏日有作（并序）

鲁一同

河决后，填淤肥美。友人借资为买田宅。夏日遣奴子往视黍豆，归报有作。

宝剑不下壁，妻孥使人愁①。
中岁忽无家，出处长悠悠。
此邦人事熟，亦有良田俦。
况多素心侣②，结念栖林邱③。
百亩费百金，感此友谊周。
去年金堤决，鸡狗随东流。
死为沙与虫，生为鹄与鸠④。
哀号市田宅，黠者仍掉头⑤。
安知吾子孙，异日免此不⑥？
春风裂厚土，吹野空髑髅。
久行无人烟，林燕声噍啁。
不耕亦已种，黍菽何油油。
常恐秋水溢，覆辙追前辀⑦。
萧条江南东，战地无人收。
夷虏尚翻覆，兵食劳前筹⑧。
艰难愧一饱，郁结怀九州。
大哉生民初，粒食谁与谋？

【注释】

①孥：儿女。

②素心：心地纯朴。

③结念：心所专注，积想所在。

④鹄与鸠：鸠形鹄面，形容身体瘦削，面容憔悴。

⑤黠：聪明、狡猾。掉头：回转头，不顾。

⑥不：此处同"否"。

⑦辀（zhōu）：小车居中的弯曲车杠，代指车。

⑧"萧条"等四句：此时值鸦片战争，英军正拟大举北上，形势十分严峻。里下河地区淮安一带则提供了大量粮饷。

【导读】

这首诗写于黄河决溢之后，在友人的帮助下，借资买田宅，由此联想到国事堪忧，心仍不能安然，表现了作者忧国忧民的情怀。

【作者简介】

见《昔游》。

观彭城兵赴吴淞防海

鲁一同

楼船下洪河①，六月大会师。
往问主将谁？南征行备夷②。
舟山不复守，乍浦势尤危③。
吴淞控大江，东南缠地维④。
守险可百胜，严师固藩篱⑤。
中枢下火符⑥，副相总戎麾⑦。
海疆八千里，腹背联络之。
侧闻蛟门军，半是吴中儿。
此辈市菜佣，临难心然疑⑧。
楚兵气精锐，彪彪千熊罴⑨。
百年养汝曹，危急安足辞！
猎猎大旆风⑩，洸洸淮流驰⑪。
弯弓指东溟⑫，不得中顾私。
莫畏统帅严，中丞有母慈⑬。
行矣谢送徒⑭，报国方在兹。

①楼船：战船。洪河：淮河支流。

②备夷：防御英国侵略军。

③"舟山"二句：道光二十一年（1841），英国海军攻陷舟山岛上的重镇定海，而后，又陷镇海、宁波，侵扰浙江沿海。次年，又循杭州湾北上，威胁乍浦。

④"吴淞"二句：吴淞控扼着大江，维系着大地的东南隅。吴淞：指上海。维：古时指地的东南、西南、东北、西北四隅为"四维"。

⑤严师：经过严格训练、整肃的部队。藩篱：用竹木编成的篱笆或围栅，引申为屏障、门户。

⑥中枢：中央政府机关。火：十分紧急。符：朝廷传达命令或征调兵将用的凭证。

⑦副相：副宰相。总戎麾：战争的总指挥。戎：战争。麾：挥。

⑧"侧闻"四句：听说海军里一半是吴地的青年，他们多是市场小商贩，临战时不免心存犹疑。

⑨"楚兵"二句：楚地的战士很精锐，士气很足，都像小老虎一样勇猛。熊罴：比喻勇猛的武士。

⑩猎猎：风声。旆：泛指旌旗。

⑪洸洸：水流汹涌貌，比喻威武的样子。

⑫东溟：东海。

⑬中丞：指巡抚。有母慈：有母亲一样的慈爱。

⑭行矣谢送徒：临行感谢送别的人们。

【导读】

鸦片战争期间，英国海军从澳门出发，攻占厦门、定海、宁波，又北上乍浦、吴淞。此间，清政府调集彭城守军援吴淞。作者见之，有感而作。他对"彭城兵赴吴淞防海"寄予很高的期望，并给以勉励，表现了作者的爱国热忱。

【作者简介】

见《昔游》。

古别离

鲁一同

快刀不断路，快马不断尘。
君听尘中轮，是妾肠中声。
丈夫怀四方，只手牵长缨①。
君行为黄金，妾心哪得平！
君爱终身别，妾爱终身贫。
将妾来比金，君心自分明。

【注释】

①长缨：长的绳索。西汉时，南越割据政权尚未全归附汉朝，终军主动请求朝廷发给长缨出使南越，表示一定要使南越臣服。后来诗文中把长缨作为杀敌制胜的武器的象征。

【导读】

这首诗以思妇的口吻，写别离之情。宁愿终身贫穷而长相厮守，不愿为求黄金而分离，希望有"快刀"能斩断丈夫的征路，希望丈夫不要把黄金看得比亲人还重，哀怨之情溢于言辞。风格古朴，有晋人气象。

【作者简介】

见《昔游》。

望月怀远

鲁一同

沙如流水月如银，楼上愁连马上春。
不用关心照颜色，最分明是梦中人。

【导读】

这是一首怀人诗。身在荒漠，月色如银，怀想家中亲人正在倚楼远望，一般月光，只能梦中相见。

【作者简介】

见《昔游》。

秋怀二首（其一）

鲁一同

白日照天下，乃有迷路人。
明明指南车，茫茫毒雾昏。
行行得故辙①，归来泪满巾。
室暗更秉烛，怅然怀先民②。

【注释】

①行行得故辙：怎么走也走不出老路。
②先民：古时的贤人。

【导读】

社会一片黑暗，到处皆是茫然。尽管有指南车，面对毒雾茫茫，仍然找不到前进的方向，只能凭借微茫的烛光怅怀先民。短短五言八句，作者集中刻画了迷茫、惘然的感觉并对统治者进行了强有力的控诉。

【作者简介】

见《昔游》。

质儿行①

黄钧宰

黄河北走海东徙，河滩有田三百里。
居民分领完官租，十年耕种九年水。
大麦小麦淹河滨，一家九食当三旬。
朝廷经费不爱惜，圣人岂意殃吾民？
泥沙不塞蛟龙窟②，锱铢难厌豺狼食③。
旧时温饱富家儿，今日一贫寒彻骨。
朔风卷地皴肌肤，县吏如虎登门呼。
老翁出语息嗔怒，家无人力完征输。
大儿渡河乞衣食，去年饿死填沟渠。
今年小儿未十岁，必欲卖去形神孤。
三秋风雨水盛涨，屡经荒乱人烟稀。
十里八里一村落，卖儿有人买者无。
骑牛老子广行惠，留儿质钱掷县吏。
牵牛且放阿翁行，能免官租去儿累。
我闻此语增叹声，十年骨肉今分程。
华堂公子毋相虐④，同是人间父母生。

【注释】

①质：典当，抵押。

②"泥沙"句：洪水泛滥，河道决口不能堵塞。

③锱铢：锱、铢都是古代很小的重量单位，极微小的数量。厌：满足。

④华堂公子：富贵人家的孩子。毋相虐：不要虐待他（指此被质去服侍"公子"的小儿）。

【导读】

水害连年，百姓难以生存，县吏还登门索呼，万般无奈，只能卖儿质儿，以完官租。这首诗勾画出一幅旧时里下河地区农民极其悲惨的生存状态图，表现了作者无比激愤的思想感情。

【作者简介】

黄钧宰（约 1826—1895），一名振钧，字宰平，号钵池山农，别号天河生。淮安人。清道光二十九年（1849）举人，曾做过奉贤县训导，并在江西、安徽、南京等地做过幕僚。他"性好词赋而不乐制艺"，一生偃蹇不遇。著有《比玉楼传奇四种》，其中《十二红》为揭露南河总督署的积弊而作，针砭时弊最为有力，也最著名。又有笔记《金壶七墨》等。

题画二绝（其二）

刘鹗

开到桃花百草菲①，苹湖水满鲫鱼肥。

故乡风景年年好，惟问王孙②归不归。

【注释】

①菲：芳菲，形容花草芳香。

②王孙：指韩信。

【导读】

这首诗描写了淮安的美丽风景，表现了对韩信的敬慕和怀念。

【作者简介】

刘鹗（1857—1909），祖籍江苏丹徒，长期客居淮安。刘鹗出身于官僚家庭，从小得名师传授学业，学识博杂，精于考古，并在算学、医道、治河等方面均有出类拔萃的成就，被海内外学者誉为"小说家、诗人、哲学家、音乐家、医生、企业家、数学家、藏书家、古董收藏家、水利专家、慈善家"，被称为是中国近代史上的"通才"。刘鹗创作的《老残游记》，是清末四大谴责小说之一；编撰的《铁云藏龟》是我国第一部著录甲骨文的著作。其收藏和著作大多散失，因此刘鹗的著作内容、数量虽有种种传说，却无人能见其全豹。由于资料缺乏，百年来对刘鹗的讨论从未终止过，对他的评价达数十种之多，众说纷纭，莫衷一是，直到"盖棺"时也没有"论定"。

刘鹗的一生经历了中国社会大动荡的晚清时代，作为一个出身于官吏家庭的知识分子，刘鹗将自己毕生的精力投入到实业救国的梦想中，他学问驳杂，精通数学、医学、水利，他做过医生，搞过实业，并先后在河道总督吴大澂、山东巡抚张曜处做幕宾，帮办治黄工程。他有感于国势衰微，向朝廷提出了借外资举办实业的主张，被顽固派诟病指为汉奸。满腔爱国热忱却迭遭保守势力攻击，晚年被清政府流放新疆。刘鹗生当旧时代统治即将彻底灭亡的前夕，一方面反对革命，同时也对清末残败的政治局势感到不安和悲愤。他认为当时"国之大病，在民失其养，各国以盘剥为宗，朝廷以□削为事，民不堪矣，民困则思乱"。

第二单元 小说篇

尸魔三戏唐三藏　圣僧恨逐美猴王

吴承恩

却说三藏师徒①，次日天明，收拾前进。那镇元子与行者结为兄弟，两人情投意合，绝不肯放，又安排管待，一连住了五六日。那长老自服了草还丹②，真似脱胎换骨，神爽体健。他取经心重，那里肯淹留，无已，遂行。

师徒别了上路，早见一座高山。三藏道："徒弟，前面有山险峻，恐马不能前，大家须仔细仔细。"行者道："师父放心，我等自然理会。"好猴王，他在马前，横担着棒，剖开山路，上了高崖。看不尽：

峰岩重叠，涧壑湾环。虎狼成阵走，麂鹿作群行。无数獐犯钻簇簇，满山狐兔聚丛丛。千尺大蟒，万丈长蛇。大蟒喷愁雾，长蛇吐怪风。道旁荆棘牵漫，岭上松楠秀丽。薜萝满目，芳草连天。影落沧溟北，云开斗柄南。万古常含元气老，千峰巍列日光寒。

那长老马上心惊，孙大圣布施手段③，舞着铁棒，哮吼一声，唬着那狼虫颠窜④，虎豹奔逃。师徒们入此山，正行到嵯峨之处⑤，三藏道："悟空，我这一日，肚中饥了，你去那里化些斋吃。"行者陪笑道："师父好不聪明。这等半山之中，前不巴村，后不着店，有钱也没买处，教往那里寻斋？"三藏心中不快，口里骂道："你这猴子！想你在两界山，被如来压在石匣之内，口能言，足不能行；也亏我救你性命，摩顶受戒⑥，做了我的徒弟。怎么不肯努力，常怀懒惰之心！"行者道："弟子亦颇殷勤，何常懒惰？"三藏道："你既殷勤，何不化斋我吃？我肚饥怎行？况此地山岚瘴气⑦，怎么得上雷音⑧？"行者道："师父休怪，少要言语。我知你尊性高傲，十分违慢了你，便要念那话儿咒⑨。你下马稳坐，等我寻那里有人家处化斋去。"

行者将身一纵，跳上云端里，手搭凉篷，睁眼观看，可怜西方路甚是寂寞，更无庄堡⑩人家，正是多逢树木，少见人烟去处。看多时，只见正南上有一座高山。那山向阳处，有一片鲜红的点子。行者按下云头道："师父，有吃的了。"那长老问甚东西。行者道："这里没人家化饭，那南山有一片红的，想必是熟透了的山桃，我去摘几个来你充饥。"三藏喜道："出家人若有桃子吃，就为上分了⑪！"行者取了钵盂⑫，纵起祥光，你看他筋斗晃晃⑬，冷气飕飕，须臾间，奔南山摘桃不题⑭。

却说常言有云："山高必有怪，岭峻却生精。"果然这山上有一个妖精。孙大圣去时，惊动那怪。他在云端里，踏着阴风，看见长老坐在地下，就不胜欢喜道："造化⑮！造化！几年家人都讲东土的唐和尚取'大乘'⑯，他本是金蝉子化身，十世修行的原体。有人吃他一块肉，长寿长生。真个今日到了。"那妖精上前就要拿他，只见长老左右手下有两员大将护持，不敢拢身。你说两员大将是谁？说是八戒、沙僧。八戒、沙僧，虽没甚么大本事，然八戒是天蓬元帅，沙僧是卷帘大将。他的威气尚不曾泄⑰，故不敢拢身。妖精说："等我且戏他戏，看怎么说。"

好妖精，停下阴风，在那山凹里，摇身一变，变做个月貌花容的女儿，说不尽那眉清目秀，齿白唇红，左手提着一个青砂罐儿，右手提着一个绿磁瓶儿，从西向东，径奔唐僧——

圣僧歇马在山岩，忽见裙钗女近前。翠袖轻摇笼玉笋，湘裙斜拽显金莲。

汗流粉面花含露，尘拂峨眉柳带烟。仔细定睛观看处，看看行至到身边。

三藏见了，叫："八戒，沙僧，悟空才说这里旷野无人，你看那里不走出一个人来了？"八戒道："师父，你与沙僧坐着，等老猪去看看来。"那呆子放下钉耙，整整直裰⑱，摆摆摇摇，充作个斯文气象⑲，一直的觌面相迎⑳。真个是远看未实，近看分明，那女子生得——

冰肌藏玉骨，衫领露酥胸。柳眉积翠黛，杏眼闪银星。月样容仪俏，天然性格清。体似燕藏柳，声如莺啭林。半放海棠笼晓日，才开芍药弄春晴。

那八戒见他生得俊俏，呆子就动了凡心，忍不住胡言乱语，叫道："女菩萨，往那里去？手里提着是甚么东西？"分明是个妖怪，他却不能认得。那女子连声答应道："长老，我这青罐里是香米饭，绿瓶里是炒面筋。特来此处无他故，因还誓愿要斋僧㉑。"八戒闻言，满心欢喜。急抽身，就跑了个猪颠风，报与三藏道："师父！'吉人自有天报！'师父饿了，教师兄去化斋，那猴子不知那里摘桃儿耍子去了。桃子吃多了，也有些嘈人㉒，又有些下坠。你看那不是个斋僧的来了？"唐僧不信道："你这个夯货胡缠㉓！我们走了这向，好人也不曾遇着一个，斋僧的从何而来！"八戒道："师父，这不到了？"

三藏一见，连忙跳起身来，合掌当胸道："女菩萨，你府上在何处住？是甚人家？有甚愿心，来此斋僧？"分明是个妖精，那长老也不认得。那妖精见唐僧问他来历，他立地就起个虚情，花言巧语，来赚哄道："师父，此山叫做蛇回兽怕的白虎岭。正西下面是我家。我父母在堂，看经好善，广斋方上远近僧人㉔；只因无子，求神作福；生了奴奴㉕，欲扳门第，配嫁他人，又恐老来无倚，只得将奴招了一个女婿，养老送终。"三藏闻言道："女菩萨，你语言差了。圣经云：'父母在，不远游；游必有方㉖。'你既有父母在堂，又与你招了女婿，有愿心，教你男子还，便也罢，怎么自家在山行走？又没个侍儿随从。这个是不遵妇道了。"那女子笑吟吟，忙陪俏语道："师父，我丈夫在山北凹里，带几个客子锄田㉗这是奴奴煮的午饭，送与那些人吃的。只为五黄六月㉘，无人使唤，父母又年老，所以亲身来送。忽遇三位远来，却思父母好善，故将此饭斋僧。如不弃嫌，愿表芹献㉙。"三藏道："善哉！善哉！我有徒弟摘果子去了，就来，我不敢吃；假如我和尚吃了你饭，你丈夫晓得，骂你，却不罪坐贫僧也㉚？"那女子见唐僧不肯吃，却又满面春生道："师父啊，我父母斋僧，还是小可；我丈夫更是个善人，一生好的是修桥补路，爱老怜贫。但听见说这饭送与师父吃了，他与我夫妻情上，比寻常更是不同。"三藏也只是不吃。旁边却恼坏了八戒。那呆子努着嘴，口里埋怨道："天下和尚也无数，不曾象我这个老和尚罢软㉛！现成的饭三分儿倒不吃，只等那猴子来，做四分才吃！"他不容分说，一嘴把个罐子拱倒，就要动口。

只见那行者自南山顶上，摘了几个桃子，托着钵盂，一筋斗，点将回来；睁火眼金睛观看㉜，认得那女子是个妖精，放下钵盂，掣铁棒㉝，当头就打。唬得个长老用手扯住道："悟空！你走将来打谁？"行者道："师父，你面前这个女子，莫当做个好人；他是个妖精，要来骗你哩。"三藏道："你这个猴头，当时倒也有些眼力，今日如何乱道！这女菩萨有此善心，将这饭要斋我等，你怎么说他是个妖精？"行者笑道："师父，你那里得得。老孙在水帘洞里做妖魔时，若想人肉吃，便是这等。或变金银，或变庄台，或变醉人，或变女色。有那等痴心的，爱上我，我就迷他到洞里，尽意随心，或蒸或煮受用；吃不了，还要晒干了防天阴哩！

我若来迟，你定入他套子，遭他毒手！"那唐僧那里肯信，只说是个好人。行者道："师父，我知道你了，你见他那等容貌，必然动了凡心。若果有此意，叫八戒伐几棵树来，沙僧寻些草来，我做木匠，就在这里搭个窝铺，你与他圆房成事，我们大家散了，却不是件事业？何必又跋涉，取甚经去！"

那长老原是个软善的人，那里吃得他这句言语，羞得个光头彻耳通红。三藏正在此羞惭，行者又发起性来，擎铁棒，望妖精劈脸一下。那怪物有些手段，使个"解尸法"，见行者棍子来时，他却抖擞精神，预先走了，把一个假尸首打死在地下。唬得个长老战战兢兢，口中作念道："这猴着然无礼㉞！屡劝不从，无故伤人性命！"行者道："师父莫怪，你且来看看罐子里是甚东西。"沙僧搀着长老，近前看时，那里是甚香米饭，却是一罐子拖尾巴的长蛆；也不是面筋，却是几个青蛙、癞蛤蟆，满地乱跳。长老才有三分儿信了。怎禁猪八戒气不忿㉟！在旁漏八分儿唆嘴道㊱："师父，说起这个女子，他是此间农妇，因为送饭下田，路遇我等，却怎么栽他是个妖怪㊲？哥哥的棍重，走将来试手打他一下，不期就打杀了；怕你念甚么紧箍儿咒，故意的使个障眼法儿，变做这等样东西，演幌你眼㊳，使不念咒哩。"

三藏自此一言，就是晦气到了，果然信那呆子撺唆㊴，手中捻诀，口里念咒。行者就叫："头疼！头疼！莫念！莫念！有话便说。"唐僧道："有甚话说！出家人时时常要方便，念念不离善心，扫地恐伤蝼蚁命，爱惜飞蛾纱罩灯。你怎么步步行凶！打死这个无故平人，取将经来何用？你回去罢！"行者道："师父，你教我回那里去？"唐僧道："我不要你做徒弟。"行者道："你不要我做徒弟，只怕你西天路去不成。"唐僧道："我命在天，该那个妖精蒸了吃，就是煮了，也算不过。终不然㊵，你救得我的大限㊶？你快回去！"行者道："师父，我回去便也罢了，只是不曾报得你的恩哩。"唐僧道："我与你有甚恩？"那大圣闻言，连忙跪下叩头道："老孙因大闹天宫，致下了伤身之难，被我佛压在两界山，幸观音菩萨与我受了戒行，幸师父救脱吾身；若不与你同上西天，显得我'知恩不报非君子，万古千秋作骂名。'"原来这个唐僧是个慈悯的圣僧。他见行者哀告，却也回心转意道："既如此说，且饶你这一次。再休无礼。如若仍前作恶，这咒语颠倒就念二十遍！"行者道："三十遍也由你，只是我不打人了。"却才伏侍唐僧上马[42]，又将摘来桃子奉上。唐僧在马上也吃了几个，权且充饥。

却说那妖精，脱命升空[43]。原来行者那一棒不曾打杀妖精，妖精出神去了[44]。他在那云端里，咬牙切齿，暗恨行者道："几年只闻得讲他手段，今日果然话不虚传。那唐僧已是不认得我，将要吃饭。若低头闻一闻儿，我就一把捞住，却不是我的人了？不期被他走来，弄破我这勾当，又几乎被他打了一棒。若饶了这个和尚，诚然是劳而无功也。我还下去戏他一戏。"

好妖精，按落阴云，在那前山坡下，摇身一变，变作个老妇人，年满八旬，手拄着一根弯头竹杖，一步一声的哭着走来，八戒看了，大惊道："师父！不好了！那妈妈儿来寻人了！"唐僧道："寻甚人？"八戒道："师兄打杀的，定是他女儿。这个定是他娘寻将来了。"行者道："兄弟莫要胡说！那女子十八岁，这老妇有八十岁，怎么六十多岁还生产？断乎是个假的，等老孙去看来。"好行者，拽开步，走近前观看，那怪物——

假变一婆婆，两鬓如冰雪。走路慢腾腾，行步虚怯怯。弱体瘦伶仃，脸如枯菜叶。颧骨望上翘，嘴唇往下别。老年不比少年时，满脸都是荷叶摺。

行者认得他是妖精，更不理论[45]，举棒照头便打。那怪见棍子起时，依然抖擞，又出化了元神，脱真儿去了；把个假尸首又打死在路旁之下。唐僧一见，惊下马来，睡在路旁，更无二话，只是把紧箍儿咒颠倒足足念了二十遍。可怜把个行者头，勒得似个亚腰葫芦[46]，十分疼痛难忍，滚将来哀告道："师父莫念了！有甚话说了罢！"唐僧道："有甚话说！出家人耳听善言，不堕地狱。我这般劝化你，你怎么只是行凶？把平人打死一个，又打死一个，此是何说？"行者道："他是妖精。"唐僧道："这个猴子胡说！就有这许多妖怪！你是个无心向善之辈，有意作恶之人，你去罢！"行者道："师父又教我去？回去便也回去了，只是一件不相应[47]。"唐僧道："你有什么不相应处？"八戒道："师父，他要和你分行李哩。跟着你做了这几年和尚，不成空着手回去？你把那包袱内的甚么旧褊衫[48]，破帽子，分两件与他罢。"行者闻言，气得暴跳道："我把你这个尖嘴的夯货！老孙一向秉教沙门[49]，更无一毫嫉妒之意，贪恋之心，怎么要分甚行李？"唐僧道："你既不嫉妒贪恋，如何不

[143]

去？”行者道：“实不瞒师父说，老孙五百年前，居花果山水帘洞大展英雄之际，收降七十二洞邪魔，手下有四万七千群怪，头戴的是紫金冠，身穿的是赭黄袍，腰系的是蓝田带，足踏的是步云履，手执的是如意金箍棒，着实也曾为人。自从涅槃罪度(50)，削发秉正沙门，跟你做了徒弟，把这个金箍儿勒在我头上，若回去，却也难见故乡人。师父果若不要我，把那个松箍儿咒念一念，退下这个箍子，交付与你，套在别人头上，我就快活相应了。也是跟你一场，莫不成这些人意儿也没有了(51)？”唐僧大惊道：“悟空，我当时只是菩萨暗受一卷紧箍儿咒，却没有甚么松箍子咒。”行者道：“若无松箍儿咒，你还带我去走走罢。”长老又没奈何道：“你且起来，我再饶你这一次，却不可再行凶了。行者道：“再不敢了。再不敢了。”又伏侍师父上马，剖路前进。

却说那妖精，原来行者第二棍也不曾打杀他。那怪物在半空中，夸奖不尽道：“好个猴王，着然有眼！我那般变了去，他也还认得我。这些和尚，他去得快，若过此山，西下四十里，就不伏我所管了。若是被别处妖魔捞了去，好道就笑破他人口(52)，使碎自家心。我还下去戏他一戏。”好妖精，按耸阴风，在山坡下摇身一变，变做一个老公公，真个是——

白发如彭祖，苍髯赛寿星。耳中鸣玉磬，眼里幌金星。

手拄龙头拐，身穿鹤氅轻。数珠掐在手，口诵南无经。

唐僧在马上见了，心中大喜道：“阿弥陀佛！西方真是福地！那公公路也走不上来，逼法的还念经哩(53)。”八戒道：“师父，你且莫要夸奖。那个是祸的根哩。”唐僧道：“怎么是祸根？”八戒道：“行者打杀他的女儿，又打杀他的婆子，这个正是他的老儿寻将来了。我们若撞在他的怀里呵，师父，你便偿命，该个死罪；把老猪为从，问个充军；沙僧喝令，问个摆站(54)，那行者使个遁法走了，却不苦了我们三个顶缸(55)？”行者听见道：“这个呆根(56)，这等胡说，可不唬了师父？等老孙再去看看。”

他把棍藏在身边，走上前迎着怪物，叫声“老官儿，往那里去？怎么又走路，又念经？”那妖精错认了定盘星(57)，把孙大圣也当做个等闲的，遂答道：“长老啊，我老汉祖居此地，一生好善斋僧，看经念佛。命里无儿，止生得一个小女，招了个女婿。今早送饭下田，想是遭逢虎口。老妻先来找寻，也不见回去。全然不知下落，老汉特来寻看。果然是伤残他命，也没奈何，将他骸骨收拾回去，安葬茔中(58)。”行者笑道：“我是个做婴虎的祖宗⑤，你怎么袖子里笼了个鬼儿来哄我？你瞒不过我！我认得你是个妖精！"那妖精唬得顿口无言。

行者掣铁棒来，自忖思道⑥："若要不打地，显得他倒弄个风儿；若要打他，又怕师父念那话儿咒语。"又思量道："不打杀他，他一时间抄空儿把师父捞了去，却不又费心劳力去救他？还打的是！就一棍子打杀，师父念起那咒，常言道，'虎毒不吃儿。'凭着我巧言花语，嘴伶舌便，哄他一哄，好道也罢了。"好大圣，念动咒语叫当坊土地、本处山神道："这妖精三番来戏弄我师父，这一番却要打杀他。你与我在半空中作证，不许走了。"众神听令，谁敢不从，都在云端里照应。那大圣棍起处，打倒了妖魔，才断绝了灵光。

那唐僧在马上，又唬得战战兢兢，口不能言。八戒在旁边又笑道："好行者！风发了！只行了半日路，倒打死三个人！"唐僧正要念咒，行者急到马前，叫道："师父，莫念，莫念！你且来看看他的模样。"却是一堆粉骷髅在那里。唐僧大惊道："悟空，这个人才死了，怎么就化作一堆骷髅？"行者道："他是个潜灵作怪的僵尸，在此迷人败本，被我打杀，他就现了本相。他那脊梁上有一行字，叫做白骨夫人。"唐僧闻说，倒也信了。怎禁那八戒旁边唆嘴道："师父，他的手重棍凶，把人打死，只怕你念那话儿，故意变化这个模样，掩你的眼目哩！"唐僧果然耳软，又信了他，随复念起。行者禁不得疼痛，跪于路旁，只叫："莫念，莫念！有话快说了罢！"唐僧道："猴头！还有甚说话！出家人行善，如春园之草，不见其长，日有所增；行恶之人，如磨刀之石，不见其损，日有所亏。你在这荒郊野外，一连打死三人，还是无人检举，没有对头。倘到城市之中，人烟凑集之所，你拿了那哭丧棒，一时不知好歹，乱打起人来，撞出大祸，教我怎的脱身？你回去罢！"行者道："师父错怪了我也。这厮分明是个妖魔，他实有心害你。我倒打死他，替你除了害，你却不认得，反信了那呆子谗言冷语，屡次逐我。常言道，事不过三。我若不去，真是个下流无耻之徒。我去我去！去便去了，只是你手下无人。"唐僧发怒道："这泼猴越发无礼！看起来，只你是人，那悟能、悟净就不是人？"

那大圣一闻得说他两个是人，止不住伤情凄惨，对唐僧道声："苦啊！你那时节，出了长安，有刘伯钦送你上路。到两界山⑥，救我出来，投拜你为师。我曾穿古洞，入深林，擒魔捉怪；收八戒，得沙僧，吃尽千辛万苦。今日昧着惺惺使糊涂，只教我回去，这才是鸟尽弓藏，兔死狗烹！罢，罢，罢！但只是多了那《紧箍儿咒》。"唐僧道："我再不念了。"行者道："这个难说。若到那毒魔苦难处不得脱身，八戒、沙僧救不得你，那时节，想起我来，忍不住又念诵起来，就是十万里路，我的头也是疼的；假如再来见你，不如不作此意。"唐僧见他言言语语，越添恼怒，滚鞍下马来，叫沙僧包袱内取出纸笔，即于涧下取水，石上磨墨，写了一纸贬书，递于行者道："猴头！执此为照，再不要你做徒弟了！如再与你相见，我就堕了阿鼻地狱②！"行者连忙接了贬书道："师父，不消发誓，老孙去罢。"他将书摺了，留在袖中，却又软款唐僧道："师父，我也是跟你一场，又蒙菩萨指教，今日半途而废，不曾成得功果，你请坐，受我一拜，我也去得放心。"唐僧转回身不睬，口里唧唧哝哝的道："我是个好和尚，不受你歹人的礼！"大圣见他不睬，又使个身外法，把脑后毫毛拔了三根，吹口仙气，叫："变！"即变了三个行者，连本身四个，四面围住师父下拜。那长老左右躲不脱，好道也受了一拜。

大圣跳起来，把身一抖，收上毫毛，却又吩咐沙僧道："贤弟，你是个好人，却只要留心防着八戒言语，途中更要仔细。倘一时有妖精拿住师父，你就说老孙是他大徒弟。西方毛怪，闻我的手段，不敢伤我师父。"唐僧道："我是个好和尚，不题你这歹人的名字，你回去罢。"那大圣见长老三番两复，不肯转意回心，没奈何才去。你看他——

噙泪叩头辞长老，含悲留意嘱沙僧。一头拭迸坡前草，两脚蹬翻地上藤。

上天下地如轮转，跨海飞山第一能。顷刻之间不见影，霎时疾返旧途程。

你看他忍气别了师父，纵筋斗云，径回花果山水帘洞去了。独自个凄凄惨惨，忽闻得水声聒耳，大圣在那半空里看时，原来是东洋大海潮发的声响。一见了，又想起唐僧，止不住腮边泪坠，停云住步，良久方去。毕竟不知此去反复何如，且听下回分解。

【注释】

①三藏：唐僧的法号。

②长老：对年高有道的僧人的尊称。这里指唐僧。

③布施：这里作施展讲。

④狼虫（huǐ）：狼和毒蛇。虫，古虺字；指毒蛇，大蛇，或泛指蛇类。

⑤嵯峨：山势高峻。

⑥摩顶受戒：佛教术语。僧尼在新徒弟受戒时，常用手抚摩受戒人的头顶。受戒，接受佛教戒律，出家当和尚。

⑦山岚：山林中的水蒸气。瘴气：热带原始森林里动植物腐烂后生成的毒气。

⑧雷音：天竺大雷音寺。

⑨那话儿咒：指"紧箍儿咒"。

⑩庄堡：村镇。

⑪上分：上等的，好的。

⑫钵盂：僧徒吃饭用的器皿。钵。梵语"钵多罗"的省称。

⑬筋斗：翻跟头。

⑭题：这里同"提"。

⑮造化：这里是幸运的意思。

⑯大乘：佛教的一个宗派。这里指大乘的经典。

⑰泄：散发。

⑱直裰：和尚、道士穿的一种敞领大袖的衣服。

⑲斯文气象：举止文雅的样子。

⑳觌面：见面；当面。

㉑斋僧：舍饭给僧人。斋：这里作动词用。

㉒嘈（cáo）人：使人胃部难受，不舒服。

㉓夯（bèn）货：笨东西。夯，这里同"笨"。

㉔方上：四面八方。

㉕奴奴：古代青年妇女的谦称。

㉖圣经：指《论语》。方：方向、地方。见《论语·里仁篇》。

㉗客子：佣工。

㉘五黄六月：大热天。

㉙芹献：指所赠礼物菲薄。

㉚罪坐：即坐罪，这里是定罪、加罪的意思。

㉛罢（pǐ）软：没有主见，做事颠倒。罢，同"疲"。

㉜火眼金睛：孙悟空在老君炼丹炉中炼成铜头、铁臂、火眼金睛，能识别各种妖魔鬼怪。

㉝铁棒：即金箍棒。

㉞着然：实在。

㉟气不忿：不服气，不平。

㊱漏：这里是张开的意思。八分：形容猪八戒的嘴张得很大的样子。唆：调唆，怂恿。

㊲栽：指诬陷。

㊳演幌：以假象迷惑人。

㊴撺唆：挑动，怂恿。

㊵终不然：终不成，难道。

㊶大限：原意为死期，这里指生命。

㊷伏侍：服侍。

㊸脱命：逃命。

㊹出神：指元神脱离躯体。

㊺更不理论：再也不和他讲理。

㊻亚腰葫芦：中间细两头粗的葫芦。

㊼不相应：不妥当，不合适。

㊽褊衫：僧尼的上衣。

㊾秉教沙门：依照佛教戒律，出家当和尚。沙门，佛教术语，指依照戒律出家修行的人。

㊿涅槃：佛教用语，梵文音译。佛称死为"涅槃"，也叫"圆寂"，即归真返本，含有永生之意。

51人意儿：人情味。

52好道：这里是可能的意思。后文中"哄他一哄，好道也罢了"的"好道"，是好歹的意思。

53逼法的：疑为口语，象声词。有虔诚的意思。

54摆站：判刑发配去服劳役。

55顶缸：代人受过。

56呆根：意同呆子。根，佛教术语。佛教以人之眼、耳、鼻、舌、身、意为六根。根是“能生”的意思，由于眼、耳等对于色、声等能生起感觉，故称为根。

(57)错认了定盘星：本意是认错了秤；这里指认错了人。

(58)茔：坟墓。

(59)做嫛（ā）虎：做出来一种吓人的怪样子。

(60)忖思：揣度，思量。

(61)两界山：两界山：即如来佛祖封印孙悟空时的五行山。唐朝时传说两界山介于幽冥界与凡间之间，是通往鬼门关的必经之路。

(62)阿鼻地狱：永受痛苦的无间地狱，出自《法华经·法师功德品》。

【导读】

本篇是《西游记》第二十七回，内容充分展示了作品鲜明的人物性格，生动的语言风格和变幻、曲折的情节，是《西游记》的代表性章节。

著名神魔小说《西游记》取材于宋元以来流行于民间的取经故事。这一故事，来源于唐朝名僧玄奘赴天竺各国学习佛经前后十七年的史实。书中塑造了一个嫉恶如仇、敢于斗争、不怕困难和充满智慧的光辉艺术形象孙悟空。同时也揭露、讽刺了当时社会上的一些丑恶现象。

【作者简介】

见 95 页。

茶余客话（三则）

阮葵生

王相国假归后逸事

王太仓相公假归①，入山养病，戒仆人勿言姓氏。道遇疾雨，移舟避乡坊。其家不容，逐之。乃告曰："我好人，勿疑也！"乡人笑曰："好人那肯六月出门远行！"公闻之悚然，曰："彼言是也。"公喜菊，多蓄名种。杜醒陶造之，猝见白剪绒②，不觉身入花间，忘与主人交礼。公曰："君兴故不减我。"乃赠与之。公夏六月科跣据地③，手捉菊虫。邻叟不知，意花工也，呼之不应，乃戏蹴之④。公曰："叟亦爱菊耶？"亦赠与之。公有古瓷直不赀⑤。一日李安溪索观。命奴捧之，历阶而上，失足倾跌而碎。李不觉失声，公怡然不动。安溪每服其雅量。

张懿简自警铭

张懿简鹏为理漕御史，作自警铭词，书于淮阴行台⑥，曰："呜呼小子，淑慎尔止⑦。尔公尔廉，天必福尔；尔贪尔暴，天必祸尔。尔肯畏天，天肯培尔；尔忍欺天⑧，天忍覆尔。福善祸淫，天实由尔。栽培倾覆，天不爽尔⑨。天维显思⑩，敢不敬尔！庶几夙夜⑪，于时保尔。书揭座右，朝夕惊尔⑫。呜呼小子，淑慎尔止！"

势利婚姻之恶果

嘉靖中，浙水人赵祖鹏官翰林，女嫁陆武惠炳为继室，倚陆声势，富贵擅一时。其幼女甫笄笄⑬，艳而才。值己未春榜后，丁文恪公士美举状元，适丧偶，赵欲妻以女，文恪鄙其为人，坚拒不许，赵大不堪。时会元蔡茂春慕赵光焰⑭，遂委禽焉⑮。一时清议，皆重丁而薄蔡⑯。既而陆武惠殁，赵被讦，下狱论死，蔡亦由郎署外谪，仕至知府，罢归，始终皆坐赘赵⑰一事不振。蔡殁后，丁尚在盛年，以节闻。

【注释】

①假归：暂时请假回乡。

②白剪绒：菊花品名。

③科：科头，不戴帽子。跣：赤脚。据地：靠着地面，蹲在地上。

④蹴：踢。

⑤直不赀（zī）：价值不可计量，贵重无比。

⑥行台：在地方代表中央的机构。淮阴是明清两朝的漕运要枢，漕运总督署所在地。

⑦淑慎：婉善而恭慎。尔：你。止：表示确定语气。

⑧忍：忍心。

⑨爽：失、差。

⑩维：乃。

⑪庶几：差不多。夙夜：早晚，朝夕。

⑫惊尔：警示你。

⑬甫笄：女子刚到可以出嫁的年龄。

⑭会元：科举制度中聚集各省举人到京会考称会试，会试第一名为会元。

⑮委禽：下聘礼。委：致送。禽：指雁，古代订婚用的礼物。

⑯清议：公正的评论。

⑰赘：入赘，男子就婚于女家。坐：特指办罪因由。

【导读】

《茶余客话》是清代著名笔记小说，约写成于乾隆三十六年（1771）前。全书原有 30 卷，王锡祺印本为 22 卷。内容广泛，包括政治、历史、地理、科学、工艺、文学、艺术等。其有关清初典章制度和入关前后建置以及淮地名物掌故等记载，有较高的史料价值。本书选录三则。《王相国假归后逸事》只寥寥数语，通过几件小事，即勾画出王相国耿介、诙谐和亲民的性格特征，文字亦清新可喜。《张懿简自警铭》记一位高官的"自警铭"，至今仍然具有积极的思想意义。《势利婚姻之恶果》歌颂了明嘉靖己未科状元、淮阴人丁士美的气节，揭示了热趋势利者的可悲下场。

【作者简介】

阮葵生（1728—1789），字宝诚。山阳县（今淮安区）人。乾隆时以内阁中书入直军机处，历任刑部郎中、河南道监察御史、通政司参政，终刑部右侍郎。他"熟精法科，屡决大狱"，在朝"孤特无依倚，一切声色玩好皆屏绝"，厌请托，耿直而不谀人。好奖掖后进，交游多名士。著有笔记《茶余客话》。

老残游记（节选）

刘鹗

这日，老残吃过午饭，因多喝了两杯酒，觉得身子有些困倦，竟跑到自己房里一张睡榻上躺下，歇息歇息。才闭了眼睛，看到外边就走进两个人来：一个叫文章伯，一个叫德慧生。

这两人本是老残的至友，一齐说道："这么长天大日的，老残，你蹲在家里做甚？"老残连忙起身让坐，说："我因为这两天困于酒食，觉得怪腻的。"二人道："我们现在要往登州府去，访蓬莱阁的胜景，因此特来约你。车子已替你雇了，你赶紧收拾行李，就此动身罢。"老残行李本不甚多，不过古书数卷，仪器几件，收检也极容易，顷刻之间便上了车。无非风餐露宿，不久便到了登州，就在蓬莱阁下觅了两间客房，大家住下，也就玩赏玩赏海市的虚情，蜃楼的幻相。

次日，老残向文、德二公说道："人人都说日出好看，我们今夜何妨不睡，看一看日出何如？"二人说道："老兄有此清兴，弟等一定奉陪。"

秋天虽是昼夜停匀时候，究竟日出日入，有朦气传光，还觉得夜是短的。三人开了两瓶酒，取出携来的肴馔。一面吃酒，一面谈心，不知不觉，那东方已渐渐发大光明了。其实离日出尚远，这就是蒙气传光的道理。三人又略谈片刻，德慧生道："此刻也差不多是时候了，我们何妨先到阁子上头去等呢？"文章伯说："耳边风声甚急，上头窗子太敞，恐怕寒冷，比不得这屋子里暖和，须多穿两件衣服上去。"

各人照样办了，又都带了千里镜，携了毯子，由后面扶梯曲折上去。到了阁子中间，靠窗一张桌子旁边坐下，朝东观看，只见海中白浪如山，一望无际。东北青烟数点，最近的是长山岛，再远便是大竹、大黑等岛了。那阁子旁边，风声呼呼价响，仿佛阁子都要摇动似的。天上云气一片一片价叠起，只见北边有一片大云，飞到中间，将原有的云压将下去。并将东边一片云挤的越过越紧。越紧越不能相让，情状甚为谲诡。过了些时，也就变成一片红光了。

慧生道："残兄，看此光景，今儿日出是看不着的了。"老残道："天风海水，能移我情，即是看不着日出，此行亦不为辜负。"章伯正在用远镜凝视，说道："你们看！东边有一丝黑影，随波出没，定是一只轮船由此经过。"于是大家皆拿出远镜，对着观看。看了一刻，说道："是的，是的。你看，有极细一丝黑线，在那天水交界的地方，那不就是船身吗？"大家看了一会，那轮船也就过去，看不见了。

慧生还拿远镜左右观视。正在凝神，忽然大叫："嗳呀，嗳呀！你瞧，那边一只帆船在那洪波巨浪之中，好不危险！"两人道："在什么地方？"慧生道："你望正东北瞧，那一片雪白浪花，不是长山岛吗？在长山岛的这边，渐渐来得近了。"两人用远镜一看，都道："嗳呀，嗳呀！实在危险得极！幸而是向这边来，不过二三十里就可泊岸了。"

相隔不过一点钟之久，那船来得业已甚近。三人用远镜凝神细看，原来船身有二十三四丈，原是只很大的船。船主坐在舵楼之上，楼下四人专管转舵的事。前后六枝桅杆，挂着六扇旧帆，又有两枝新桅，挂着一扇簇新的帆，一扇半新不旧的帆，算来这船便有八枝桅了。船身吃载很重，想那舱里一定装的各项货物。船面上坐的人口，男男女女，不计其数，却无篷窗等件遮盖风日，同那天津到北京火车的三等客位一样，面上有北风吹着，身上有浪花溅着，又湿又寒，又饥又怕。看这船上的人都有民不聊生的气象。那八扇帆下，各有两人专管绳脚的事。船头及船帮上有许多的人，仿佛水手的打扮。

这船虽有二十三四丈长，却是破坏的地方不少；东边有一块，约有三丈长短，已经破坏，浪花直灌进去；那旁，仍在东边，又有一块，约长一丈，水波亦渐渐浸入；其余的地方，无一处没有伤痕。那八个管帆的却是认真的在那里管，只是各人管各人的帆，仿佛在八只船上似的，彼此不相关照。那水手只管在那坐船的男男女女队里乱窜，不知所做何事。用远镜仔细看去，方知道他在那里搜他们男男女女所带的干粮，并剥那些人身上穿的衣服。章伯看得亲切，不禁狂叫道："这些该死的奴才！你看，这船眼睁睁就要沉覆，他们不知想法敷衍着早点泊岸，反在那里蹂躏好人，气死我了！"慧生道："章哥，不用着急，此船目下相距不过七八里路，等他泊岸的时候，我们上去劝劝他们便是。"

正在说话之间，忽见那船上杀了几个人，抛下海去，揿过舵来，又向东边去了。章伯气的两脚直跳，骂道："好好的一船人，无穷性命，无缘无故断送在这几个驾驶的人手里，岂不冤枉！"沉思了一下，又说道："好在我们山脚下有的是渔船，何不驾一只去，将那几个驾驶的人打死，换上几个？岂不救了一船人的性命？何等功德！何等痛快！"慧生道："这个办法虽然痛快，究竟未免卤莽，恐有未妥。请教残哥以为何如？"

老残笑向章伯道："章哥此计甚妙，只是不知你带几营人去？"章伯愤道："残哥怎么也这么糊涂！此时人家正在性命交关，不过一时救急，自然是我们三个人去。那里有几营人来给你带去！"老残道："既然如此，他们船上驾驶的不下头二百人，我们三个人要去杀他，恐怕只会送死，不会成事罢。高明以为何如？"章伯一想，理路却也不错，便道："依你该怎么样？难道白白地看他们死吗？"老残道："依我看来，驾驶的人并未曾错，只因两个缘故，所以把这船就弄的狼狈不堪了。怎么两个缘故呢？一则他们是走太平洋的，只会过太平日子。若遇风平浪静的时候，他驾驶的情状亦有操纵自如之妙，不意今日遇见这大的风浪，所以都毛了手脚。二则他们未曾预备方针。平常晴天的时候，照着老法子去走，又有日月星辰可看，所以南北东西尚还不大很错。这就叫做'靠天吃饭'。那知遇了这阴天，日月星辰都被云气遮了，所以他们就没了依傍。心里不是不想望好处去做，只是不知东南西北，所以越走越错。为今之计，依章兄法子，驾只渔艇，追将上去，他的船重，我们的船轻，一定追得上的。到了之后，送他一个罗盘，他有了方向，便会走了。再将这有风浪和无风浪时驾驶不同之处，告知船主，他们依了我们的话，岂不立刻就登彼岸了吗？"慧生道："老残所说极是，我们就赶紧照样办去。不然，这一船人，实在可危的极！"

说着，三人就下了阁子，分付从人看守行李物件。那三人却俱是空身，带了一个最准的向盘，一个纪限仪，并几件行船要用的物件，下了山。山脚下有个船坞，都是渔船停泊之处。选了一只轻快渔船，挂起帆来，一直追向前去。幸喜本日刮的是北风，所以向东向西都是旁风，使帆很便当的。一霎时，离大船已经不远了，三人仍拿远镜不住细看。乃至离大船十余丈时，连船上人说话都听得见了。

谁知道除那管船的人搜括众人外，又有一种人在那里高谈阔论的演说，只听他说道："你们各人均是出了船钱坐船的，况且这船也就是你们祖遗的公司产业，现在已被这几个驾驶人弄的破坏不堪，你们全家老幼性命都在船上，难道在这里等死不成？就不想个法儿挽回挽回吗？真真该死奴才！"

众人被他骂的顿口无言。内中便有数人出来说道："你这先生所说的都是我们肺腑中欲说说不出的话，今日被先生唤醒，我们实在惭愧，感激的很！只是请教有甚么法子呢？"那人便道："你们知道现在是非钱不行的世界了，你们大家敛几个钱来，我们舍出自己的精神，拼着几个人流血，替你们挣个万世安稳自由的基业，你们看好不好呢？"众人一齐拍掌称快。

章伯远远听见，对二人说道："不想那船上竟有这等的英雄豪杰！早知如此，我们可以不必来了。"慧生道："姑且将我们的帆落几叶下来，不必追上那船，看他是如何的举动。倘真有些道理，我们便可回去了。"老残道："慧哥所说甚是。依愚见看来，这等人恐怕不是办事的人，只是用几句文明的话头骗几个钱用用罢了！"

当时三人便将帆叶落小，缓缓的尾大船之后。只见那船上人敛了许多钱，交给演说的人，看他如何动手。谁知那演说的人，敛了许多钱去，找了一块众人伤害不着的地方，立住了脚，便高声叫道："你们这些没血性的人，凉血种类的畜生，还不赶紧去打那个掌舵的吗？"又叫道："你们还不去把这些管船的一个一个杀了吗？"那知就有那不懂事的少年，依着他去打掌舵的，也有去骂船主的，俱被那旁边人杀的杀了，抛弃下海的抛下海了。那个演说的人，又在高处大叫道："你们为甚么没有团体？若是全船人一齐动手，还怕打不过他们么？"那船上人，就有老年晓事的人，也高声叫道："诸位切不可乱动！倘若这样做去，胜负未分，船先覆了！万万没有这个办法！"

慧生听得此语，向章伯道："原来这里的英雄只管自己敛钱，叫别人流血的。"老残道："幸而尚有几个老成持重的人，不然，这船覆的更快了。"说着，三人便将帆叶抽满，顷刻便与大船相近。篙工用篙子钩住大船，三人便跳将上去，走至舵楼底下，深深的唱了一个喏，便将自己的向盘及纪限仪等项取出呈上。舵工看见，倒也和气，便问："此物怎样用法？有何益处？"

正在议论，那知那下等水手里面，忽然起了咆哮，说道："船主！船主！千万不可为这人所惑！他们用的是外国向盘，一定是洋鬼子差遣来的汉奸！他们是天主教！他们将这只大船已经卖与洋鬼子了，所以才有这个向盘。请船主赶紧将这三人绑去杀了，以除后患。倘与他们说多几句话，再用了他的向盘，就算收了洋鬼子的定钱，他就要来拿我们的船了！"谁知这一阵嘈嚷，满船的人俱为之震动。就是那演说的英雄豪杰，也在那里喊道："这是卖船的汉奸！快杀，快杀！"

船主舵工听了，俱犹疑不定。内中有一个舵工，是船主的叔叔，说道："你们来意甚善，只是众怒难犯，赶快去罢！"三人垂泪，赶忙回了小船。那知大船上人，余怒未息，看三人上了小船，忙用被浪打碎了的断桩破板打下船去。你想，一只小小渔船，怎禁得几百个人用力乱砸？顷刻之间，将那渔船打得粉碎，看着沉下海中去了……

话说老残在渔船上被众人砸得沉下海去，自知万无生理，只好闭着眼睛，听他怎样。觉得身体如落叶一般，飘飘荡荡，顷刻工夫沉了底了。只听耳边有人叫道："先生，起来罢！先生，起来罢！天已黑了，饭厅上饭已摆好多时了。"老残慌忙睁开眼睛，楞了一楞道："呀！原来是一梦！"

【导读】

章回小说《老残游记》，是我国古典小说名著之一。内容以一个摇串铃的江湖医生老残为中心，写他游程中的见闻和活动，对当时某些官吏的残暴昏庸有所暴露，着重抨击那些名为清官，实即酷吏的虐民行为。文章在语言表达、状物描景、人物刻画等方面颇具特色。这里选录其第一回的后半部分，写老残梦境，以梦中情景喻写当时处于风雨飘摇中的旧中国的境况。

【作者简介】

见 135 页。

第三单元 古代散文篇

登坛对汉王问

司马迁

　　项王暗恶叱咤①，千人皆废②，然不能任属贤将③，此恃匹夫之勇耳。项王见人恭敬慈爱，言语呕呕④，人有疾病，涕泣分食饮，至使人有功当封爵者，印刓弊⑤，忍不能予，此所谓妇人之仁也。项王虽霸天下而臣诸侯，不居关中而都彭城，有背义帝之约⑥，而以亲爱王⑦，诸侯不平。诸侯之见项王迁逐义帝置江南，亦皆归逐其王而自王善地。项王所过无不残灭者，天下多怨，百姓不亲附，特劫于威强耳⑧。名虽为霸，实失天下心。故曰其强易弱。今大王诚能反其道：任天下武勇，何所不诛⑨！以天下城邑封功臣，何所不服！以义兵从思东归之士，何所不散！且三秦王为秦将，将秦子弟数岁矣⑩，所杀亡不可胜计，又欺其众降诸侯⑪，至新安，项王诈坑秦降卒二十余万⑫，唯独邯、欣、翳得脱，秦父兄怨此三人，痛入骨髓。今楚强以威王此三人，秦民莫爱也。大王之入武关，秋毫无所害，除秦苛法，与秦民约法三章耳⑬，秦民无不欲得大王王秦者。于诸侯之约，大王当王关中，关中民咸知之。大王失职入汉中⑭，秦民无不恨者。今大王举而东⑮，三秦可传檄而定也⑯。

【注释】

①暗恶（yìn wù）：满怀怒气。叱咤：怒喝声。

②废：这里作"退"字解。

③任属：放手任用。

④呕（xū）呕：温和貌。

⑤印刓弊：官印摩弄得棱角都光滑了。

⑥义帝之约：义帝，楚怀王的孙子，名心。楚亡后流落民间为人牧羊。公元前208年陈胜战死后，项梁立他为王，仍称楚怀王，都盱眙，后迁彭城。灭秦后，项羽假尊他为义帝而自立为西楚霸王，建都彭城，即派人迁义帝至郴（今湖南郴州），并密令九江王英布等击杀之。诸将入关前，怀王曾与他们约定："先入定关中者，王之。"

⑦以亲爱王：把自己亲信偏爱的人封为王。

⑧特劫于威强：只是在他的淫威下勉强屈服。劫，被胁迫。

⑨何所不诛：什么地方不能平定呢？

⑩三秦王为秦将：项羽封刘邦为汉王时，害怕他夺取关中（今陕西一带地方），然后东出和自己争夺天下，因此将关中分为三部分，分别封秦降将章邯为雍王、司马欣为塞王、董翳为翟王，以堵截刘邦回关中的道路。

⑪欺其众：瞒着士兵。

⑫坑：活埋。

⑬与秦民约法三章耳：刘邦占领咸阳后，与关中父老约法三章："杀人者死；伤人及盗，抵罪。"

⑭失职：失去了应得的封地和关中王的职衔。

⑮举而东：起兵东进。

⑯可传檄而定：只要发一道布告，就可以收复。檄：长一尺二寸的木简，古代有战争或征召的事，在木简上写上文告传示各地。

【导读】

刘邦采纳萧何的意见，筑坛拜韩信为大将军，又问计于信。韩信的对答是现存韩信论述中最长和最为完整的一段文字，记载于司马迁《史记·淮阴侯列传》。司马迁代韩信拟的这段论述不单纯着眼于军事力量彼强我弱的对比，而是从战争胜负最终决定于人心向背这一根本因素出发，全面分析了项羽的为人、个性，以及他的种种施为，从而得出"其强易弱"的正确结论，确立了刘邦夺取关中作为根据地，然后分兵出击的军事思想和战略部署。本文标题为编者所拟。

【作者简介】

韩信（？—196），我国古代卓越的军事家。秦汉之际淮阴县（治今淮安）人。他初投义军，在项羽部下没有受到信用，于是投奔刘邦，经萧何推荐，被任命为大将军。楚汉战争时，刘邦采纳他的意见，并派他率部攻克关中。刘邦在荥阳、成皋间与项羽相持时，他率数千之众，背水为阵，用"陷之死地而后生"的战术，大破赵军，继又下燕取齐，据有黄河下游之地。公元前202年，他率军与刘邦会合，击灭项羽于垓下（今安徽灵璧南）。他与张良、萧何并称为"兴汉三杰"。汉朝建立，封楚王，后降为淮阴侯。终因"功高震主"，于公元前 196 年以"谋反"罪名被吕后斩于长乐宫钟室。著有《兵法》3 篇，今佚。

七发（节选）

枚乘

楚太子有疾，而吴客往问之^①，曰："伏闻太子玉体不安，亦少间乎^②？"太子曰："惫^③！谨谢客。"客因称曰："今时天下安宁，四宇和平^④；太子方富于年^⑤。意者久耽安乐^⑥，日夜无极^⑦；邪气袭逆^⑧，中若结辖^⑨。纷屯澹淡^⑩，嘘唏烦酲^⑪；惕惕怵怵^⑫，卧不得瞑^⑬。虚中重听^⑭，恶闻人声；精神越渫^⑮，百病咸生^⑯。聪明眩曜^⑰，悦怒不平^⑱；久执不废^⑲，大命乃倾^⑳。太子岂有是乎^㉑"

太子曰："谨谢客。赖君之力^㉒，时时有之，然未至于是也。"

客曰："今夫贵人之子，必宫居而闺处^㉓，内有保母^㉔，外有傅父^㉕，欲交无所^㉖。饮食则温淳甘膬^㉗，醴酏肥厚^㉘。衣裳则杂遝曼煖^㉙，燀烁热暑^㉚。虽有金石之坚，犹将销铄而挺解也^㉛，况其在筋骨之间乎哉？故曰：纵耳目之欲^㉜，恣支体之安者^㉝，伤血脉之和^㉞。且夫出舆入辇^㉟，命曰蹙痿之机^㊱；洞房清宫^㊲，命曰寒热之媒^㊳；皓齿蛾眉^㊴，命曰伐性之斧^㊵；甘脆肥脓^㊶，命曰腐肠之药^㊷。今太子肤色靡曼^㊸，四支委随^㊹，筋骨挺解，血脉淫濯^㊺，手足堕窳^㊻；越女侍前^㊼，齐姬奉后^㊽；往来游醼^㊾，纵恣于曲房隐间之中^㊿。此甘餐毒药⁵¹，戏猛兽之爪牙也⁵²。所从来者至深远⁵³，淹滞永久而不废⁵⁴，虽令扁鹊治内⁵⁵，巫咸治外⁵⁶，尚何及哉！今如太子之病者，独宜世之君子⁵⁷，博见强识⁵⁸，承间语事⁵⁹，变度易意⁶⁰，常无离侧⁶¹，以为羽翼⁶²。淹沉之乐⁶³，浩唐之心⁶⁴，遁佚之志⁶⁵，其奚由至哉⁶⁶！"

太子曰："诺。病已⁶⁷，请事此言⁶⁸。"

客曰："今太子之病，可无药石针刺灸疗而已⁶⁹，可以要言妙道说而去也⁷⁰。不欲闻之乎？"太子曰："仆愿闻之⁷¹。"

……

客曰："将以八月之望⁷²，与诸侯远方交游兄弟，并往观涛乎广陵之曲江⁷³。至则未见涛之形也，徒观水力之所到，则恤然足以骇矣⁷⁴。观其所驾轶者，所擢拔者，所扬汩者，所温汾者，所涤汔者⁷⁵，虽有心略辞给⁷⁶，固未能缕形其所由然也⁷⁷。怳兮忽兮⁷⁸，聊兮栗兮⁷⁹，混汩汩兮⁸⁰。忽兮慌兮⁸¹，俶兮傥兮⁸²，浩㲿瀁兮⁸³，慌旷旷兮⁸⁴。秉意乎南山⁸⁵，通望乎东海⁸⁶；虹洞兮苍天⁸⁷，极虑乎涯涘⁸⁸。流揽无穷⁸⁹，归神日母⁹⁰。泪乘流而下降兮^㉛，或不知其所止。或纷纭其流折兮^㉜，忽缪往而不来^㉝。临朱汜而远逝兮^㉞，中虚烦而益怠^㉟。莫离散而曙发兮^㊱，内存心而自持^㊲。于是澡概胸中^㊳，洒练五藏^㊴；澹澉手足^㊵，颒濯发齿^㊶；揄弃恬怠^㊷，输写淟浊^㊸；分决狐疑^㊹，发皇耳目^㊺。当是之时，虽有淹病滞疾^㊻，犹将伸伛起躄^㊼、发瞽披聋而观望之也^㊽，况直眇小烦懑^㊾、酲酸病酒之徒哉？故曰："发蒙解惑，不足以言也^㊿。"

太子曰："善！然则涛何气哉^⑪？"

客曰："不记也^⑫。然闻于师曰，似神而非者三^⑬：疾雷闻百里^⑭；江水逆流，海水上潮^⑮；出山内云，日夜不止^⑯。衍溢漂疾^⑰，波涌而涛起。其始起也^⑱，洪淋淋焉^⑲，若白鹭之下翔。其少进也，浩浩溰溰，如素车白马帷盖之张^㉑。其波涌而云乱^㉒，扰扰焉如三军之腾装。其旁作而奔起也^㉔，飘飘焉如轻车之勒兵^㉕。六驾蛟龙，附从太白^㉗。纯驰浩蜺^㉘，前后骆驿^㉙。颙颙卬卬^㉚，椐椐彊彊^㉛，莘莘将将^㉜；壁垒重坚，沓杂似军行^㉞。訇隐匈礚^㉟，轧盘涌裔，原不可当。观其两傍，则滂渤怫郁，闇漠感突^㉟，上击下律^㊵。有似勇壮之卒，突怒而无畏^㊶。蹈壁冲津^㊷，穷曲随隈^㊸，逾岸出追^㊹。遇者死，当者坏^㊺。初发乎或围之津涯^㊻，荄轸谷分^㊼。回翔青篾^㊽，衔枚檀桓^㊾。弭节伍子之山^㊿，通历骨母之场^㊿。凌赤岸^㊿，篲扶桑^㊿，横奔似雷行。诚奋厥武，如振如怒；沌沌浑浑^㊿，状如奔马。混混庉庉^㊿，声如雷鼓。发怒庢沓^㊿，清升逾跇^㊿，侯波奋振^㊿，合战于藉藉之口^㊿。鸟不及飞，鱼不及回，兽不及走^㊿。纷纷翼翼^㊿，波涌云乱；荡取南山^㊿，背击北岸^㊿；覆亏丘陵^㊿，平夷西畔^㊿。险险戏戏，崩坏陂池^㊿，决胜乃罢^㊿。渟汩潺湲^㊿，披扬流洒^㊿，横暴之极；鱼鳖失势^㊿，颠倒偃侧，沈沈湲湲^㊿，蒲伏连延^㊿。神物怪疑^㊿，不可胜言。直使人踏焉^㊿，洄阘凄怆焉^㊿。此天下怪异诡观也^㊿。太子能彊起观之乎？"太子曰："仆病，未能也。"

客曰："将为太子奏方术之士，有资略者^㊿，若庄周、魏牟、杨朱、墨翟、便蜎、詹何之伦^㊿，使之论天下之精微^㊿，理万物之是非^㊿。孔、老览观^㊿，孟子持筹而算之^㊿，万不失一。此亦天下要言妙道也，太子岂欲闻之乎？"

于是太子据几而起曰^㊿："涣乎若一听圣人辩士之言^㊿。"涊然汗出^㊿，霍然病已^㊿。

【注释】

①楚太子、吴客：皆为作者所虚拟的人物。

②少间：稍愈。间，好转。

③惓：疲惓，困乏。

④四宇：四方。

⑤富于年：年轻。

⑥意者：料想，想来。耽：沉迷。

⑦无极：无度。

⑧袭逆：言邪气侵入体内而为逆。

⑨中：指胸中。结轖（sè）：郁结不通。

⑩纷屯澹淡：心思昏乱、摇荡之貌。

⑪嘘唏：叹息声。烦醒（chéng）：烦乱如醉。醒，酒醉。

⑫惕惕怵怵：忧惧烦乱貌。

⑬暝：安睡。

⑭虚中：体内虚弱。重听：听觉迟钝。

⑮越渫（xiè）：涣散。渫，分散。

⑯咸：皆。

⑰聪：听觉。明：视觉。眩曜：迷乱貌。

⑱不平：不均，犹言失常。

⑲执：保持。废：止。此句言病情长期持续而不愈。

⑳大命：生命。倾：倒，坏。

㉑是：这些，指上面所述之病症。

㉒"赖君之力"以下三句：言仰赖国君之力，是以久耽安乐而时有上述病症，然尚不至于这样严重。

㉓宫居：居于宫中。闺处：处于闺门之内。闺，宫中小门。

㉔保母：指负责生活的妇女。

㉕傅父：负责辅导教育的男子。

㉖交：交往。无所：没有机会。

㉗温淳：味厚。甘脆（cuì）：脆嫩爽口，脆同"脆"。

㉘醒（chéng）：肥肉。酿（nóng）：醇酒。

㉙杂遝（tà）：纷杂众多貌。曼：轻细。

㉚燂：火热。烁：热。

㉛销铄：熔化。挺解：散缓。

㉜耳目之欲：谓声色之满足。

㉝恣：放纵。支：通“肢”。

㉞和：调和。

㉟出舆入辇：谓出入乘车。舆、辇，皆乘具。

㊱命曰：叫作。蹷痿（jué wěi）：身体麻痹、瘫痪而不能行走之病。机：征兆。

㊲洞房：幽深的房屋。清宫：清凉的宫室。

㊳寒热：感寒或受热。媒：媒介。

㊴皓齿蛾眉：指美女。皓：白。

㊵伐：砍伐，此谓伤害。性：性命。

㊶脓：同醲。

㊷腐肠：使肠胃腐烂。

㊸靡曼：柔弱貌。

㊹委随：屈伸不灵。

㊺淫濯：扩大。

㊻堕窳（yǔ）：懈怠软弱。

㊼越女：越国的女子。侍前：在前面侍奉。

㊽齐姬：齐国来的姬妾。

㊾醼：同“宴”。

㊿曲房：深曲的房子。隐间：密室。

(51)甘餐毒药：把毒药当作甘甜的食物吃。餐，吃。

(52)此句言与猛兽的爪牙戏耍。

(53)此句言得病的由来极为深远。

(54)淹滞：拖延。废：止。

(55)扁鹊：先秦时名医。治内：治疗体内疾病。

(56)巫咸：传说中的神巫，善以祷祝为人祛病。治外：指于身体之外进行祷祝。

57宜：应该。

58博见强识：见识广博而记忆力强。识，记忆。

59承间：乘机会。语事：谈论事情。

60变度易意：改变其思虑和心意。

61侧：指太子之侧。

62羽翼：辅佐。

63淹沉：沉耽。

64浩唐：浩荡，放荡貌。

65遁佚：放纵。

66奚由：何从。

67病已：病愈。

68事：行事。

69药石：药物。

70要言：中肯之言。妙道：精妙的道理。说劝说。

71仆：自称谦词。

72望：阴历十五。

73广陵之曲江：今江苏省淮安境内。

74恤然：惊惧貌。以上五句：皆言波涛之动态。

75驾轶：腾越。擢拔：耸起。扬汩（yù）：飞扬激荡。温汾：回旋
结聚。涤汔（qì）：冲击。

76心略：智慧。辞给：有辩才。

77缕形：细致描述。

78怳（huǎng）忽：同"恍惚"，言江涛浩荡，不可辨识。

79聊栗：惊恐貌。

80混：水势盛大。汩汩：水流声。

81忽慌：同"恍惚"。

82俶傥：突出貌，此言浪涛突起，俶通"倜"。

83沉瀁（yǎng）：同"汪洋"，水广大貌。

84慌：通"荒"，远。旷旷：辽阔广大貌。

85秉意：集中注意。秉，执。南山：指江水发源之地。

㊏通望：一直望到。

㊐虹洞：水天相连貌。

㊑极虑：尽思虑之所及。涯涘：水边，此指水天相连处。

㊒流揽：浏览。

㊓归神日母：言心神随江水驰向东方之太阳。日母，指太阳。

㊔"汩乘流"句：言浪涛随江流疾速东下。汩，疾速。

㊕纷纭：言波浪盛多纷乱。流折：曲折奔流。

㊖缪（liǎo）：纠缠。此句言波涛纠缠错杂，一去不回。

㊗朱汜（sì）：盖为地名，未详。

㊘虚烦：空虚烦闷。益：更。怠：倦怠。以上言观涛者见浪潮远逝，心中感到空虚烦闷而更加倦怠。

㊙莫：同"暮"。离散：指晚潮退散。曙发：指早潮到来。

㊚存心：安定心神。自持：克制自己。以上两句言自晚潮退去，至早潮到来，观涛者的心神才得安定而自持。

㊛澡概：洗涤，概同"溉"。

㊜洒练：洗涤。藏：通"脏"。

⑩漱澹（gǎn dàn）：洗涤。

⑩颒（huì）濯：洗濯。

⑩揄：挥。恬息：怠惰。

⑩输写：排除，写同"泻"。洿（tiǎn）浊：垢浊。

⑩分决：解除。狐疑：疑虑。

⑩发皇：启明。皇，明。

⑩淹、滞：皆谓长久。

⑩伸伛：使驼背的人伸直身躯。伛，伛偻。起躄（bì）：使跛足的人站起来。躄，跛足。

⑩发瞽：启开瞎子的眼睛。披聋：通开聋子的耳朵。之：指涛。

⑩况：何况。直：只是。眇小：此指小病。

⑩发蒙：启发蒙昧。以上两句出自《黄帝内经·素问》，其原文为："发蒙解惑，未足以论也。"

⑪何气：什么样的气象。

⑫不记：不见于记载。

⑬似神而非者三：言江涛有三种特征似神而非神。

⑭疾雷：声似疾雷。此其特征之一。

⑮"江水"二句：此特征之二。

⑯"山出内云"二句：出内，同出纳，谓吞吐。此特征之三。

⑰衍溢：平满貌。漂疾：湍急。

⑱其：指波涛。

⑲洪：盛大。淋淋：水倾泻落下貌。

⑳浩浩：言水势浩大。澄澄（yí）：一片洁白。

㉑帷盖：车帷和车盖。张：张开。

㉒云乱：纷乱如云。

㉓扰扰：纷乱貌。腾：奋起。装：装备。

㉔旁作：旁起，横流。

㉕飘飘：波浪飞涌貌。轻车：兵车的一种，此指将军所乘之车。勒兵：指挥军队。

㉖六驾蛟龙：六条蛟龙驾车。

㉗附从：跟从。太白：河神。

㉘纯驰：或屯聚或奔驰，纯通"屯"。浩蜺：高大貌。

㉙骆驿：连续不绝，同"络绎"。

㉚颙（yóng）颙卬（áng）卬：波浪高大貌。

㉛据（jū）据强强：言波涛前推后继。

㉜莘（shēn）莘将将：言波浪激荡奔腾。

㉝壁垒重坚：言波浪如壁垒，重叠而坚厚。

㉞沓（tà）杂：众多貌。军行：军队的行列。

㉟訇隐匌瑶（gài）：皆象声词，言波涛之声宏大。

㊱轧盘：广大无际。涌裔：波涛奔流。

㊲原：本。

㊳滂渤怫（fú）郁：汹涌激荡。

㊴阗漠：昏暗不明。感突：互相击撞。

㊵上击下律：言波浪上下涌起跌落，相互击撞。律：当作"硉"（lù），

石自高处落下。

⑪突怒：冲怒。

⑫壁：崖壁。津：渡口。

⑬隈：水湾。

⑭逾：越出。出：超出。追：古"堆"字，指沙堆。

⑮坏：毁灭。

⑯或围：盖古地名。或，古"域"字。

⑰荄（gāi）：通"陔"，山陇。轸：隐。此句言浪涛汹涌，如山陇之相掩隐，川谷之相区分。

⑱回翔青篾：如青篾之回旋奔走。青篾：车名。

⑲衔枚：言水流无声，有如口中衔枚。檀桓：犹言盘桓。

⑳弭节：谓停止。伍子之山：山名，因伍子胥而得名。

㉑通厉：远奔。骨母：当作"胥母"，山名，在今江苏省。

㉒凌：越过。赤岸：地名。

㉓篲（huì）：扫，此谓扫过。扶桑：神话中树名。《淮南子》云："日出于谷，浴于咸池，拂于扶桑。"

㉔诚：实在。奋：奋发。厥：其，它的。武：威武。

㉕振：通"震"，发威。

㉖沌沌浑浑：言水势之浩大。

㉗混混庉庉（dùn）：波涛汹涌相激。

㉘庢（zhì）沓：水受到阻碍而沸涌。庢：阻碍。沓，沸涌。

㉙清升：清波上扬。逾跰（yì）：逾越。

㉚阳侯：传说中的大波之神。

㉛藉藉：众多而杂机。

㉜以上三句极言涛势之急。

㉝纷纷：众多貌。翼翼：勇健貌。

㉞荡：激。

㉟背：反。

㊱覆亏：颠覆破坏。

㊲平夷：荡平。畔：岸。

⑯险险戏戏：危险貌，戏通"巇"。

⑯陂（bēi）：池泽之堤岸。

⑰决胜：取胜。

⑰湀（jié）：水波相击。潺湲：水流。

⑰披扬：波涛汹涌飞扬。流洒：浪花涌流飞洒。

⑰失势：失去常态。

⑰沇沇（yóu）湲湲：颠倒之貌。

⑰蒲伏：同"匍匐"，伏地而行。连延：相继。此句言鱼鳖在水中不停起伏。

⑯神物：谓水中的怪物。

⑰踣：跌倒。

⑰洄阘：昏乱失智貌。凄怆：心情悲凉。

⑰ 诡观：奇异的景象。

⑱奏：进，引荐。方术：道术。资略：资望和谋略。

⑱庄周、魏牟、杨朱、墨翟、便蜎、詹何：皆为春秋战国时的才智之士。伦：类。

⑱精微：精妙细微的道理。

⑱理：条理。

⑱孔、老：指孔子和老子。览观：审定。

⑱筹：筹划。

⑱据：倚着。几：几案。

⑱涣：散。

⑱涊（niǎn）然：汗出貌。

⑱霍然：迅速貌。

【导读】

枚乘《七发》假托楚太子有病，吴客往问，先陈说音乐、饮食、车马、游观、田猎、观涛六事以启发楚太子，但皆未果。最后吴客以圣人辩士的"要言妙道"使楚太子霍然病愈。其要旨劝说人们摆脱腐朽奢靡的生活，以健康的生活情趣充实自己，胜过药石针灸治疗，从而收获人生快乐。

《七发》原文共有八段 2300 余字，本文所选为文章首尾二段及广陵观涛一节。

《七发》首开汉大赋鸿篇巨制之风。它奠定了汉大赋的基本形式，标志着汉大赋的正式形成。其艺术上的特点是以铺陈的手法来细腻地描写外物。其语言上具有词汇丰富、散韵结合的特点。文章善于排比铺陈，迭用比喻，辞藻华丽，想象丰富。后世仿《七发》者甚多，如傅毅《七激》、张衡《七辩》、张协《七命》等，以至形成"七"体。

【作者简介】

见 9 页。

为袁绍檄豫州

陈琳

左将军领豫州刺史①郡国相守②：

盖闻明主图危以制变，忠臣虑难以立权③。是以有非常之人，然后有非常之事。有非常之事，然后立非常之功。夫非常者，故非常人所拟也④。

曩者⑤，强秦弱主，赵高执柄，专制朝政，威福由己，时人迫胁，莫敢正言，终有望夷之败⑥。祖宗焚灭，污辱至今，永为世鉴。及臻吕后季年⑦，产、禄专政，内兼二军，外统梁、赵⑧，擅断万机，决事省禁，下陵上替⑨，海内寒心。于是绛侯、朱虚，兴兵奋怒，诛夷逆暴，尊立太宗⑩。故能王道兴隆，光明显融。此则大臣立权之明表也。

司空曹操，祖父中常侍腾⑪，与左悺、徐璜并作妖孽，饕餮放横⑫，伤化虐民。父嵩，乞丐携养，因赃假位⑬，舆金辇璧，输货权门，窃盗鼎司⑭，倾覆重器⑮。操赘阉遗丑⑯，本无懿德，㻏狡锋侠⑰，好乱乐祸。幕府董统鹰扬⑱，扫夷凶逆，续遇董卓侵官暴国⑲，于是提剑挥鼓，发命东夏，收罗英雄，弃瑕取用⑳。故遂与操参咨合谋，授以裨师，谓其鹰犬之才，爪牙可任㉑。至乃愚佻短略，轻进易退，伤夷折衄，数丧师徒㉒。幕府辄复分兵命锐，修完补辑㉓，表行东郡领太守兖州刺史，被以虎文，授以偏师，奖蹙威柄㉔，冀获秦师一克之报㉕。而操遂承资跋扈，肆行凶忒，割剥元元㉖，残贤害善。故九江太守边让，英才俊逸，天下知名，以直言正色，论不阿谄，身首被枭悬之诛，妻孥受灰灭之咎㉗。自是士林愤痛，民怨弥重，一夫奋臂，举州同声。故躬破于徐方，地夺于吕布，彷徨东裔㉘，蹢躅无所。幕府唯强干弱枝之义，且不登叛人之党，故复援旌擐甲㉙，席卷赴征，金鼓响振，布众奔沮㉚。拯其死亡之患，复其方伯之位，则幕府无德于兖土之民，而有大造于操也㉛。

后会銮驾反旆㉜，群虏寇攻，时冀州方有北鄙之警，匪遑离局㉝，故使从事中郎徐勋就发遣操，使缮修郊庙，翊卫幼主㉞。操便放志专行，威劫省禁，卑侮王室，败法乱纪，坐领三台㉟，专制朝政，爵赏由心，刑戮在口。所爱光五宗，所怨灭三族，群谈者受显诛，腹议者蒙隐戮。百寮钳口㊱，道路以目㊲。尚书纪朝会，公卿充员品而已。

故太尉杨彪，典历二司^㊳，享国极位。操因缘眦睚^㊴，被以非罪，榜楚参并，五毒备至，触情任忒^㊵，不顾宪纲^㊶。又议郎赵彦，忠谏直言，义有可纳，是以圣朝含德，改容加饰^㊷。操欲迷夺时明^㊸，杜绝言路，擅收立杀，不俟报闻^㊹。又梁孝王先帝母昆^㊺，坟陵尊显，松柏桑梓，犹宜恭肃。而操率将吏士，亲临发掘，破棺裸尸，掠取金宝，至令圣朝流涕，士民伤怀。操又特置发丘中郎将，摸金校尉，所过隳突^㊻，无骸不露^㊼。身处三公之位，而行桀虏之态^㊽，污国虐民，毒施人鬼。加其细政苛惨，科防互设，罾缴充蹊^㊾，坑阱塞路，举手挂网罗，动足触机陷。是以兖豫有无聊之民^㊿，帝都有吁嗟之怨。历观载籍，无道之臣，贪残酷烈，于操为甚。

幕府方诘外奸^㉛，未及整训，加绪含容，冀可弥缝^㉜。而操豺狼野心，潜包祸谋，乃欲摧挠栋梁，孤弱汉室，除灭忠正，专为枭雄^㉝。往者伐鼓，北征公孙瓒，强寇桀逆，拒围一年。操因其未破，阴交书命，外助王师，内相掩袭，故引兵造河，方舟北济。会其行人发露，瓒亦枭夷，故使锋芒挫缩，厥图不果^㉞。尔乃大军过荡西山，屠各、左校皆束手奉质^㉟，争为前登，犬羊残丑，消沦山谷。于是操师震慑，晨夜逋遁，屯据敖仓^㊱，阻河为固，欲以螳螂之斧，御隆车之隧^㊲。

幕府奉汉威灵，折冲宇宙，长戟百万，胡骑千群，奋中黄、育、获之材^㊳，骋良弓劲弩之势。并州越太行，青州涉济漯，大军泛黄河以角其前，荆州下宛、叶而掎其后^㊴，雷震虎步，并集虏庭，若举炎火以焫飞蓬^㊵，覆沧海以沃熛炭^㊶，有何不灭者哉！

又操军吏士，其可战者，皆自出幽冀，或故营部曲，咸怨旷思归，流涕北顾。其余兖、豫之民，及吕布、张扬之遗众，覆亡迫胁，权时苟从^㊷，各被创夷，人为仇敌。若回旆方徂，登高冈而击鼓吹，扬素挥以启降路^㊸，必土崩瓦解，不俟血刃。

方今汉室陵迟^㊹，纲维弛绝，圣朝无一介之辅，股肱无折冲之势，方畿之内，简练之臣^㊺，皆垂头塌翼，莫所凭恃，虽有忠义之佐，胁于暴虐之臣，焉能展其节？又操持部曲精兵七百，围守宫阙，外托宿卫，内实拘执，惧其篡逆之萌，因斯而作。此乃忠臣肝脑涂地之秋，烈士立功之会，可不勖哉^㊻！操又矫命称制^㊼，遣使发兵，恐边远州郡，过听而给与，强寇弱主，违众旅叛，举以丧名，为天下笑，则明哲不取也。即日幽、并、青、冀四州并进，书到荆州，便勒见兵，与建忠将军协同声势㉘，州郡各整戎马，罗落境界㉚，举师扬威，并匡社稷，则非常之功，于是乎著。其得操首者，封五千户侯，赏钱五千万。部曲偏裨将校诸吏降者，勿有所问。广宣恩信，班扬符赏㉛，布告天下，咸使知圣朝有拘逼之难。如律令㉜。

【注释】

①左将军领豫州刺史：指刘备。

②郡国相守：《后汉书》："皇子封王，其郡为国。"豫州部郡国六。相守：郡守、国相。这是发给刘备及所部郡国相守的文本，故开头有此称谓。

③此句说，英明的郡主危难时能有办法控制变化的局面，忠直的大臣能够因时局变化而做出果断的决策。

④拟：比拟。

⑤曩者：从前。

⑥望夷之败：望夷，秦宫室望夷宫。宦官赵高专权，杀秦二世于此，因称"望夷之败"。

⑦臻：到。季年：晚年。

⑧产禄：指吕产、吕禄。二军：指南军与北军，汉京师警备部队。梁、赵：指吕产为梁王，吕禄为赵王。

⑨省禁：汉制，王所居曰禁中，诸公所居曰省中。陵、替：谓纲纪不能维持，上下不思振作。《左传·昭公十八年》："于是乎上陵下替，能不乱乎？"

⑩绛侯：指西汉太尉周勃。朱虚：指西汉朱虚侯刘章。汉高帝死后，吕后专权，任用吕产、吕禄。吕氏死后，周勃、刘章等遂诛诸吕，拥立文帝。太宗：汉文帝庙号。

⑪中常侍：宦者的职务。腾：曹操的祖父（曹嵩的养父）曹腾。

⑫饕餮（tāo tiè）：贪酷。

⑬因赃假位：因行贿而骗取官位。

⑭鼎司：三公之位，指曹嵩官至太尉。

⑮重器：国家的宝器。

⑯赘阉遗丑：宦者遗下的丑类。赘：多余的，无用的。

⑰獟（piào）狡：轻捷狡黠。锋侠：刀锋之利。

⑱幕府：运筹帷幕的大将，指袁绍。董：督。统：统率。鹰扬：威武（的军队）。

⑲董卓侵官暴国：董卓乘诛杀宦官之机，拥兵入京，擅行废立，大乱朝廷。

⑳"于是"句：指汉献帝初平元年（190），关东诸州郡起兵讨董卓，推渤海太守袁绍为盟主，曹操从之。弃瑕取用：不计较他的污点而任用之。

㉑参咨合谋：共同商量筹划。鹰犬：指爪牙，比喻辅助之人，当时并无贬义。

㉒佻：轻佻。略：谋略。衄（nù）：折伤。师徒：指军队。

㉓修完补辑：补充其所丧失的部众。

㉔虎文：虎皮。

㉕冀获秦师一克之报：指春秋时秦穆公使孟明率师伐郑，被晋击败于崤。后孟明被释归来，秦穆公仍用他，再次伐晋，取王宫及郊。

㉖元元：百姓。

㉗"故九江太守"句：前九江太守边让曾议论曹操，曹操闻而杀之，并及其妻子。

㉘东裔：东隅之地。

㉙摄（huàn）：套，穿。

㉚奔沮：败逃。

㉛造：造化，福泽。

㉜銮驾反旆（pèi）：銮驾：帝王车驾。銮驾反旆：指兴平二年（194年），汉献帝自长安东返，次年，曹操迎帝并在许昌建都，改号建安。

㉝匪遑：无暇。离局：离开（冀州）。

㉞翊卫：辅助，护卫。

㉟三台：汉代对尚书、御史、谒者的总称。应劭《汉官仪》云："尚书为中台，御史为宪台，谒者为外台，是谓三台。"

㊱钳口：闭口不言。

㊲道路以目：路上相见，只能以目示意，不敢交语。

㊳二司：指扬彪曾为司空及司徒。
㊴眦睚：一作睚眦，瞪眼睛，怒目而视。引申为小怨小忿。
㊵忒（tè）：邪恶，恶念。
㊶宪纲：法令、纲纪。
㊷改容加饰：皇帝听到谏言后改变难堪的表情，并给予赏赐。
㊸迷夺时明：迷惑时人的眼目。
㊹擅：擅自。立：立即。俟：等待。
㊺梁孝王：指汉文帝子、景帝弟刘武。
㊻隳（huī）突：破坏。
㊼骸：尸骨。
㊽桀虏：凶暴之徒。
㊾罾（zēng）缴：射鸟之器，此处喻法纲。
㊿无聊：生活穷困，无所依赖。
(51)诘：究问，查办。
(52)冀可弥缝：幕府（袁绍）仍希望能补救（曹操）行事的缺失。
(53)枭雄：雄长，魁首。
(54)厥图不果：其图谋没有成功。
(55)屠各：匈奴部族名。左校：指左校令官署统下的匈奴人。
(56)敖仓：中原漕粮聚集地，楚汉相争时，刘邦曾据此以供军需。
(57)隧：道路。
(58)中黄、育、获：指中黄伯、夏育、孟获，皆古勇士。
(59)并州、青州、荆州：皆指随同讨伐曹操的州郡部队。
(60)爇（rùo）：燃。
(61)熛（biāo）：迸飞的火焰。
(62)权时：衡量时势。苟从：苟且，跟从。
(63)素挥：白旗。
(64)陵迟：衰颓。
(65)方畿（jí）：京城。简练：简明干练。
(66)展其节：伸展其气节。
(67)勖（xù）：勉励。
(68)矫命称制：假托君令，发布诏敕。

⑥建忠将军：指张绣，当时屯军于宛，与刘表合兵。

⑦罗落：陈列。

⑦班扬：宣布。

⑦如律令：指檄文所言。

【导读】

汉末社会已呈现出一片分崩离析的大混乱状态。建安三年（198）八月，曹操携献帝迁都许城（今河南许昌），任大将军封武平侯，位司空，行车骑将军事。东方州郡的刺史太守，都各自拥兵割据。建安四年（199），袁绍起兵讨曹，并传檄各州郡。此文是袁绍和曹操交战前，陈琳为袁绍所作讨曹操的檄文。文中历数曹操罪状，并称赞袁绍兵威。历来读者欣赏的，并不是文中扬袁抑曹的论点，而是其行文的铺陈排偶，辞藻华美，笔力遒劲，感情充沛。

【作者简介】

见 10 页。

奖劝用贤疏①

步骘

　　臣闻人君不亲小事，百官有司各任其职。故舜命九贤，则无所用心，弹五弦之琴，咏《南风》之诗，不下堂庙而天下怡也②。齐桓用管仲③，被发载车，齐国既治，又致匡合④。近汉高祖揽三杰以兴帝业⑤，西楚失雄俊以丧成功⑥。汲黯在朝⑦，淮南寝谋⑧；郅都守边⑨，匈奴窜迹。故贤人所在，折冲万里⑩，信国家之利器⑪，崇替之所由也⑫。方今王化未被于汉北⑬，河洛之滨尚有僭逆之丑⑭，诚揽英雄、拔任贤之时也。愿明太子重以经意⑮，则天下幸甚！

【注释】

①奖劝：褒奖鼓励，劝谏。疏：条陈，书面向皇帝陈述政见。

②"舜命九贤……天下怡也"：舜能够任用贤人，所以他不需要费心劳神，弹五弦琴，歌《南风》诗，不下堂庙就可以使天下安逸。舜命九贤：传说虞舜置九官。堂庙：古代帝王宫室的前殿，朝堂，议事的地方。

③齐桓：齐桓公，春秋五霸之一。管仲：齐相，受齐桓公信用，齐国得以大治。

④匡合：《论语·宪问》："九合诸侯，一匡天下"，后省作"匡合"。

⑤三杰：指张良、萧何、韩信。

⑥雄俊：指范增等人才。

⑦汲黯：西汉名臣，字长孺，濮阳人。任东海太守，有政绩，后被召为主爵都尉，列于九卿，为官直言谏净，人人敬畏。

⑧寝：停止、平息。

⑨郅都：景帝时任济南太守，诛杀豪强，执法严峻。

⑩折冲：折还敌人的战车，意谓抵御敌人。冲：车。

⑪信：实在，的确。利器：锐利的兵器，比喻杰出的人才。

⑫"崇替"句："贤人"是使敌灭亡的根由。崇替：灭亡。崇：终。替：废。

⑬王化：君王的教化。

⑭河洛之滨：指魏的统治区域。僭逆之丑：指魏明帝曹叡。

⑮经意：留心，在意。

孙权在魏明帝太和三年（229）时称帝，定都秣陵（改称建业，今南京城中南部），使太子孙登守武昌（为副政治中心），而以陆逊等辅之。同年，拜步骘为骠骑将军领冀州牧。并"都督西陵，代陆逊抚二境"。孙登"爱人好善"，曾写信给步骘，表现出一种求贤若渴的愿望。因此步骘上《奖劝用贤疏》，说明"用贤"的重要意义，指出现在正是"揽英雄、拔任贤之时"，要孙登重视用贤，以图国家兴盛。

【作者简介】

步骘（？—247），字子山，三国时吴国丞相。淮阴人。东汉末年，避难江东。因"性宽雅深沉"，受到豪族的侮辱怠慢，忍而不发。孙权为讨虏将军时，闻步骘贤，召为主记室。后又拜骠骑将军，领冀州牧。他先后数十次向孙权上疏，荐贤良，刺奸邪，力辟佞臣对社稷重臣的诋毁。在西陵20年，"邻敌敬其威信……赤乌九年（246），代陆逊为丞相，犹诲育门生，手不释书，被服居处，有如儒生"。

登大雷岸与妹书

鲍照

吾自发寒雨，全行日少①。加秋潦浩汗②，山溪猥至③，渡溯无边④，险径游历，栈石星饭⑤，结荷水宿⑥。旅客贫辛，波路壮阔⑦，始以今日食时⑧，仅及大雷⑨。涂登千里⑩，日逾十晨。严霜惨节，悲风断肌，去亲为客，如何如何！

向因涉顿⑪，凭观川陆，遨神清渚⑫，流睇方曛⑬；东顾五洲之隔⑭，西眺九派之分⑮；窥地门之绝景⑯，望天际之孤云。长图大念⑰，隐心者久矣⑱。

南则积山万状，负气争高⑲，含霞饮景⑳，参差代雄，凌跨长陇㉑，前后相属㉒，带天有匝㉓，横地无穷。东则砥原远隰㉔，亡端靡际㉕。寒蓬夕卷，古树云平㉖。旋风四起，思鸟群归。静听无闻，极视不见。北则陂池潜演㉗，湖脉通连，苎蒿攸积㉘，菰芦所繁㉙，栖波之鸟㉚，水化之虫㉛，智吞愚，强捕小，号噪惊聒㉜，纷牣其中㉝。西则回江永指㉞，长波天合，滔滔何穷，漫漫安竭！创古迄今，舳舻相接㉟。思尽波涛，悲满潭壑，烟归八表㊱，终为野尘㊲，而是注集㊳，长写不测㊴，修灵浩荡㊵，知其何故哉！

西南望庐山，又特惊异。基压江潮㊶，峰与辰汉连接㊷。上常积云霞，雕锦缛㊸。若华夕曜㊹，岩泽气通㊺，传明散采，赫似绛天㊻。左右青霭㊼，表里紫霄。从岭而上，气尽金光，半山以下，纯为黛色。信可以神居帝郊㊽，镇控湘汉者也。

若潨洞所积㊾，溪壑所射，鼓怒之所豗击㊿，涌澓之所宕涤(51)，则上穷荻浦(52)，下至狶洲(53)，南薄燕派(54)，北极雷淀，削长埤短(55)，可数百里。其中腾波触天，高浪灌日，吞吐百川，写泄万壑。轻烟不流，华鼎振涾(56)。弱草朱靡(57)，洪涟陇蹙(58)，散涣长惊(59)，电透箭疾(60)。穹溘崩聚(61)，坻飞岭覆(62)。回沫冠山(63)，奔涛空谷，砧石为之摧碎(64)，碕岸为之虀落(65)。仰视大火(66)，俯听波声，愁魄胁息(67)，心惊慓矣(68)！

至于繁化殊育(69)，诡质怪章(70)，则有江鹅、海鸭、鱼鲛、水虎之类(71)；豚首、象鼻、芒须、针尾之族(72)；石蟹、土蚌、燕箕、雀蛤之俦(73)；拆甲、曲牙、逆鳞、返舌之属(74)，掩沙涨，被草渚，浴雨排风，吹涝弄翮(75)。

夕景欲沉，晓雾将合，孤鹤寒啸，游鸿远吟，樵苏一叹(76)，舟子再泣，诚足悲忧，不可说也。风吹雷飚，夜戒前路⑦，下弦内外⑧，望达所届。

寒暑难适，汝专自慎。夙夜戒护⑦，勿我为念。恐欲知之，聊书所睹。临途草蹙⑧，辞意不周。

【注释】

①全行日少：整天赶路的日子少。

②秋潦：秋雨。浩汗：水阔大的样子。

③猥：多。

④溯：逆流而行。

⑤栈石：栈道，在山岩的绝险处，用木板架起的道路。星饭：在星光下露天生活。

⑥结：联结，引申作"傍靠"解。荷：荷边，水边。

⑦波路：水路。

⑧食时：吃午饭的时候。

⑨大雷：在今安徽省望江县。

⑩涂：通"途"。登：行进。

⑪顿：与"屯"通，谓止歇。

⑫邀神：神游。清渚：水中清明的小洲。

⑬流睇（dì）：放眼。方曛（xūn）：正是黄昏时间。

⑭五洲：指大雷岸一带的江中沙州。

⑮九派：长江于浔阳分为九股支流。

⑯地门：泛指地势险要处。

⑰长图大念：远大的志向。

⑱隐心：动心。隐：思考。

⑲负气：争气。

⑳饮景：吸引日光。

㉑长陇：长大的坡坂。

㉒相属：相连。

㉓匝：绕一周。

㉔砥原：像磨刀石一样的平原。隰（xí）：低地。

㉕亡端：找不到头。靡际：望不到边际。

㉖云平：高耸入云。

㉗陂：水泽。演：地下水脉。

㉘苎：麻。攸：所。

㉙菰：菱白。

㉚栖波之鸟：水鸟。

㉛水化之虫：鱼。

㉜聒：闹声。

㉝纷：杂多。牣（rèn）：充满。

㉞回江：曲折的江水。指：指向。

㉟舳：船尾。舻：船头。

㊱八表：八方之外。

㊲野尘：田野中的浮气和飞尘。

㊳注集：灌注汇集。

㊴写：通"泻"。

㊵修：远。灵：神。此指河神，以河神代河流。

㊶基：山脚。

㊷辰：星辰。汉：银河。

㊸缛：花样繁多的彩饰。

㊹若华：若木之华，指霞光。

㊺岩泽气通：山川之间，雾气相通。

㊻赫：火红。

㊼霭：云气。

㊽神居：神仙的居处。帝郊：天帝所在地。

㊾潨（cóng）：小水流入大水。洞：水流很快。

㊿鼓怒：疾风鼓起怒浪。豗击：相击。

51澓（fù）：回流。宕：同"荡"。宕涤：冲刷。

52荻蒲：长满芦苇的水边。

53狶（xī）：通"潴"，水汇集处。

54薄：逼近。燕派：地名。极：至。雷淀：地名。

55埤（pí）：增补。

56华鼎：指喷溅的水珠。潈（tà）：溢。

(57)弱草：小草。朱：草茎。

(58)洪涟：洪波。陇：丘陇。蹙：迫。

(59)涣：盛大的水。

(60)透、疾：均指水流快。

(61)穹：高岸。溘：逝。崩：崩溃的山石。

(62)坻：水中高地。覆：翻。

(63)冠：盖满。

(64)砧石：即河边捣衣石。

(65)碕岸：曲岸。虀（jī）：碎。

(66)大火：星名，即心宿，火星。

(67)愁魄：身躯战栗。胁息：屏住呼吸。

(68)慓（piào）：急疾。

(69)繁化殊育：繁殖生长的各种生物。

(70)诡：变异。质：躯。章：外表。

(71)江鹅：水鸥。海鸭：似鸭而有斑白纹，亦名文鸭。鱼鲛：鲨鱼。

(72)豚首：海豚。象鼻：建同鱼。芒须：锋利的虾须。针尾：指鲛类。族：族类。

(73)石蟹：生在石穴中的蟹。土蚌：蚌类。燕箕：鱼名。之俦：之类。

(74)拆甲：鳖。曲牙：海兽。逆鳞：蜃蛟。返舌：虾蟆。

(75)吹涝：吹动大波浪。翮（hé）：鸟的羽根。

(76)樵苏：樵夫。

(77)夜戒前路：夜间不能赶路。

(78)下弦：夏历每月二十二、三日，月缺一半。

(79)夙夜：早晚。戒护：小心保重。

(80)草蹙：仓促。

【导读】

宋文帝元嘉十六年（439）四月，临川王刘义庆出镇江州。同年秋天，鲍照从建康（今南京）赴江州（今江西九江）就职，途中登上大雷岸，远眺四野，即景抒情，挥毫写下了《登大雷岸与妹书》。当时，鲍照才26岁，正年轻气盛，对前程充满幻想与自信。但人微职卑的现实，使他对仕途的艰辛已有了一定的体验与认识。在这封信中，鲍照以激越奔放的感情，峻健惊挺的笔势，饱蘸浓墨重彩，点染云烟，着意山水，酣畅淋漓地描绘了途中所见景物的神奇风貌，使一封普通的家书，成了南朝山水文学中的一篇奇文。

【作者简介】

见 16 页。

秋日楚州郝司户宅饯崔使君序^①

王勃

上元二载，高秋八月^②。人多汴北，地实淮南^③。海气近而苍山阴，天光秋而白云晚^④。川涂所亘，郫路极于崤潼；风壤所交，荆门泊于吴越^⑤。凭胜地，列雄州^⑥。城池当要害之冲，寮寀尽鸳鸾之选^⑦。昌亭旅食，悲下走之穷愁；山曲淹留，属群公之宴喜^⑧。披鹤雾，陟龙门^⑨。故人握手，新知满目^⑩。饮崔公之盛德，果遇攀轮；慕郝氏之高风，还逢解榻^⑪。接衣簪于座右，驻旌斾于城隅^⑫。临风云而解带，眄江山以挥涕^⑬。岩楹左峙，俯映玄潭；野径斜开，傍连翠渚^⑭。青萍布叶，乱荷芰而动秋风；朱草垂荣，杂芝兰而涵晚液^⑮。舣仙舟于石岸，荐绮席于沙场^⑯。宾友盛而芳樽满，林塘清而上筵肃^⑰。琴歌迭起，俎豆骈罗^⑱。烟霞充耳目之玩，鱼鸟尽江湖之赏^⑲。情盘乐极，日暮途遥^⑳。思染翰以凌云，愿麾戈以留景^㉑。嗟乎！素交为重，觉老幼之同归；朱绂傥来，岂荣枯之足道^㉒？且欣风物，共悦濠梁^㉓。齐天地于一指，混飞沉于一贯^㉔。

嗟乎！此欢难再，殷勤北海之筵；相见何时，惆怅南溟之路^㉕。请扬文笔，共记良游^㉖。人赋一言，俱成四韵云尔^㉗。

【注释】

①楚州：唐淮南道楚州，今江苏淮安。郝司户：人事不详。司户：司户参军，州府僚吏，掌户籍、道路、婚姻等，依大中小州从七品下至从八品下。饯：设宴送别。崔使君：汉时称刺史为使君。《唐刺史考全编》据此文作楚州刺史。序：文体名。既为"序言"一类，又作为亲友临别赠言的单独文体。

②上元二载：唐高宗上元二年，即公元 675 年。高秋：天高气爽的秋天。

③汴北：汴水、汴州以北，相当于今黄河以北。汴水，今河南省荥阳市索河。汴州，今河南省开封市，又称汴京、汴梁，简称汴，汴州临古汴水。地实淮南：（今日设宴送别之）地在淮河之南，楚州处于淮水南岸。

④海气：海面雾气。苍山阴：群山苍阴。阴：浅黑色。天光：日光、

天色。

⑤川涂：水路、水途。亘：萦绕。郢路：出自《楚辞·九章·抽思》"惟郢路之辽远兮"，意即（屈原从汉水之北）回到郢都（今湖北江陵）的路遥远，此处指王勃回家的水路。极于：尽于。崤潼：崤山和潼关。风壤：风土，自然环境和风俗习惯。交：交会错杂。荆门：山名，在今湖北省宜都市西北，长江南岸，与北岸的虎牙山相对，江水湍急，形式险峻，为巴蜀与荆吴之间的要塞。洎（jì）：及、到、至。吴越：春秋时吴越故地，今江苏浙江一带。

⑥凭：依靠。胜地：名胜之地。雄州：大州。

⑦冲：交通要道。寮寀：亦作寮采，本指官舍，引申为官。西晋·张华《答何劭》诗："自昔同寮寀，于今比园庐。"鹓（yuān）鸾：俱为凤凰一类。

⑧昌亭旅食：寄食南昌亭长处，借指寄人篱下，用韩信青年怀才不遇寄寓南昌亭长的典故。事见《汉书·韩信传》。山曲：山势弯曲隐蔽，暗喻自己道路曲折。淹留：滞留、逗留。属：聚。群公：指各位，尊称。宴喜：安乐。

⑨披：犹驾、腾。鹤雾：犹言腾云驾雾。雾，白色雾气。陟（zhì）：登、攀。龙门：本指黄河禹门口，今山西河津市西北与陕西韩城市东北，黄河至此两岸峭壁对峙，形如门阙。鲤鱼跃龙门之说即此，后亦指声望地位高的人家的府第。

⑩故人：故交、老友。新知：新交的知己。

⑪饮：酒食款待、宴请。攀轮：攀扶车轮，又作攀辕卧辙，比喻好官离任时，百姓挽留的情景。解榻：指热情接待宾客或礼贤下士。

⑫衣簪：衣冠簪缨。座右：座位的右边，指待客恭敬。旌棨：列阵欢迎的仪仗。旌，旗也。棨，有衣之戟，木质。

⑬临：临观。解带：解开衣带，表示熟悉不拘或闲适自在。眄：视、环顾。挥涕：挥洒涕泪。

⑭岩楹：像山岩一样高大的房屋。左崥：斜崥。左，偏斜。俯映：俯，向下。映，映照。玄潭：黑潭、深潭。野径：小路、野外的路。渚：水中间、周边的小片陆地。

⑮荷芰：荷花和菱芰（菱角）。朱草：传说中的一种红色瑞草，古

以为祥瑞之物。芝兰：白芷草和兰花草，俱为香草。涵：浸润。晚液：傍晚的露水。

⑯舣：使船靠岸。仙舟：舟船的美称。荐：衬、垫。绮席：华丽的坐卧的铺垫用具。沙场：平坦的沙地，指名士清谈之地。三国魏应璩《与满公琰书》："高树翳朝云，文禽蔽绿水。沙场夷敞，清风肃穆，是京台之乐也。"晋成公绥《洛禊赋》："临清流，坐沙场。列罍樽，飞羽觞。"

⑰芳樽：精致的酒具。林塘：树林池塘。上筵：丰盛上等的宴席。肃：庄重。

⑱俎豆：祭祀、盛大宴会盛食物的两种礼器，泛指各种礼器。骈罗：罗列。

⑲烟霞：泛指山水。

⑳盘：安、乐。

㉑染翰：以笔沾染翰墨，代指写字为文。凌云：高入云霄，比喻志气高远或笔力矫健。留景：犹言留影、留下痕迹。

㉒嗟乎：文言叹词，相当于"啊呀"。素交：真诚纯洁的交情。同归：相同的归宿。朱绂：本指礼服上红色的蔽膝、丝带，借指官服。傥：倘若、假如。荣枯：草木茂盛和枯萎，喻指人世的盛衰穷达。

㉓风物：风光景物。濠梁：濠水（今安徽凤阳县东北）的桥梁。《庄子·秋水》载庄子与惠子游于濠梁之上，见儵鱼游态从容，因辩论鱼知乐否，后为别有会心之处、自得其乐之地的典故。

㉔齐天地于一指：天下虽大、万物虽多，但其存在的要素是一样的。语出《庄子·齐物论》："天地一指也。"飞沈：即飞沉，飞起来和落下去。一贯：同样、一样。

㉕北海之筵：一般作"北海之樽"，主人好客之典。东汉孔融为北海相，退闲后自叹："坐上客恒满，尊中酒不空，吾无忧矣。"南溟之路：赴交阯之路。南溟，南海。

㉖扬：挥。

㉗赋：犹言创作、吟诵。一言：一句，泛指，指今之几句。四韵：四联八句。唐韩愈《送温造处士赴河阳军序》："留守相公为四韵诗歌其事。"云尔：语末助词，相当于"如此而已"。

【导读】

王勃此序，作于上元二载（675）年八月，时年26岁，与父亲王福畤一起由山西龙门老家赴交趾（今越南河内市西北），途径楚州时所作。由文中"攀轮"等语可知，当为楚州僚属郝司户等为崔刺史另任饯行，而王勃等人参与。

诗序创作的最初本意是为了说明诗歌主旨或创作背景情况的，是一种可以避免接受者产生歧义的方法，属于个人行为。但是到了初唐时期，诗序的功能增加了，变成了文人交际应酬的文体，尤其是宴会诗序或者饯别诗序，总会对宴会主人和宾客极力赞颂，因此刻画人物形象就非常讲究出于颂美的典饰，这样主宾双方其乐融融，气氛和洽。

初唐时期的诗序将南北朝时期产生的骈文诗序推向了一个高潮，也成为初唐时期文风的一个典型代表。王勃作为初唐四杰之一，更是其中的佼佼者。尤其是写景写人的语句，如"海气近而苍山阴，天光秋而白云晚""城池当要害之冲，寮寀尽鹓鸾之选"，让人鲜明地感受到一种类似于诗歌的韵味。这样的描写类型化特点，是学习赋体写物极力铺排的结果，但是却对后来诗歌产生了重要影响，李、杜诗中个性化的人物形象描绘就多少汲取了诗序的艺术营养并加以变化和创新。

【作者简介】

王勃（约650—676），字子安，唐代文学家。古绛州龙门（今山西河津）人，出身儒学世家，与杨炯、卢照邻、骆宾王并称为"王杨卢骆""初唐四杰"。王勃自幼聪敏好学，据《旧唐书》记载，他6岁即能写文章，文笔流畅，被赞为"神童"。9岁时，读颜师古注《汉书》，作《指瑕》10卷以纠正其错。16岁中进士，授职朝散郎。因做《斗鸡檄》被赶出沛王府。之后，王勃历时三年游览巴蜀山川景物，创作了大量诗文。返回长安后，求补得虢州参军。在参军任上，因私杀官奴二次被贬。唐高宗上元三年（676）八月，自交趾探望父亲返回时，不幸渡海溺水，惊悸而死。王勃在诗歌体裁上擅长五律和五绝，代表作品有《送杜少府之任蜀州》等；主要文学成就是骈文，无论是数量还是质量，堪称一时之最，代表作品有《滕王阁序》等。

知人论①

张耒

甚矣用人之难也！天下之实才常深伏而不发②，非遇事焉则有终身不可窥者③。故其勇足以暴三军服四夷④、而其外如怯，其节足以断大事成大功、而其外若不能有所为者。方其未发也，其言语动作坦然无异于常人，卒然即之而不知其器⑤，是故非有深智英明之君不得而用。而世之小人，常有以自蔽⑥，其不肖以惑世主之听⑦，而卒败天下之事，可胜叹哉！彼小人者，其中实怯、而视其外则发扬振厉而若勇⑧，其中实庸、而听其言则辩洽开敏而若才⑨，卒然即之，若真可与有为者；是故世主往往甘心而不辞，至于谋穷计失而后悔悟。呜呼，用人之难也如此！

盖尝闻之：古之求知人也，于人也不观其形似而察其中，于己也不逆于耳目而逆于心⑩。察其中则见其所穷，逆于心则为虑也深。彼小人将欺我也，不过多为形似，以动吾耳目之间而已，彼安能为实哉！而吾应之也，常出其所不意，而后小人之情见，而天下之实才亦虽欲伏匿而不得⑪。

昔汉霍光之所为⑫，因非有征伐攻取之谋，而文采缘饰之可喜也⑬，朴然庸人而已耳⑭！非有武帝聪明不足以知之。故卒然用之而不疑，与之以兵，尊之以权，提孺子之天下使之谋⑮，而光果有以当之也。盖当其初委任之际，朝廷之臣孰不为过之，而至其有所立，则有震惧而不敢与者！然则光之平生之所为，岂可以占其后之所发哉⑯？议者不知武帝之用光，盖本知人之明，而遂以谓当时之臣唯光可以胜其任。彼徒见其成功而后知之，不知当时之人才，足以治军旅决成败，而书生儒者之论，孰非伏节死义之人⑰，安肯弃而不求，而授一木强之霍光哉！

唐之文宗、昭宗，其溃乱也甚矣，而爱高爵重禄以致天下之士，投其诚而与之，此其志皆可与立功；而其取人无术，故徒以益乱⑱。彼李训、张濬者⑲，其言动作止如何与立功也？大言而不顾，敢为而不惮⑳，故二君惑之，虽有间焉不可得而入㉑。其所卒然而发，以区区之官人，不能少制其乱㉒，提兵数万不能取李克用之一镞㉓，卒之身灭国弱，为天下笑。彼二君惑于形似故也。李系好言兵而与之兵，张平好大言而授之权㉔，卒于无成为天下笑。呜呼！使人之知人独视其外而可以不疑，则知人者帝何其难之也！

【注释】

①知人：指识别人的贤愚善恶。

②实才：有真才实学的人。

③窥：窥测，察看。

④暴：徒手搏击。四夷：四方的蛮夷之国。

⑤卒然：突然。即：靠近、接近。器：才能。

⑥蔽：遮盖，隐蔽，掩饰。

⑦不肖：不才，不正派。

⑧发扬振厉：一作发扬蹈厉，本指舞蹈时动作的威武，比喻精神振奋，意气风发。

⑨辩洽开敏：口才敏捷。

⑩逆：接受。

⑪伏匿：隐伏、藏匿。

⑫霍光：西汉大臣。武帝时，为奉车都尉。昭帝年幼即位，他与桑弘羊等同受武帝遗诏辅政，任大司马大将军，封博陆侯。昭帝死后，迎立昌邑王刘贺为帝，不久即废。又迎立宣帝。前后辅政凡20年。

⑬文采缘饰：以文辞、才华来装饰、打扮。

⑭朴然：朴实、木枘的样子。

⑮故卒然用之：指委任他辅佐幼主（汉昭帝）。

⑯占：预测。

⑰伏节死义：敬服节义并愿意为之牺牲。

⑱益乱：增加祸乱。

⑲李训、张濬：唐文宗20岁即位，决心整肃政风，革除宦官专权的积弊。信用大臣李训、郑注等，不成，反被其害。昭宗即位时23岁，也想要整肃宦官与藩镇，以挽回国家的颓运。他用张濬为宰相，张濬大言而夸。唐昭宗听信了他的意见，派他联兵讨伐李克用，结果大败，狼狈逃归。其措施之乖谬与用兵之失败，使朝廷威信扫地。

⑳惮：害怕。

㉑间：离间。

㉒少：稍微。

㉓镞：箭头。

㉔李：指李训。系：是。张：指张潽。平：平常，平素。

【导读】

知人之贤愚善恶，历来是困扰人们，特别是当政者的一个难题。本文抓住问题的关键，指出："天下之实才常深伏而不发"，而小人，则"常有以自蔽"，给人以错误的信息。所以，要求"知人"必须"不观其形似而察其中"。阐述条分缕析，论点鲜明。作者又以汉武帝信用霍光而卒成大功；唐之文宗、昭宗因不能知人，误用李训、张潽而"身灭国弱"的事例，予以实证，论证十分有力，足以振聋发聩。张耒的文章特色是晓洁明快，本文是他的代表作之一。

【作者简介】

见 69 页。

楚 议

张耒

"楚虽三户，亡秦必楚！"楚人之志也，而言卒验者[1]，何也？曰：杀人者必见杀[2]，虐人者还自虐。自有覆载以来[3]，未有能免者，何则？天道也。秦灭六国，秦虽灭乎楚，楚怨秦最深。怨深者复之必力[4]，人事也。此理之必至，又何怪焉！

【注释】

①验：证实。

②见：被。

③覆载：原指天地养育及包容万物，后用为天地的代称。

④复之必力：报复的力量必然很大。

【导读】

司马迁《史记·项羽本纪》记述了楚南公言："楚虽三户，亡秦必楚。"这其实是当时楚地的民谚，后来历史发展恰好证实了这种说法。有人认为这是阴阳家的预言，说楚南公是一位"谈阴阳的道士"。其实这是一种误解。张耒的《楚汉》从"天道""人事"两方面论述了"亡秦必楚"的道理，非常具有说服力。全文只82字，干净利落，字字如大石砸地，锵然有声。

【作者简介】

见69页。

贺方回《乐府》序^①

张耒

文章之于人，有满心而发，肆口而成^②，不待思虑而工，不待雕琢而丽者，皆天理之自然，而情性之至道也。世之言雄暴哮武者，莫如刘季^③、项籍^④。此两人者，岂有儿女之情哉？至其过故乡而感慨^⑤，别美人而涕泣^⑥，情发于言，流为歌词，含思凄婉，闻者动心焉。此两人者，岂其费心而得之哉？直寄其意耳！

余友贺方回，博学业文，而乐府之词，妙绝一世。携一编示余，大抵倚声而为之词^⑦，皆可歌也。或者讥方回好学能文，而唯是为工，何哉？余应之曰："是所谓满心而发，肆口而成，虽欲已焉而不得者。若其粉泽之工，则其才之所至，亦不自知也。夫其盛丽如游金张之堂^⑧，而妖冶如揽嫱、施之袪^⑨，幽洁如屈宋^⑩，悲壮如苏李^⑪，览者自知之，盖有不可胜言者矣！"

【注释】

①贺方回《乐府》序：贺方回（1052—1125），指贺铸，北宋著名词人。曾任泗州通判，与张耒友善。他的词集名《东山词》又名《东山寓声乐府》。

②肆口：随口。

③刘季：刘邦，字季，西汉王朝的建立者。

④项籍：项羽，灭秦后，自立为西楚霸王。楚汉战争中，被刘邦击败，自杀身亡。

⑤过故乡而感慨：指刘邦的《大风歌》。

⑥别美人而涕泣：指项羽的《垓下歌》。

⑦倚声：依据词调填入字句，使之符合声律。

⑧金张之堂：功臣世族的华丽之堂。

⑨揽嫱、施之袪：嫱，毛嫱；施：西施，皆古美人。揽：牵。袪：袖口。

⑩屈宋：屈原、宋玉。

⑪苏李：苏轼、李白。一释为苏武、李广。

本文是为词人贺铸的词集所写的序。作者明确提出自己的文学主张：
"文章之于人，有满心而发，肆口而成，不待思虑而工，不待雕琢而丽
者，皆天理之自然，而性情之至道也。"这明显有别于当时流行的江西
诗派的代表人物黄庭坚"搜奇抉怪，一字半句不轻出"的创作态度。贺
铸的"乐府词"所以能够"妙绝一世"，在北宋词坛占有一席重要位置，
其主要原因就在于此。这正好与张耒的文学主张相契合，因而张耒乐意
为之作序，并且给予很高的评价。

【作者简介】

见 69 页。

思淮亭记

张耒

　　淮之原发于桐柏①，其初甚微，或积或行，洋洋而东②，旁会支合③，滂沛淫溢④，连颖合蔡⑤，一流而下，会于寿春⑥，其流浩然。于是蛟龙之所藏，风雨之所兴，包山界野，而负千斛之舟⑦。又东行数百里而汴泗合焉⑧，水益壮，其所负益重，而游者益谨。旁沾远溉，丰田沃野，物赖其利；而萦抱城郭，间以山麓，洞泆清泚⑨。长鱼、美蟹、菱蒲、葭苇之利，沾及数百里，而南商越贾、高帆巨舻，群行旅集。居民旅肆烹鱼酾酒⑩，歌谣笑语，联络于两隅。自泗而东，与潮通而达于海。

　　予淮南人也，自幼至壮，习于淮而乐之，凡风平日霁，四时之变，与夫蛟龙风雨之怪，无所不历。而今也得官于洛阳之寿安，而官居福昌，凡风俗之所宜，饮食之所嗜，与淮之南异矣！官居之西有泉，幽幽出于北皋，瀹而注之⑪，有声淙然，聚为小潭。其上有亭，环以修竹。吾游而乐之，漱濯汲引⑫，无一日不在其上。而时时慨然南望，思淮而莫见之也。于是易亭之故名曰"思淮"焉。

　　夫士虽耻怀其故居，而君子之于故国也，岂漠然若秦越之人哉⑬！故孔子之去鲁也，迟迟吾行也，曰"去父母国之道也"。君子不敢乐其私，私而无志于天下，故自其壮也，则出身委质⑭奔走从事于四方，以求行其学。至安其旧而乐其习，岂与人异情哉？特与夫怀土而不迁异耳！夫弃故而不念，流寓而忘返，则必薄于仁者也。予既不敢爱其所处，出而仕矣。然少之所居处，耳目之所习狎⑮，岂能使予漠然无感于中哉！且夫怀居而不迁，流寓而忘返者，均有罪矣。然与其轻弃其旧也，则累于所习者不犹厚欤⑯！

【注释】

①原：通源。淮河发源于河南桐柏山。

②洋洋：形容水势盛大。

③旁会支合：汇合支流。

④滂沛：波澜壮阔貌。淫溢：浸淫，满溢。

⑤连颖合蔡：颖、蔡二水均淮河支流。

⑥寿春：今安徽省寿县西南，濒淮水南岸。

⑦负：载负。千斛之舟：大船。斛：古量器名，亦容量单位。

⑧汴泗：汴水，泗水，亦淮河支流。

⑨洄：逆流，回流。洑：伏流地下，漩涡。清：清澈。泚：鲜明貌。

⑩釃（shāi）酒：斟酒。

⑪瀹（yuè）：疏浚。

⑫濯：洗涤。

⑬秦越：古代秦越两国相去极远，后因称疏远隔膜。

⑭出身委质：（向君主）献身。

⑮习狎：熟悉，亲近。

⑯犹厚：还厚道、仁厚。

【导读】

张耒是北宋时淮阴人。他对家乡有极深厚的感情，游宦所到之处，多建有思淮亭。这是他于宋神宗元丰初年为寿安尉时所作，记述了他"官居"之所思淮亭的由来及亭周围的环境。其对家乡的记忆描述则具体生动，论述流寓而不忘故国的情怀亦诚挚而感人。

【作者简介】

见 69 页。

陆君实传（节选）

龚开

景炎新造①，君实以端明殿学士参赞都督军事。陈宜中既得政兼将相权，知君实久在兵间，历谙戎事②，引以自近，多所咨访③。君实亦倾心赞助之，期于能济④。未几，又不合，以言者被谪⑤。大将张少保世杰谓宜中曰："大业未济，人才有限，动辄令台谏排论人，世杰若不可！相公意亦当如此。"宜中惶恐，即日召还。迁海上，君实遂执政事。海滨诛茅捧土为殿陛⑥，遇时节朝会，君实端笏盛服⑦，如立太古班，未尝少息。既罢，则望海山凄然，至以朝服揾泪⑧，悲动左右。草莽中百种疏略，君实随宜裨补，尽心力而为之⑨。及祥兴继立⑩，两军相见于厓山，南军大舟三百柂⑪，分前后中三部，以对敌者为前锋，而以中部居宸扆⑫，中坚反居其后。前锋失利，波涛掀舞，旌旗交错，部伍为之混乱。君实出仓卒，仗剑驱妻子先入海，号哭拜幼君："陛下不可再辱！"拜起，抱幼君，以匹练束如一体⑬，用黄金繲腰间⑭，君臣赴水而死，己卯岁二月六日癸未也，年四十二。君实在海上，与青原人邓中甫光荐善，尝手书日记授中甫，曰："足下若后死，以此册传故人。"开尝托黄唐佐圭从中甫取册，不得，姑以所闻辑为此传，用申桑梓之义⑮。

【注释】

①景炎：宋端宗赵昰于温州登极，建年号"景炎"。

②历谙戎事：长期经历并熟悉军事。谙：熟悉。戎事：兵戎之事，军事。

③咨访：咨询，访问。

④期于能济：期望对事情能有所补益。

⑤谪：贬谪。

⑥诛茅：诛伐茅草。殿陛：宫殿的台阶。此句谓在海边临时建造了一个极其简陋的宫殿。

⑦端笏盛服：端端正正地执着上朝时用的朝板，穿着整齐的朝服。

⑧揾：揩拭。

⑨草莽中……而为之：对各种条陈意见和方略，君实都能根据不同情况加以处理，务使有所补益。

⑩祥兴：赵昺的年号。

⑪柂：同舵，此处用作量词。

⑫宸扆（yǐ）：宸，帝王的居处。扆：帝王座后的屏。二字借指君位。

⑬练：练过的白布。束如一体：束在一起。

⑭缒：用绳子拴住，使往下坠。

⑮桑梓之义：与陆君实同乡之大义。陆秀夫，自君实，盐城人，时同属楚州。

【导读】

龚开曾与陆秀夫同在李庭芝幕下为僚，为早年挚友。陆秀夫壮烈殉国后，龚为撰《辑陆君实挽诗序》，又著《陆君实传》，对陆表示了深切的哀悼，并为后世留下了有关陆秀夫生平及殉难经历的第一篇传记材料。

陆秀夫（1236—1279），字君实，一字宴翁，别号东江，楚州盐城长建里（今江苏建湖）人，南宋左丞相，抗元名臣，与文天祥、张世杰并称为"宋末三杰"。理宗宝祐四年（1256）与文天祥同中进士。初为李庭芝幕僚，临安（今浙江杭州）陷落时，任礼部侍郎，和将领苏刘义等退温州，拥赵昰为帝，继续抗元。赵昰死，他又和张士杰等立赵昺为帝，任左丞相，在崖山（今广东新会南）坚持抵抗。崖山海战兵败，背着卫王赵昺蹈海殉国。

后人评价："及文、张、陆三人之奔波海陆，百折不回，尤为可歌可泣，可悲可慕。六合全覆而争之一隅，城守不能而争之海岛，明知无益事，翻作有情痴，后人或笑其迂拙，不知时局至此，已万无可存之理，文、张、陆三忠，亦不过吾尽吾心已耳。读诸葛武侯《后出师表》，结末云：'鞠躬尽瘁，死而后已，成败利钝，非所逆睹。'千古忠臣义士，大都如此，于文、张、陆何尤乎？宋亡而纲常不亡，故胡运不及百年而又归于明，是为一代计，固足悲，而为百世计，则犹足幸也。"

【作者简介】

见 86 页。

宋江三十六人赞

龚开

序曰：宋江事见于街谈巷语，不足采著，虽有高人如李嵩传写[1]，士大夫亦不见黜[2]。余年少时壮其人，欲存之画赞，以未见信书载事实[3]，不敢轻写。及异时见《东都事略·中书侍郎侯蒙传》有疏一篇[4]，陈"制贼之计"云："宋江三十六人横行河朔[5]，京东官军数万无敢抗者，其材必有过人，不若赦过招降[6]，使讨方腊[7]，以此自赎，或可平东南之乱。"余然后知江辈真有闻于时者[8]。于是即三十六人为一赞，而箴体在焉[9]。盖其本揆矣[10]，将使一归于正，义勇不相戾[11]，此诗人忠厚之心也。余尝以江之所为，虽不得自齿[12]，然其识器超卓有过人者，立号既不僭侈[13]，名称俨然犹循轨辙[14]，虽托之记载可也。古称柳盗跖为"盗贼之圣"[15]，以其守一至于极处[16]，能出类而拔萃。若江者其殆庶几乎[17]！虽然，彼跖与江，与之盗名而不辞，躬履盗迹而无讳者也，岂若世之乱臣贼子，畏影而自走，所为近在一身而其祸未尝不流四海[18]！呜呼，与其逢圣公之徒，孰若跖与江也[19]！

呼保义宋江[20]

不称假王，而呼保义。岂若狂卓[21]，专犯忌讳？

智多星吴学究

古人用智，乂国[22]安民。惜哉所为，酒色粗人！

玉麒麟卢俊义

白玉麒麟，见之可爱。风尘太行，皮毛终坏。

大刀关胜

大刀关胜，岂云长孙？云长义勇，乃其后昆[23]。

活阎罗阮小七

地下阎罗，追魂摄魄。今其活矣，名喝大伯。

尺八腿刘唐

将军下短，贵称侯王。汝岂非夫？腿尺八长。

没羽箭张清

箭以羽行，破敌无颇。七札难穿，如游斜何㉔！

浪子燕青

平康巷陌，岂知汝名？太行春色，有一丈青㉕。

病尉迟孙立

尉迟壮士㉖，以病自名，端能去病，国功可成。

浪里白条张顺

雪浪如山，汝能白跳。愿随忠魂，来驾怒潮。

短命二郎阮小二

灌口少年㉗，短命何益！曷不监之，清源庙食。

花和尚鲁智深

有飞飞儿，出家尤好。与尔同袍，佛也被恼。

行者武松

汝优婆塞㉘，五戒在身。酒色财气，更要杀人。

铁鞭呼延绰

尉迟彦章，去来一身。长鞭铁铸，汝岂其人？

混江龙李俊

乖龙混江，射之即济。武皇雄尊，自惜神臂。

九文龙史进

龙数肖九，汝有九文。盍从东皇㉙，驾五色云！

小李广花荣

中心慕汉，夺马而归。汝能慕广㉚，何忧数奇？

霹雳火秦明

霹雳有火，摧山破岳。天心无妄，汝孽自作。

黑旋风李逵

旋风黑恶，不辨雌雄。山谷之中，遇尔亦凶。

小旋风柴进

风存大小，黑恶则惧。一噫之微，香满太虚㉛。

插翅虎雷横

飞而肉食，存此雄奇。生入玉关，岂伤今姿。

神行太保戴宗

不疾而速，故神无方。汝行何之？敢离太行。

先锋索超

行军出师，其锋必先。汝勿锐进，天兵在前。

立地太岁阮小五

东家之西，即西家东。汝虽特立，何有吾宫㉜？

青面兽杨志

圣人治世，四灵在郊。汝兽何名？走圹劳劳㉝。

赛关索杨雄

关氏之雄，超之亦贤。能持义勇，自命可全。

一直撞董平

昔樊将军[34]，鸿门直撞。斗酒彘肩，其言甚壮。

两头蛇解珍

左齿右噬，其毒可畏。逢阴德人，杖之亦毙。

美髯公朱仝

长髯郁然，美哉丰姿。忍使尺宅，而见赤眉。

没遮拦穆横

山没太行，茫无畔岸。虽没遮拦，难离火伴。

拼命三郎石秀

石秀拼命，志在金宝。大似河鲜，腹果一饱。

双尾蝎解宝

医师用蝎，其体实全。反其常性，雷公汝嫌。

铁天王晁盖

毗沙天人[35]，澄紫金躯。顽铁铸汝，亦出洪炉。

金枪班徐宁

金不可辱，亦忌在秽。盍铸长殳[36]，羽林是卫。

扑天雕李应

挚禽雄长，唯雕最狡。毋扑天飞，封狐在草。

此皆群盗之靡耳[37]。圣予既各为之赞，又从而序论之，何哉？太史公序游侠而进奸雄，不免异世之讥，然其首著胜、广于《列传》，且为项籍作《本纪》，其意亦深矣！识者当自能辨之。

【注释】

①李嵩：南宋画家。历任光宗、宁宗、理宗三朝画院待招。擅画人物。

②黜：贬斥、废除。

③信书：确实可信的书，权威的史书。

④《东都事略》：南宋王称撰，130卷，纪传体的北宋史。此书依据国史实录，旁及野史，叙述简明扼要，有一定史料价值。

⑤河朔：泛指黄河以北地区。

⑥赦过招降：赦免罪过，招使投降。

⑦方腊：北宋末年农民军首领。

⑧江辈：宋江等人。闻于时：闻名于当时。

⑨箴：规诫。

⑩揆：揣度。本揆：本意。

⑪戾：乖张，引申为违反、违背。

⑫齿：收录、谈说。不得自齿：不能自己叙说自己。

⑬僭：超越本分。侈：夸大、过分。

⑭循轨辙：遵循应有的轨迹。

⑮跖：柳跖，春秋战国时人民起义领袖。他率"从卒九千人，横行天下，侵暴诸侯"，所到之处，使"大国守城，小国入保（堡）"。旧时被诬为"盗贼"中的圣者。

⑯守一：坚守自己的理想和信念。

⑰殆：大概，恐怕。庶几：差不多。此句说宋江差不多是柳跖一样的人物。

⑱"虽然……四海"：柳跖与宋江不怕被称为"盗"，不隐晦自己做的是"盗"的事，哪里像那些乱臣贼子（指朝廷大臣、贪劣官员们），见到一点影子就害怕躲避，却干尽坏事，祸害天下！

⑲"与其……与江也"：与其碰到那些大人先生，倒不如见到柳跖和宋江。

⑳呼保义：一说"保义"是南宋时候武官的一个称呼，叫"保义郎"。

"保义"本是宋代最低的武官名，逐渐成了人人可用的自谦之词。"呼保义"这个词是动宾结构，宋江以"自呼保义"来表示谦虚，意思是说，自己是最低等的人。另一说"保"，就是保持的保，"义"是忠义，"保义"即保持忠义，呼的意思，就是大家都那样叫他。大体上说，呼保义这个词实际上讲的是宋江对待国家、朋友的态度。

㉑狂卓：张狂而高远。

㉒乂安：太平无事。

㉓云长：关羽，字云长。后昆：后裔。

㉔无颇：没有偏差。游斜：浮虚不实而致差斜。

㉕有一丈青：有一位大丈夫——燕青。

㉖尉迟：指尉迟恭，唐初名将。

㉗灌口少年：指二郎神，蜀中灌口有二郎神庙。

㉘优婆塞：即居士，指依照佛的戒律受持五戒在家的男性信徒。

㉙东皇：日神。

㉚广：李广，西汉名将，前后与匈奴作战70余次，以勇敢善战著称，又被称为"飞将军"；但屡遇劲敌，不能以虏获多而得封赏，被认为"数奇"（命运不好）。

㉛噫；嘘气。太虚：太空。

㉜宫：宫室，房屋。

㉝圹：原野。

㉞樊将军：樊哙，刘邦大将。项羽设鸿门宴，欲杀害刘邦，樊哙直撞而入，受项羽赐，饮一斗酒，食一彘肩（一只猪腿）。项羽大为惊服。

㉟毗沙：毗耶婆，印度古代传说中的圣人。

㊱殳：兵器。

㊲靡：美好，特出。

【导读】

《宋江三十六人画赞》是龚开的代表作。描绘聚义梁山的宋江三十六人画像，各具形貌，神态逼肖。赞语以极经济的笔墨勾勒出每个人的貌和神，为后来古典小说巨著《水浒传》的创作开了先河。在序文中，作者提示了他之所以经营此巨型组画并一一题赞的目的，是想以此砭顽起儒，唤起百姓的民族意识和反抗斗志。他感叹道："与其逢圣公之徒，孰若跖与江也！"真是石破天惊之语。

【作者简介】

见 86 页。

《诸史将略》序（代作）

吴承恩

　　余观古之善用兵者，见于载籍详矣。要皆不离于法①，而法未尝不通乎变②。故舍法而求其变，非律之正也③；泥法而不知变，非算之胜也④。盖有贯通融会，神而明之者存焉。而岂易言哉？故尝欲搜辑往牒⑤，汇为一书，以考昔人经武之略，而因循有未遑者⑥。嘉靖甲子⑦，恭承上命⑧，总戎务于东南。自惭重任，无以为将士训也，因绅绎往志⑨，授儒生以大意，俾纂而成焉⑩。

　　其事则起自三代，逮我国初⑪，凡圣人御极⑫，攘却不庭⑬，列国建邦，采纳群策，至于疆场之攻守，寇盗之诛翦，夷狄之驱除，无不毕录。其文则本之诸史，不能易也。书成为若干卷、若干目，用梓以传⑭。

　　因念前代之书，有传夫百将者矣，窃怪其混并牵合，摘取古法，而区以臆见也⑮。夫决机两阵之间⑯，变幻呼吸之顷，而必曰某当用某兵，某为按某法，刻舟胶柱⑰，其何以行之哉？夫兵家之法，犹弈旨医经⑱，而史氏所载，是棋之势、药之方也。药不必执方，而妙于处方者必效；棋不必拘势，而妙于用势者必赢，存诸其人尔矣⑲！今余所辑，将不必立传，战不必立名；一人而彼此异事，则先后迭书⑳；一战而颠末详书，使奇正自备㉑。庶几观者各随所见㉒，而采取其长，以独得之圆机㉓，触已行之故智㉔，其有跃然而兴者乎！

　　昔范文正授书于狄武襄，宗忠肃授图于岳武穆，二公承志，卒为虎臣㉕。今朝野清明，寰宇宁谧，正储材备豫之时也㉖，衷然奋起㉗，应圣主鼓鼙之思㉘，而成庙堂帷幄之绩㉙，固可谓无其人乎？使出奇应变如武襄，运用之妙如武穆，执此以往，恢恢乎有余地矣！若以是辑也徒以考故迹、给多闻已也㉚，则非余纂成之初意也。

【注释】

①要：大体。皆：都。法：兵法，军事法则。

②通乎变：必须（随情势变化而）变通。

③律：法则、法度。舍弃兵法的基本法则而一味求变，是不正确的。

④泥法：拘泥于兵法。算、胜：决胜的谋略。

⑤往牒：以往的图籍。

⑥因循：拖沓，因事迁延。未遑：没有闲暇，没有来得及。

⑦嘉靖甲子：嘉靖四十三年（1564）。

⑧上命：朝廷的命令。

⑨绅绎：理出头绪来。

⑩俾：使。

⑪逮：到。国初：明朝初年。

⑫圣人御极：帝王登位。

⑬攘却：攘除，却夺。不庭：不服从于朝廷的势力。

⑭梓：印刷。传：传留，传布。

⑮区以臆见：掺杂以主观推测的意见。

⑯决机：决策。两阵：敌我对阵。

⑰刻舟胶柱：刻舟求剑，胶柱鼓瑟，比喻拘泥不知变通。

⑱弈旨医经：弈棋的旨要，医家的经书。

⑲存诸其人：在于各人（的体会和运用）。

⑳迭书：反复叙写。

㉑"一战"句：对于重大战例，则详写其始末，使正面和侧面都很完备。

㉒庶几：也许可以。

㉓圆：运转无穷。机：机巧。

㉔故智：固有的计谋。

㉕二公：指狄青、岳飞。二人分别接受了范文正（范仲淹），宗忠肃（宗泽）的传授，终成为勇武的大臣。

㉖储材备豫：储蓄人才，以备用时之需。

㉗裒（póu）然奋起：聚集并奋发而起。

㉘鼓鼙（pí）：大鼓和小鼓，古代军中常用的乐器，用以代指军事。

㉙庙堂：古代帝王祭礼议事的地方。帷幄：帷幕，多指军帐。《汉书·张良传》："运筹帷幄中，决胜千里外，子房（张良字）功也。"

㉚考故迹、给多闻：考证古迹，给予广泛的见闻。

【导读】

本文是吴承恩于嘉靖四十五年（1566）赴长兴任县丞谒见长官时受

刘畿命而代作。刘畿于嘉靖四十三年（1564）七月以右副都御史巡抚浙江，因斩倭平贼有功，四十五年三月升兵部右侍郎兼都察院右佥都御史，巡抚浙、直、浙西军务。《诸史将略》十六卷，刘畿传令知府毛钢、教谕董让编。

这篇书序不仅说明了编书者的意愿和编书的要则，而且明确指出：《诸史将略》是收辑从上古到明初史籍所载的战事，为有志青年提供一个范本，如果读者能够像狄青、岳飞受书于范仲淹、宗泽一样成为一代名将，此书就可以达到为国家储备人才的目的。

【作者简介】
见 95 页。

《禹鼎志》序

吴承恩

余幼年即好奇闻。在童子社学时①，每偷市野言稗史②，惧为父师呵夺，私求隐处读之。比长，好益甚，闻益奇。迨于既壮③，旁求曲致④，几贮满胸中矣。尝爱唐人如牛奇章、段柯古辈所著传记⑤，善模写物情，每欲作一书对之，懒未暇也。转懒转忘，胸中之贮者消尽，独此十数事磊块尚存⑥。日与懒战，幸而胜矣，于是吾书始成。因窃自笑，斯盖怪求余，非余求怪也。彼老洪竭泽而渔⑦，积为工课，亦奚取奇情哉⑧？虽然，吾书名为志怪，盖不专明鬼，时纪人间变异，亦微有鉴戒寓焉。昔禹受贡金，写形魑魅⑨，欲使民违弗若⑩。读兹编者，倘悚然易虑⑪，庶几有夏氏之遗乎⑫？国史非余敢议，野史氏其何让焉⑬！作《禹鼎志》。

【注释】

①社学：明代设于乡间的学校。

②偷市：私下去买。野言：村野之言。稗史：记录遗闻琐事的书。

③迨：等到。

④曲致：曲折隐秘的深处。

⑤牛奇章：牛弘。《新唐书》称他"隋仆射奇章公"，曾上书陈典籍并请开"献书之路"，又上书述礼、乐等事。《隋书·牛弘传》说他"笃志于学，虽职务繁杂，书不释手"。其裔孙牛僧孺，唐大臣，有传奇集《玄怪录》。疑此处"牛奇章"即指牛僧孺。段柯古：段成式的字。他著有《西阳杂俎》，所记"奇且繁"，内容包含秘藏、异事、道佛人鬼、灾祥灵验、琐闻杂事等。

⑥磊块：郁结心中，有如石之累积。

⑦竭泽而渔：排尽池水、湖水以捕鱼，比喻尽其所有，不留余地。

⑧奚：何。

⑨魑魅：古代传说中山泽的鬼怪。

⑩使民违弗若：使百姓离开，而免受其害。

⑪悚然：恐惧状。易虑：改变思虑。

⑫有夏氏：指大禹。

⑬ "国史"句：编写国家历史不是我所敢想的，作一个"野史氏"则我何须谦让呢！

【导读】

《禹鼎志》是吴承恩所作短篇志怪小说集，已佚。序文另载《射阳先生存稿》。此文叙述了他"幼年即好奇闻"的情形，以及他写作《禹鼎志》的缘起和他希望能对世人有所"鉴戒"的意旨。这些，也都是他以后写作《西游记》的前提。

【作者简介】

见 95 页。

《济宁州学碑释文》自序

张弨

东汉隶书碑版皆出名公巨卿之手，如蔡中郎①、钟太傅②，而下例不著书撰姓氏。流传千古，不独奉为文字之典型③，并可补史传之不足而正其伪误也。惜今世所存寥寥，唯有曲阜庙门与济州学舍各立数通④，为海内罕觏者⑤。

予家淮阴，幼承庭训，捧观旧藏拓本，辄早夜临摹⑥，强仕后遍历五岳，入秦晋巴蜀，闻古碑则必力求。亦尝探险劈披荆榛⑦，所见仅得一二，终不能过是⑧。至癸丑岁，同东吴顾亭林先生⑨，出都恭谒阙里⑩，既拓诸碑，便经济州，又各得数纸，倏以严寒遄归⑪。是冉冉至老，偃息家园凡十七载⑫。

己巳春闰，阜城多子玉岩固邀我北行，舣舟南池之岸⑬，先寻吾乡马子素庵，旋携两儿一孙，急访诸碑，相与盘桓三日。幸值风景清和，古柏交荫，予以皤然一老⑭，抚摩审视，督施拓具，不禁大笑称快焉。时司铎两先生以从衡文在郡⑮。适晤于子介庵，陈子柏台，晨夕周旋授粲⑯，诚意外之契合。因向予曰："我辈尝憾诸碑渐次漫漶⑰，子其释之叙之，欲专刻一册，为吾庠世宝⑱，并作《艺文志》之冠冕⑲。"予唯唯而别。仲夏抵阜，淹留三秋，命家儿以洪氏《隶释》邮至⑳。初冬入都，更搜诸书考订，纂成一卷，以汉碑《五通》居前，以唐《桥亭记》次之，以党书王诗并和韵附之㉑。

按此汉碑释文虽本之洪氏，但参以愚意者有二。其一为洪本皆用隶体，若以隶释隶，终属蒙昧㉒，今悉用楷法，庶一见了然。其一为洪本移碑行以就书格，遂损去缺字，无从稽察㉓。今各依本碑字数，使原行相对，可推测互见，即随各式刊刻书本亦不为。大则寻丈之全碑敛归㉔，咫尺仍还具体。乃仿古之良法，非敢私意创造。曾质之朱竹垞太史㉕，亟以为是，赞而成之也。庚午春仲，缄书以寄二子。二子必喜予既践前言，同持展视，以就诸碑对校，斯楚楚可读。复广之四方，使尽人可读，则东汉以来之法物㉖，焕然重新耳目，而济庠诸君表彰之功㉗，恒与金石并垂不朽矣。

【注释】

①蔡中郎：蔡邕（132—192），东汉文学家、书法家，通经史、音律、天文。散文长于碑记，工整典雅，颇受推重。

②钟太傅：钟繇（151—230），书法家，魏顺帝时迁太傅，人称钟太傅。他的书法博采众长，兼善各体，尤精于隶、楷。与晋王羲之并称"钟王"。

③不独：不仅，不单是。

④数通：几块。

⑤罕觏（gòu）：少见。

⑥辄：即。

⑦劈披荆榛：比喻历经艰险，扫除重重障碍。

⑧过是：超过这些。

⑨顾亭林：顾炎武，明清之际思想家、学者。江苏昆山人，学者称亭林先生。

⑩阙里：春秋时孔子住地，在今山东曲阜阙里街。

⑪倏：疾速。遄：速。

⑫偃息：偃，卧倒。息，休息。

⑬舣舟：附船着岸。

⑭皤然：白首貌。

⑮司铎：教官。

⑯授粲：授餐。

⑰漫漶（huàn）：模糊不可辨识。

⑱庠（xiáng）：古代乡学名。此处指济宁州地方学舍。世宝，传世之宝。

⑲冠冕：冠、冕都是戴在头上的帽子，这里指将学碑释文作为济宁州《艺文志》最前面最尊崇的内容。

⑳《隶释》：宋洪适撰，27卷。

㉑党书王诗：党怀英书王维诗。党怀英，金文学家，奉符（今山东泰安）人。能诗文，兼工书法。王维，唐代大诗人。

㉒蒙昧：昏昧，知识未开。

㉓稽察：核查，考察。

㉔寻：古长度单位，八尺为寻。咫：古长度单位，周制八寸，合今

制六寸许。咫尺：很短的距离。这句是说：寻丈的大碑，也将其拓片带回来”认真加以考察，将每一个细部都搞清楚。

㉕朱竹垞：朱彝尊（1629—1709），号竹垞，清代词人、学者、藏书家，博通经史，曾参与纂修《明史》。

㉖法物：宗庙的器物。

㉗济庠：济宁州庠学。庠：地方学校。表彰之功：使学碑显扬的功绩。

【导读】

东汉隶书碑版流传到清代的已经寥寥无几，张弨与顾炎武在从京都回乡的途中，顺路去拜谒孔子故里，意外地发现曲阜孔庙与济州学舍尚剩有几块。后来再次去济宁，受到于介庵、陈柏台的热情接待。在他们两人和州学教官的请求下，将学碑详加考察，给碑文撰写了解释和说明文字，即为《济宁州学碑释文》。这里选录的是《释文》的《自序》，记述了事情的缘由和经过，提出自己考察金石文字的独到见解。

【作者简介】

张弨（1625—1691），字力臣，号丞斋，清江浦（今淮安市清浦区）人。清代金石学家。他通经博古，为研究金石学，曾经登焦山拓《瘗鹤铭》，入陕摹《昭陵六马图》，赴济宁州考学舍古碑，并皆详加辨识，多有卓见。他与顾炎武友善，变卖自己的家产为顾刊刻《广韵》及《音学五书》，并亲为校对，改正其差错一二百处。顾炎武信服地说："笃信好古，专精六书，吾不如张力臣。"

《四书释地》自序

阎若璩

宋王尚书应麟①作《地理考》，盖补紫阳夫子之不备也②。然书序而不断，甚至两说并存，莫加一辞以折衷，其与每仅云邑名地名不详其所在者，何以远过③！余故矫之，作《四书地理考》，得若干条。以示里中诸子④，咸以为善。遂开雕吴门⑤，忆《尔雅》篇目有《释地》⑥，杜氏有《春秋释地》⑦，爰易《地理考》曰《释地》云⑧。

【注释】

①王尚书应麟：南宋学者，官至礼部尚书兼给事中。他对经史百家、天文地理等都有研究，熟悉掌故制度，长于考据。著有《困学纪闻》《诗地理考》《通鉴地理考及通释》等。

②紫阳夫子：朱熹（1130—1200），曾主讲紫阳书院，故又别称紫阳。他广注经典，对经学、史学、文学、乐律以至自然科学，均有不同程度的贡献；又集理学之大成，与二程（程颢、程颐）并称"程朱"。著有《四书章句集注》《诗集传》《通鉴纲目》等。

③过：过失。此句是说王应麟的书与仅说县邑地名而"不详其所在者"，同样有偏差。

④里中诸子：同乡好友。

⑤开雕吴门：在吴门开始刊刻。吴门：苏州的别称。

⑥《尔雅》：我国最早解释词义的专著，后世经学家常用以解说儒家的经义，至唐宋时遂为"十三经"之一。

⑦杜氏：杜预（222—284），晋人，博学，多谋略。著有《春秋左氏传集解》等。

⑧爰易：爰：于是。易：改。

【导读】

《四书释地》是阎若璩考证研究历史地理的力作。熟悉历史地理，可以有助于正确理解经义。纪昀（纪晓岚）说："若璩博极群书，又精于考证，百年以来，自顾炎武以外，罕能与之抗衡者。观是书与《尚书

古文疏证》，可以见其大概矣。"本文叙述著作《四书释地》的缘起和
为此书命名的依据，文笔简洁明快。

【作者简介】

见 108 页。

伪《古文尚书》行世之由

阎若璩

愚尝以梅氏晚出书①，自东晋迄今岁次壬子，一千三百五十六年，而屹与圣经贤传并立学官②，家传人育，莫能以易焉者，其故盖有三焉。皇甫谧高名宿学③，左思④《三都》经其词组，遂竞相赞述，况其实得孔书，载于《世纪》⑤，有不因之而重者乎！是使此书首信于世者，皇甫谧之过也。赜虽奏上，得立学官，然南北两朝犹递相盛衰，或孔行而郑微⑥，或郑行而孔微，或孔、郑并行。至唐初贞观始依孔为之疏，而两汉专门之学顿以废绝⑦，是使此书更信于世者，孔颖达之过也。天佑斯文，笃生徽国⑧，孔子之后所可取信者，一人而已。分经与序，以存古制。一则曰安国伪书，再则曰安国⑨伪书，为之弟子者⑩，正当信以传信，疑以传疑。乃明背师承，仍遵旧说，是使此书终信于世者，蔡沉之过也。经此三信，虽有卓识定力，不拘牵世俗趋舍之大儒，如临川吴文正公《尚书序录》⑪，实有以成朱子未成之志者，而世亦莫能崇信之，盖可叹也夫！善夫欧阳永叔⑫之言曰："自孔子没，至今二千年之间，有一欧阳修者，为是说矣。"愚亦谓自东晋至今，一千三百五十六年，有一阎若璩者，为是说矣，其尚取而深思之哉！

【注释】

①梅氏：梅赜，东晋人，曾任豫章内史。献伪《古文尚书》，东晋君臣信以为真，立于学官。宋明之际均有人加以怀疑或批驳，但直到清代阎若璩作《古文尚书疏证》，才定为铁案。

②学官：主管学务的官员和官学教师。这里是指把伪《古文尚书》列入儒学经典《十三经》，作为官学生员的必读之书。

③皇甫谧：三国西晋时期学者、医学家、史学家，其著作《针灸甲乙经》是中国第一部针灸学的专著，编撰了《历代帝王世纪》，一生著述颇丰。

④左思：字泰冲，晋文学家。其《三都赋》颇被当时称颂，"豪贵之家，竞相传写，洛阳为之纸贵"。后人辑有《左太冲集》。

⑤载于《世纪》：指皇甫谧将伪《古文尚书》载入所著《帝王世纪》，

因而使伪书为世所重。

⑥孔行而郑微：孔：孔颖达，唐经学家。曾奉唐太宗命主编《五经正义》。郑：郑玄，东汉经学家，遍注群经，是汉代经学的集大成者。

⑦"两汉专门之学"句：唐初，以孔颖达等奉命编定的《五经正义》为科举取士的依据，两汉经学遂废绝。

⑧徽国：指朱熹，宋代经学大家，生于徽州婺源（今属江西），曾疑《古文尚书》为伪书。

⑨安国：孔安国，西汉经学家。孔子后裔。武帝时任谏议大夫。相传他曾得孔子住宅壁中所藏古文《尚书》，开古文尚书学派。

⑩为之弟子者：指蔡沈。他曾师事朱熹，专习《尚书》历数10年，但他没有师承朱熹对《古文尚书》的怀疑，却"仍遵旧说"，认为《古文尚书》是"信书"。

⑪吴文正公：指吴澄，宋元之际学者，临川人。为学主张折衷朱熹、陆九渊两派，而终近于朱。著有《老子注》和诸经《纂言》等。《书纂言》（《尚书序录》）从朱熹之说，疑《古文尚书》为伪书。

⑫欧阳永叔：欧阳修（1007—1072），字永叔，北宋文学家，史学家。北宋古文运动领袖，"唐宋八大家"之一。

[219]

【导读】

东晋梅颐所献《古文尚书》虽是伪作，但由于种种原因，流传了1300多年，并且被"立于学官，家传人育"。这篇文字选自《古文尚书疏证》，分析了伪书得以行世的缘故，标题为编者所拟。

【作者简介】

见108页。

答友人书

阎若璩

潘公印川①治河工成，故老传其要语曰："东去只宜开海口，西来切莫放周桥②。"此二语平平无奇，窃恐神禹复生，不能易已。前之治河者，虽勤劳十二载，专与此二语相反，不唯己不开下河，见人之开，必从而挠之，俾之去后已。周家桥在高堰南四十余里，翟坝又在周家桥南二十余里，皆坚筑之，以捍淮东侵者。淮不东则淮强，淮强则黄弱，然后由清口③以达海，彼不唯周桥、翟坝而已，且一带尽圮之，以听其冲溢。是以末局虽知建周坝，导淮入运河刷沙，运渐深浚，然不过暂时策耳，岂经久之道哉！今唯当确遵印川名言，广开海口，坚塞周桥，斯无事矣。或曰，海不可浚，潮汐往来，人力难以施工，然旧口④皆系积沙，水力自能冲刷，故海无可浚之埋。唯导河以归之海，则以水治水，导河即浚海之策也。然河非专以人力导也，欲顺其性，先惧其溢，唯缮治堤防⑤，俾无旁决，则水由地中，沙随水去，治堤即导河之策也。或曰，海高于内，水不可下，不知江南江北，弟曾遍历，凡濒海之地，比之腹内特高，但浚治倍深，无碍乎水之东注矣！

【注释】

①潘公印川：潘季驯（1521—1595），字时良，号印川，明水利专家。他自嘉靖末年到万历间，四任总理河道，先后达27年，他的治黄方略是：筑堤防溢，建坝减水，以堤束水，以水攻沙，河行旧道，反对改流，讲究修防，借黄通运。

②"东去"句：潘季驯认为"高堰无倾圮之患，则淮扬免昏垫之灾"，所以主张疏浚黄河东流入海的水道，而于沿洪泽湖东岸高堰、周桥、翟坝一线坚筑堤坝。

③清口：泗水末流大清河入淮之口，又称泗口。黄河夺泗由此入淮，又夺淮东流入海，清口成为黄淮交汇之口。到阎若璩写这篇《答友人书》时（1685），运河漕船北上仍出清口，而后行黄河数里入中河（运河淮北段）。

④旧口：指黄河（即古淮河）入海口。

⑤缮治：修补，整治。

【导读】

黄河夺淮以后，地处黄、淮、运河交汇之所的淮阴成了全国治水的要害之区。清代的河道总督署即设在清江浦。淮地的文化人对治河多有精辟的见解。阎若璩的这段文字肯定了潘季驯的治水方略，以此为据，提出"导河以归之海"的意见，不仅反映了他对国计民生的关怀，也体现了他见解的高明，知识的渊博。

【作者简介】

见 108 页。

《温病①条辨》自序

吴鞠通

夫立德立功立言，圣贤事也，瑭何人斯，敢以自任②？缘瑭十九岁时，父病年余，至于不起，瑭愧恨难名，哀痛欲绝，以为父病不知医，尚复何颜立天地间，遂购方书③，伏读于苫块之余④，至张长沙⑤"外逐荣势，内忘身命"之论，因慨然弃举子业⑥，专事方术。越四载，犹子巧官病温⑦，初起喉痹，外科吹以冰硼散，喉遂闭，又遍延诸时医治之⑧，大抵不越双解散、人参败毒散之外，其于温病治法，茫乎未之闻也，后至发黄而死。瑭以初学，未敢妄赞一词，然于是证⑨，亦未得其要领。盖张长沙悲宗族之死，作《玉函经》，为后世医学之祖，奈《玉函》中之《卒病论》，亡于兵火，后世学者，无从仿效，遂至各起异说，得不偿失。又越三载，来游京师，检校《四库全书》，得明季吴又可《温疫论》⑩，观其议论宏阔，实有发前人所未发，遂专心学步焉。细察其法，亦不免支离驳杂，大抵功过两不相掩，盖用心良苦，而学术未精也。又遍考晋唐以来诸贤议论，非不珠璧琳琅，求一美备者，盖不可得，其何以传信于来兹⑪！瑭进与病谋，退与心谋，十阅春秋，然后有得，然未敢轻治一人。癸丑岁，都下温疫大行，诸友强起瑭治之，大抵已成坏病，幸存活数十人。其死于世俗之手者，不可胜数。呜呼！生民何辜，不死于病而死于医，是有医不若无医也，学医不精，不若不学医也。因有志采辑历代名贤著述，去其驳杂，取其精微，间附己意，以及考验，合成一书，名曰《温病条辨》，然未敢轻易落笔。又历六年，至于戊年⑫，吾乡汪瑟庵先生促瑭曰⑬："来岁己未湿土正化⑭，二气中温厉大行，子尽速成是书，或者有益于民生乎！"瑭愧不敏，未敢自信，恐以救人之心，获欺人之罪，转相仿效，至于无穷，罪何自赎哉！然是书不出，其得失终未可见，因不揣固陋⑮，黾勉成章⑯，就正海内名贤，指其疵谬，历为驳正，将万世赖之无穷期也。淮阴吴塘自序。

【注释】

①温病：感受温邪所引起的一类外感急性热病的总称。又称温热病。属广义伤寒范畴。

②自任：指自己著书立说。

③方书：记载和论述方剂的著作。

④苫块之余：指为亡父居丧期间。苫：草荐。块：土块。古礼，居亲丧时，以草荐为席，土块为枕。

⑤张长沙：张机，字仲景，汉末著名医学家，建安中官长沙太守，人称"张长沙"。著有《伤寒论》《金匮玉函要略》（又称《玉函经》）。

⑥举子业：科举时代称应试的诗文为举业，又称举子业。

⑦犹子：侄儿。

⑧延：请。

⑨是证：这种疾病的症候。

⑩吴又可：明末医学家。著《温疫论》。

⑪来兹：自此以后。

⑫戊年：此处指戊午年，即嘉庆三年，1798年。

⑬汪瑟庵：汪廷珍（？—1827），字玉粲，号瑟庵，淮安人。清乾隆己酉科一甲第二名（榜眼）。官至左都御史、上书房总师傅、礼部尚书，道光三年加太子太保，五年授协办大学士，谥文端。

⑭"来岁"句：根据五行学说推算来年己未岁（1799）会流行瘟疫。

⑮不揣：不自忖度，不自量力。谦辞。

⑯黾勉：勤勉、努力。

【导读】

这是吴鞠通为《温病条辨》所写的自序，叙述了他学医的缘起、经历和著书的宗旨。本文是了解吴鞠通生平的重要资料。

【作者简介】

吴鞠通（1757—1841），名瑭。自署"淮阴吴瑭"。清代医学大师，温病学家。他年轻时即"慨然弃举子业"而专攻医学典籍。曾赴京城参与检校《四库全书》，"遍考晋唐以来诸贤议论"，又积累了丰富的实践经验，得以著成《温病条辨》。该书第一次科学地系统地提出温病辨证论治的纲领，完成了中医学一个新领域的伟大工程。此书与《黄帝内经》《伤寒论》《金匮要略》并列为"中医四大经典著作"。著作还有《医医病书》和《吴鞠通医案》。

医医病书（四则）

吴鞠通

医非上智不能论

予年三十时，汪瑟庵先生谓予曰："医非神圣不能。"予始聆之，惊且疑，以为医何如是之难？医道何如是之深哉？今历四十年，时时体验，事事追思，愈知医之难且深也。医虽小道，非真能格致诚正者不能①。上而天时，五运六气之错综②，三元更递之变幻③；中而人事，得失好恶之难齐；下而万物，百谷草木金石鸟兽水火之异宜。非真用格致之功者，能知其性味之真邪？及其读书之时，得少便足，偏好偏恶，狃于一家之言④，入者主之，出者奴之，喜读简便之书，畏历艰辛之境。至于临症之时，自是而孟浪者害事⑤，自馁而畏葸者亦害事⑥，所谓有所好乐恐惧忧患皆不得其正。非真用诚正之功者，岂能端好恶⑦、备四时之气哉？

答病家怕不怕论

病家，多有以怕不怕为问，医者答之不易，非可以漫答也。胆大者，答以不怕，然小病必大，大病必危。虽不怕亦答以可怕，再三警戒，收其怠纵之念⑧，而后可成功。胆小者，答以怕甚，则病家毫无主见，甚至一日延十数医，师巫杂进⑨，不可救矣。有识见，有担当，答以可救之理，但不可乱，而后可成功。时下医者，一概答以不怕。因都下风气，答以怕甚，则另延医矣。只为自己打算，不为人命打算，恶在其为医者也⑩？

时医俗医病论

孔子谓：如有周公之才、之美，使骄且吝，其余不足观也已。时医多骄且吝，妄抬身分，重索谢资，竟有非三百金一日请不至者。此等盛气，苏州更甚。果真能起死回生，亦觉太过。盖病者不尽财翁。细按其学⑪，甚属平平，用药以三分、五分、八分、一钱为率，候其真气复而病自退，攘为己功，稍重之症，即不能了。为自己打算财利，其如人命何？己以是谋生，人竟由是致死，清夜自思，于心安乎？俗医之病百出，予不忍言。即以一端而论，或谓之买卖，或谓之开医店，可耻之极，遑问其它⑫。且即以市道论，杀人以求利，有愧商贾远甚⑬。

名医病论

名医之病，首在门户之学。其次则以道自任之心太过，未免奴视庸俗⑭，语言过于刚直，为众所不容；或临症之际，设有不对症之方，妄生议论者，则怒发冲冠，有不顾而唾之势。其或性情柔逊者，不肯力争，宛转隐忍，又误大事，做成庸医杀人。安得许多圣贤来学医哉？

【注释】

①格致："格物、致知"的简称，穷究事物的原理而获得知识。诚：真心实意。正：平正，纯正。

②五运：指金、木、水、火、土（五行）的运行。六气：中医学认为风、寒、暑、温、燥、火六种气候若有反常，都会成为致病的原因，所以又称"六淫"。

③三元：指日、月、星。三元更递，即指季节变化、昼夜温差等。

④狃：因袭，拘泥。

⑤孟浪：轻率、鲁莽。

⑥畏葸（xǐ）：害怕。

⑦端：详审。

⑧怠纵：懈怠，放纵。

⑨师巫杂进：医术和巫术相间进行。师：医师。巫：巫师。

⑩恶在其为医者也：怎么能作为一个医生呢？恶：何，怎么。

⑪细按：仔细考察。

⑫遑问：来不及问，不必问。遑：闲暇。

⑬商贾：商人。贾：做买卖。

⑭奴视：视之如奴。

【导读】

《医医病书》是一本"医治医生的病"的书，议论涉及医生的自身修养、医德、医学心理学，以及诊病和用药的一些基本原则。观点鲜明，文字简洁，读后可给人许多有益的启示，是医家必读之书。这里选录四则，都是针对当时"时医"的通病，而提出的精辟见解。而淮安医家代不乏人，现代医师程莘农为其代表人物。

【作者简介】

见 223 页。

《开方释例》自序

骆腾凤

天元一术见宋秦氏九韶《九章·大衍数》中①，初不言创于何人。元李冶《测圆海镜》②《益古演段》二书亦用此术。冶称其术出于《洞渊九容》，今不可详所自矣。是术也，自平方、立方，以至多乘方，悉用一术，即刍童、羡除诸形，亦无不可操觚而得洵算术之秘钥也③。西法借根方实原于此。乃以多少代正负，徒欲掩其袭取之迹，不知正负以别异同，多少以分盈朒④，毫厘千里，必有能辨之者。

岁辛未，问术于李云门夫子⑤，获闻绪论，而尤谆谆于天元一术。盖见近日之言开方者，创为可知不可知之例，而于秦李之书且多诋议⑥。其说本不足辨，第恐斯术之不彰也⑦。尝商订正负开方之法，属稿未成而先生已归道山矣⑧！甲戌，计偕入都，瞻拜影堂，检求遗稿，唯《九章算经注辑》《古算经注》二书已成，其余丛残故纸中尚多有发前人所未发者。嗣君年甫数龄⑨，其家人又谬加珍惜，秘不示人。行见老人心血化为灰烬，良可慨已！凤不惮固陋，爰取先生手授旧稿数纸，反复寻绎，衍为四卷，名曰《开方释例》，虽未抉夫精深，庶略存其仿佛。回忆曩者⑩，辨难析疑，夜深不倦，馨欬如昨⑪，而就正无从，能无人琴之嗟⑫，西州之恸也⑬，悲夫！嘉庆乙亥六月。

【注释】

①秦氏九韶：秦九韶，南宋数学家。著有《数学九章》18卷，对"大衍求一术"《整数论中的一次同余式解法》和"正负开方术"（数学高次方程的求正根法）等，都有深入的研究。

②李冶：金元时期的数学家。著有《测圆海镜》《益古演段》，对于我国古代代数方法天元术有重要贡献。

③操：持。觚：木简。操觚而得，指很容易就计算出来。洵：诚然，实在。秘钥：秘传的钥匙。

④盈：欠缺；不足。朒（nù）：不足。

⑤李云门：李潢，字云门。清代数学家，骆腾凤曾拜他为师。

⑥诋议：诋毁，批驳。

⑦第：但，只。

⑧道山：传说中的仙山。旧时因称人死为"归道山"。

⑨嗣君：死者之子。

⑩曩者：从前。

⑪謦（qǐng）欬：咳嗽，引申为言笑。謦：咳嗽声。

⑫人琴之嗟：《晋书·王徽之传》："献之卒，徽之……取献之琴弹之，久而不调，叹曰：'呜呼子敬，人琴俱亡！'"后人用为睹物思人、悼念死者之辞。嗟：感叹。

⑬西州之恸：《晋书·张轨传》云：张轨，永宁初出为凉州刺史，有治绩，"遂威著西州，化行河右"。张轨在州 13 年，其临终遗言仍要求文武将佐"弘尽忠规，务安百姓，上思报国，下以宁家；素棺薄葬，无藏金玉，善相安逊，以听朝旨"。朝野为之大恸。

【导读】

《开方释例》探讨宋元时期的数学方法"天元术"的起源，指出西方求开方之"借根法"即源于此。《自序》不仅叙述了其成书过程，还可以从中看出作者对数学事业的深厚感情和良苦用心。

【作者简介】

骆腾凤（1770—1841），字鸣冈，号春池，山阳县（今淮安区）人。曾任舒城训导等官，善于赋诗作文，著名数学家。他曾拜数学家李潢为师。《开方释例》《艺游录》是数学史上较有影响的著作。

《筹海初集》自序①

关天培

《筹海集》者，记公事也。何为而记也？重筹海也。培幼攻儒术②，长习韬钤③，执戟淮阴④，分符扬郡⑤，调金陵而卓荐⑥，改外海而越升，革吴淞口之陋规，清川沙营之亏项。道光乙酉秋⑦，漕河浅阻，议以苏松常镇太四府一州漕白粮米，创为海运。其时制军琦静斋通侯⑧、中丞陶云汀夫子⑨、军门王竹亭夫子议派督运大员⑩，颇难其选。培不避毛遂之嫌，力请身任。丙戌仲春，兑运开行斯役也⑪。以一百二十四万余石天庾正供作为头运⑫，分载民船一千二百五十四号，行五千数百里汪洋大海，数遇惊风骇浪。漂入高丽夷境者三百余船⑬，卒皆化险为平。迨挽入津门⑭，不但斛收无缺，且有盈余。总计各船舵水三万余人，一丁未损。良由圣天子德隆福厚，海神效灵，岂人力所能致哉！是夏，即以培升署太湖副将。复奉恩纶⑮，从优议叙。道光七年，仰蒙特旨⑯，补授苏松总兵。壬辰春，署江南提督。是秋，届当述职，奏蒙俞允⑰，冬月下浣趋听阙廷⑱，五蒙召对，天语褒劳，交军机记名。十四年九月，仰沐圣恩，补授广东水师提督。奉命驰驿，速赴新任，于冬月六日会城受事。培何人斯，肩此巨任！受恩愈重，报称愈难。

粤东为近海要疆。我朝列圣（以）天下为一家，虽外夷亦同赤子。且以四夷仰食于天朝者，不下万万，而中华之茶叶、大黄，尤为夷人保命之原。是以一视同仁，准于粤洋贸易，设海关监督理其税务，而抚育之。此诚覆载之鸿恩也⑲。唯是事久弊生，趋利若鹜之奸夷⑳，渐形桀骜㉑，而勾引煽惑之匪徒，又从而唆诱之㉒。十四年，夷目律唠啤之事不已㉓，可概见乎？是备御之筹诚不可刻缓㉔，而驭夷之要更不可不晓然使吾人之有以尽知之也㉕。

历稽往籍㉖，自古圣王之于四夷，其犯顺也㉗，则严御之，去不穷追；其纳款也，抚之以恩，去则不问。盖蛮夷之性，殊不易测。适其欲则贴服相安，违其愿即不顾反斗。其同类也，势均则相争，不知礼义；力细㉘则相屈，不羞属属。唯当顺其所利而因以制之，非礼乐法度所可驯服而绳约者㉙，所谓治之以不治耳。故御之之道，守备为本，以逸待劳，以静待动，严防出入，禁绝内奸。震之以威则惧而逸，示之以怯则骄而聚。

若抚之有道，处之有法，上可体圣心之无外，下可使荒远以咸宾^㉚。然必寓经营于镇静之中，弭祸患于未萌之日，此备御之所以不可刻缓者也。

培莅任以来，如临如履^㉛，凡思虑所能及、力量所能到、事之所能力肩者，莫不次第举行，期于有备。唯近性健忘，于是将一切稿件录而存之。愈积愈多，久而成帙^㉜。爰即摘分四卷，名之曰《筹海初集》。首录上谕^㉝，次记题名碑文，以及筹议海防、整饬营伍^㉞、训练弁兵^㉟，并摘抄奏稿书稿，设立义学、谕告众兵各示稿，均次第列入。敢效贾谊之《治安》^㊱，窃仿子文之《必告》^㊲，以冀水师寅僚咸知御夷要旨，一览而了然于胸臆间也。虽然绛灌无文^㊳，知不免方家之笑^㊴，而海疆有备，庶稍伸报国之忱云尔。

【注释】

①筹海：筹划海防。

②儒术：儒家学术著作。

③韬钤（qián）：古代兵书有《六韬》及《玉钤》，后因以称用兵谋略。

④戟：古代兵器。执戟：负责侍卫的下级军官。

⑤分符：指分任执符信的武职。

⑥卓荐：以卓越的才能、功绩而被荐举。

⑦"道光"句：清朝中叶，由于漕河（运河）局部阻塞，创为海运，由上海经海道将江南漕粮运到京城。

⑧制军：清代对总督的称呼。琦静斋：琦善（1786—1854），字静安，满州正黄旗人，袭侯爵，官至大学士。时任直隶总督。通侯：爵位名，亦称列侯。

⑨中丞：清代对巡抚的称呼。陶云汀：陶澍（1779—1839），号云汀。道光时官至两江总督加太子少保兼管盐政。他督办海运、整理淮北盐务，疏浚吴淞江、浏河以宣泄太湖诸水。著有《印心石屋诗文集》等。

⑩军门：清代为提督或总兵加提督衔者的尊称。

⑪兑运：漕运方式之一。各地人民运粮到各州府县，兑给卫所官军，官军运往京师。

⑫庾：露天的积谷处。

⑬夷境：外国海域。

⑭迨：及，等到。津门：天津。

⑮纶：皇帝的诏令。

⑯特旨：特别降下的圣旨。

⑰俞允：允诺，皇帝的允可。

⑱下浣：下旬。趋：前趋。听：听取。阙廷：宫门朝廷。

⑲覆载之鸿恩：如天地养育及包容万物一样的大恩。

⑳趋利若鹜：奔走牟利像野鸭般成群而往。

㉑桀骜：凶暴而强悍。

㉒唆诱：教唆、引诱。

㉓律唠啤：人名，英军首领。

㉔备御之筹：守备防御的筹划。不可刻缓：一刻也不可以缓。

㉕驭：驾驭、控制。

㉖稽：稽考。往籍：古往的典籍。

㉗犯顺：以逆犯顺，即造反作乱。

㉘力细：力量不足。

㉙绳约：约束。

㉚咸宾：全部宾服。

㉛如临如履："如临深渊，如履薄冰"的略说，比喻十分谨慎。

㉜帙：包书的布套，后谓书一套为一帙。

㉝谕：旧时上告下的通称。上谕：皇帝的诏命。

㉞整饬：整顿。

㉟弁（biàn）：旧时称武官。

㊱贾谊：西汉政治家、文学家。著有《过秦论》《治安策》《陈政事疏》等。

㊲子文《必告》：未详。

㊳绛灌无文：《晋书·刘元海载记》："常鄙随（随何）陆（陆贾）无武，绛、灌无文。"绛：指绛侯周勃。灌：指灌婴。二人是汉高祖刘邦的两个武将，没有文章传世。

㊴方家：原指深于道术的人，后指精通某种学问或艺术的专家。

关天培于道光十四年（1834 年）任广东水师提督，镇守祖国南大门。他眼见英国鸦片输入，野心勃勃，而我广东海防形同虚设，因而在深入考察的基础上，又仔细"检阅洋图，摘查文卷"，提出自己加强海防建设的具体意见，著成《筹海初集》4 卷。这篇《自序》简述了自身的经历和著书的缘由，表现了他的一片赤忱报国之心。

【作者简介】

关天培（1781—1841），字仲因，一字滋圃，山阳县（今淮安区）人，官至广东水师提督，其间全力支持民族英雄林则徐虎门销烟。1840 年，鸦片战争爆发，道光二十一年（1841）二月初六，英军以数倍于守军兵力对虎门要塞发动总攻。关天培亲自指挥，面对英军猛攻，死守阵地，顽强抵抗，杀退敌人多次进攻，后被枪弹击中，壮烈殉国。朝廷追谥为忠节，加封振威将军。著有《筹海初集》。

第二单元 古代散文篇

[231]

《邱氏王氏杂著合订》序

潘德舆

　　国朝①以来，吾乡博雅士为阎征君百诗、吴明经山夫②。近三四十年，有邱先生兰成，王先生仲衡者，亦能参论经史③。余生稍晚，不及见也。兰成书满篋④，所刊杂著止十之二三。仲衡尤好论述，殁后，陈先生步溪刊其要而布之。余每叹两人为古人学不克光于时⑤，一老死羁旅⑥，一三十暴折，后嗣皆断绝，所谓天道尚可知哉！虽然两人志诚不伸，而品学坚苦，遗文未亡，足为庠序襟冕⑦。兰成姿逊于学，文有伤于碎者；仲衡初亦随俗制文，继乃奋求经传旨，用意太锐，往往伤驳杂。余僭加芟剔⑧，求其美者存之。虽甚寡识，然忠爱前辈，自谓当如是。既又思两人勤于学、厄于天⑨，几如一人，故合而订之。惜力薄不能别刊行也⑩。呜呼，好古力学，乡国所赖。今吾乡犹复有此两人乎？犹有肯读两人书、慕两人之为人者乎？斯文也，吾且如之何！邱先生名逢年，岁贡生⑪。王先生名廷佐，邑诸生⑫。

【注释】

①国朝：指清朝。

②博雅：学识渊博，纯正。阎征君百诗：即阎若璩。吴明经山夫：吴玉搢（1699—1773），字藉五，号山夫，清代古文字和考古学家。

③邱兰成：名逢年，邃于经史，工古文，所著书多发前人所未发。王仲衡：名廷佐。

④篋：用竹子、柳条或藤条编制的盛器。

⑤不克：不能够。

⑥羁旅：作客他乡。

⑦庠序：中国古代的学校，通释为乡学。襟冕：指典范。

⑧僭：超越本分。这里是谦辞。芟（shān）：芟除杂草，引申为除去。剔：剔除。

⑨厄：苦难，困穷。天：指天命，命运。

⑩剔：分别。

⑪岁贡生：明清时科举制度中贡入国子监的生员的一种。

⑫诸生：明清两代称已入学的生员。

【导读】

这是潘德舆为刊刻邱逢年、王廷佐合集所写的序，说明刊刻二人文章并"合而订之"的理由。他既敬慕邱、王二人的为人，怜其"后嗣皆断绝"，虽力薄仍为之刻书；也公允地指出二人文章的不足，加以删改而后刊存，表现了仗义、热忱而认真负责的精神。

【作者简介】

见 123 页。

淮阴说（上）

丁晏

　　余乙酉作《淮阴说》三篇。客语丁子曰："仆游于淮久矣，乐其土风。柘塘秔稻之饶①，射阳鱼蟹之美②，丹台王乔之宅③，茶陂陆羽之神④。

　　襜褕载于《方言》⑤，赀布著于《通典》⑥。高丽之鼎，可以摩挲⑦；娑罗之碑，可以宝玩⑧。至于眺宴花之楼⑨，访开元之寺⑩，登临凭吊，其亦南邦之名胜矣乎？"丁子曰："如子之说，乃词客之余沥⑪，非地形之封守也⑫。夫述地舆者⑬，综千古之废兴，究一方之利病，以经国家，以施政事，此其典要也⑭。请为子扬榷而陈之⑮。淮阴之分野⑯，斗牛之躔⑰，奎娄之次⑱，步天者以星纪为经始⑲，七政于是乎齐焉⑳。淮阴之疆域，北枕黄河，西带洪湖，行水者以海若为归宿㉑，四渎于是乎汇焉㉒。《夏书》兼徐扬之境㉓，有蠙珠之贡㉔；《周礼》列淮泗之川㉕，有蒲渔之利。昔者神禹治淮，命庚辰锁无支祁于龟山之足而淮涡平㉖，吴子胥穿邗江由射阳湖至末口入淮以馈饷道㉗，汉陈登筑高堰以障淮是为陈公塘㉘，宋范仲淹捍海门以御潮是为范公堤㉙，明陈瑄、潘季驯之治河清口以汇黄淮云梯关以入海㉚，丰功伟烈莫不于淮郡著绩焉㉛。若其形势之险甲乎天下，魏文帝通山阳池以伐吴㉜，周世宗开老鹳河以伐南唐㉝，谢玄之大破淝水㉞，祖逖之经略豫州㉟，韩世忠、赵立之败金人㊱，皆屯兵淮阴，屹为重镇。徐宗偃谓山阳为南北必争之地㊲，得之可控山东，洵不诬也。吴杨行密保江淮，拒朱全忠八州之兵，大败之于清口，乘势逐北，杂溺殆尽，唯其壅淮以击之也㊳。明路振飞团练义勇，御李自成十万之众，邀击之于清河，枭磔贼渠，望风骇遁，唯其扼河以制之也㊴。故淮阴一郡不过数百里之地，然无事则飞刍輓粟，引漕渠以供上都㊵，而为西北之所仰给，如人身之有肠胃也；有事则秣马厉兵㊶；设岩险以固中原㊷，而为东南之所倚庇㊸，如人身之有咽喉也。至于鬻盐榷关㊹，商贾辐辏㊺，转输阜通㊻，衣被宇内㊼，财用赋籍㊽于是乎在。统观天下之郡县，其为天地之陬区，古今之扼塞㊾，九州四海之钤键㊿，系边腹之安危，控门户之出入，未有如淮阴者也！"

【注释】

①柘（zhè）塘：今洪泽县境。秔（gēng）稻：粳稻。

②射阳：指射阳湖，在今淮安区东南部。

③丹台：在钵池山（今淮安境内），传说王子乔在此炼丹，并得道飞升。

④荼陂（pí）：陆羽《茶经》："山阳南二十里有荼陂。"

⑤襜裕（chāng yóng）：短衣。

⑥赀（zī）布：《新唐书·地理志》：淮阴郡"土贡：赀布、纻布"。《通典》：唐杜佑撰，记载历代典章制度的沿革。

⑦高丽之鼎：即高丽古鼎。唐代征高丽得之，宋朝赐给楚州报恩寺作为镇寺之宝。

⑧娑罗之碑：指娑罗树碑，原在淮阴县南200步，唐开元十一年（723）立，海州刺史、书法家李邕撰书。明隆庆间，淮安知府陈文烛得旧拓本，乃"摹刻诸石"，置于府署。

⑨宴花楼：淮安府城旧城的南门城楼，据称建于唐时，"郡守每宴新进士于其上，为之簪花，故名"。

⑩开元之寺：指开元寺，在今淮安区万柳池（月湖）畔。唐开元五年（717）赐额，因名。寺内有枸杞井，井边有枸杞，传为"千余年物"，远近闻名。

⑪余沥：酒的余滴，剩酒。此处指经常说的话、说剩下来的话。

⑫封守：封疆、守卫。

⑬地舆：大地。地载万物，所以比为车舆。

⑭典要：法度、法则。

⑮扬榷（què）：约略，略举大要，简要论述。

⑯分野：分界，界限。

⑰斗牛：二十八宿中的斗宿和牛宿。两宿分野即今苏浙皖赣诸省地区。躔：日月星辰运行的度次。

⑱奎、娄：皆星宿名。

⑲步：运行。

⑳七政：指日、月、五星（金、木、水、火、土）。一指春、秋、冬、夏、天文、地理、人道。《尚书·虞书·舜典》："在璇玑玉衡，以齐七政。"

㉑海若：传说中的海神名。

㉒四渎：古人对四条独流入海的大川的总称，即江（长江）、淮、河（黄河）、济。

㉓夏书：即《禹贡》。用自然分区方法，记述我国古代的地理情况。该书把全国分为九州。淮河以北，泰山以南为徐州；淮河以南，长江以北为扬州。淮阴地兼徐、扬二州之境。

㉔蠙珠之贡：《禹贡》："淮夷蠙珠暨鱼。"

㉕《周礼》：儒家经典之一，搜集周王室官制和战国时代各国制度，添附儒家政治思想，增减而成的汇编。

㉖"神禹"句：传说大禹治水三上桐柏山，终获淮涡水怪无支邪，遂命庚辰锁镇于"淮阴龟山之足"。

㉗"吴子胥"句：公元487年吴王夫差开凿邗沟。《乾隆淮安府志·运河志》说："春秋时，吴将伐齐，于邗江筑城穿沟，曰渠水。首受于江都县，县城临江，北至射阳入湖。"伍员，字子胥，春秋时吴国大夫。

㉘"汉陈登"句：陈登（约163—201），东汉淮浦（今涟水）人，曾为广陵太守，筑高家堰自武家墩迄老堆头30里，开邗沟西道，灌数百里农田。

㉙"宋范仲淹"句：范仲淹（989—1052），北宋政治家，文学家。曾任西溪盐官，泰州知州张纶从其议，修建捍海堰，使大量土地不受海潮浸没，后人称为"范公堤"。

㉚"明陈瑄"句：陈瑄、潘季驯：治水专家。清口为黄、淮交汇之口。云梯关：淮河（黄河）入海口。

㉛著绩：显著的功绩。

㉜魏文帝：曹丕。山阳池：即淮、扬间运河。

㉝周世宗：《旧五代史·周世宗纪》："显德五年（958）正月庚寅，发楚州管内丁壮，开鹳河以通运路。"《淮安府志·运河》：周世宗"凿楚州西北鹳水，以通其道……巨舰数百艘，皆达于江。唐人大惊，以为神。"

㉞谢玄：东晋名将。太元八年（383）在淝水大捷，并率军收复徐、兖、青、豫等州，进至黎阳。司马道子忌谢氏势力，使还镇淮阴。

㉟祖逖：东晋名将。建兴元年（313），要求北伐，晋元帝任他为豫州刺史率部渡江，中流击楫，誓收复中原。所部纪律严明，得到各地

人民的响应，曾屯兵淮阴，进而进军雍丘（今河南杞县），收复黄河以南地区。因东晋内部迭起纠纷，对他不加支持，终于忧愤病死。

㊱韩世忠：南宋名将，曾扼长江绝金兵归路，在黄天荡（今南京附近）大破敌军。1136年任京东淮东路宣抚处置使，开府楚州，力谋恢复。赵立：南宋建炎三年（1129）任楚州刺史，守城，以万余守军大败金兵数万。后外援断绝，乃誓与楚州城共存亡，因飞箭击中头部而壮烈牺牲。

㊲"徐宗偃"句：南宋绍兴三十一年（1161），刘锜为镇江都统制，楚州通判徐宗偃遗锜书提出"今欲保长江，必先守淮"的意见。

㊳"吴杨行密"句：唐乾宁四年（897），杨行密及朱金忠战于清口，杨以三万人当朱八万之师，"众寡悬绝，而卒以胜者"，有人认为是因"扼淮以拒敌，而不延敌以入淮也"。清口在今淮阴区。

㊴"明路振飞"句：明崇祯十七年（1644）四月末，李自成起义军董学礼部攻占宿迁等地，准备进而渡过淮河。漕督路振飞、巡抚王燮组织卫漕部队和当地"义勇"迎击于清河（时治甘罗城），大败之。

㊵飞刍轓粟：飞速运送刍粟。刍：草。粟：粮食。轓：同挽，牵引（车子）。漕渠：漕河，指大运河。上都：京都，指北京。

㊶秣马厉兵：喂饱战马，磨快武器，指谓做好作战准备。

㊷岩：险要，险峻。

㊸倚庇：倚仗，庇护。

㊹鬻（yù）：卖。榷（què）：专利，专卖。因官府食盐专卖，所以榷盐也指征收盐税、以后又以榷指税收。榷关：指淮安关。

㊺辐（fú）辏（còu）：车辐集于轴心。喻人或物聚集一处。

㊻阜（fù）：丰富。

㊼衣被宇内：所制造的衣服可以覆盖天下。句中指给天下带来好处。

㊽赋：给予。籍：盛多，盛大。

㊾扼塞：要塞，冲要之地。

㊿钤键：锁钥，关键。

【导读】

《淮阴说》三篇是丁晏歌颂家乡的名作。这里选其开篇一节，叙述了淮阴（今淮安市）的地理方位、文物古迹，特别是历代治水的丰功伟绩和在此间发生的重大战事，强调了淮阴地理位置的重要。

【作者简介】

丁晏（1794—1875），字俭卿，号柘堂。清代经学家。淮安山阳（今江苏淮安）人。道光初年举人。咸丰时曾兴办团练，镇压捻军。博览典籍，经史皆通，尤精《易》理。酷好东汉郑玄之学，取郑玄的《六艺论》之意而命其堂曰"六艺堂"，以表仰止之思。丁晏继承郑玄之学，治经汉、宋兼综，反对门户之见。熟悉并推重《资治通鉴》，主张禁烟要以民命为重，而不以经济利益为宗；立法当以中国为先，而不扰夷。著述甚多，均收入其《颐志斋丛书》。

范增论

鲁一同

苏子曰①："项羽之杀卿子冠军②，是弑帝之兆也；其弑义帝是疑增之本也。"愚③以为不然。

夫苏子果能必杀卿子冠军④、弑义帝之非出于增之为乎？增素称"好奇计"，度其为人险贼变诈，何所不有。其立义帝为项氏，非为楚也。方宋义之救赵，逗留四十日不进，增固知其不足有为⑤，而帝之位义于羽与增之上⑥，增所不服也。即安知羽之为此⑦，增不与有谋焉⑧？观其⑨辞羽曰："天下事大定矣，君王自为之。"则增之心无帝久矣⑩。而以为疑增在是，岂理也哉！

人必巧言以欺人，而后人疑其诈；必诡谋以害人，而后人知其奸。夫项王与沛公同北面受命怀王⑪，约为兄弟。一旦有大功，先定关中，乃忌其能。既已讲解⑫，而欲刺之樽俎⑬间。事会不偶⑭，沛公间道逃去。犹诮让⑮羽曰："竖子不足与谋⑯！"然则增固素与竖子谋者也。晨朝帐中之事，竖子之可与谋者也；上游之徙，江中之要⑰，竖子之可与谋者也；新安二十万之众⑱，竖子之可与谋也：增平日教羽如此。羽虽利其能，然其阴险狠戾，盖忌之久矣⑲。故一旦形迹疑似⑳之际，而其间㉑易入也。

夫项王叱咤喑哑㉒、暴厉好杀，盖古之忍人㉓也，增犹曰："君王为人不忍！"然而增之心岂可问乎！此亦项王所不能堪㉔也。项王有失天下之道十：弑义帝，封诸侯不平，不都关中，坑降卒，烧秦宫室，杀子婴，不识韩信，陈平不封，陈余去成皋，杀韩王成；有可以得天下之道三：立义帝顺人心，救赵有大功，不忍杀沛公有帝王之度——增又坏其二焉。项王之不帝，增为之也㉕。韩信使使请假齐王㉖，汉王怒，陈平、张良蹑汉王足，即封为真王㉗。假令以此时劝汉王绝齐使，发兵急趋袭齐，岂不大谬也！呜呼，是增之智也㉘。

【注释】

①苏子：苏轼。

②卿子冠军：指宋义，《史记·项羽本纪》："王召宋义与计事，而大说之，因置以为上将军……诸别将皆属宋义，号为卿子冠军。"秦

末各路起义大军纷纷起义时，秦军围攻赵王，义帝（楚怀王）派宋义为上将军领兵前去救援。抵达安阳，宋义按兵不进，被项羽所杀。

③愚：自称，谦辞。

④必：断定。

⑤不足有为：不会有大的作为。

⑥"而帝之"句：而义帝却将宋义的位置放在项羽和范增之上。

⑦羽之为此：指项羽杀宋义。

⑧增不与有谋焉：不是范增与项羽同谋的呢？

⑨其：指范增。

⑩增之心无帝久矣：范增的心里早就没有义帝了。

⑪受命怀王：接受怀王的命令。怀王曾与诸侯约定："先入关中者王之。"

⑫讲解：讲清楚，疑虑得到解除。

⑬樽俎：古代盛酒和盛肉的器皿。代指宴席。这句是说：范增仍想在鸿门宴上把刘邦杀掉。

⑭不偶：不顺利，不成功。

⑮诮让：谴责，责备。

⑯竖子不足与谋：竖子：小子，鄙贱的称谓。谋：谋划，商量。

⑰"上游"二句：灭秦以后，项羽自立为西楚霸王，分封诸侯，又以"古之帝者……必居上游"为理由，徙义帝到长沙，并密令部将"击杀之江中"。徙：迁移，这里指义帝迁离彭城。

⑱"新安"句：项羽大军西进的过程中，曾在新安半夜击杀并活埋秦军降卒20余万。新安：故城在今河南渑池东。

⑲"羽虽利其能"句：项羽虽然认为范增的谋略对自己有利，但对他的阴险狠戾已经早就嫌忌了。狠戾：凶狠暴戾。

⑳疑似：是非难辨。

㉑间：离间。

㉒叱咤喑哑：叱咤：怒喝声。喑哑：使性怀怒。

㉓忍人：残忍的人。

㉔堪：能承当、忍受。

㉕项王之不帝，增为之也：项羽所以不能做皇帝，是范增造成的。

㉖假齐王：代理齐王。

㉗"汉王怒"句：汉王刘邦见韩信派来使者，说要请求封为代理齐王，很是愤怒，张良、陈平暗中踩刘邦的脚，刘邦即封韩信为"真王"。

㉘"假令……是增之智也"：假使这时劝汉王断绝齐使，并派兵急去袭击齐（韩信），那不是大错特错了吗！但这样做就是范增的"智谋"。

【导读】

苏轼也作过一篇《范增论》，认为项羽杀宋义是弑义帝的先兆，弑义帝即是怀疑范增的根本。所以范增不应当等到刘邦使离间计，使项羽怀疑范增与汉暗中有来往，才愤而离去。鲁一同根据《史记》记载的有关史实，进行了认真的分析，提出自己的不同意见。他认为：范增"为人险贼变诈"，为项羽出了许多坏主意，做了许多坏事，甚至项羽最终不能为帝，也是他造成的。文中观点鲜明，论断有力。

【作者简介】

见 125 页。

胥吏①论（一）

鲁一同

天下之自弃于恶②，又不能不用，用之则卒③有害、必无辜者，在内为宦官④，在外为胥吏。当宦官之横也，举天下士大夫尝相与痛恨，环顾而无策。我国家⑤二百年来，弭首帖耳⑥，周旋宫掖⑦，外廷寂然，不知谁何者，诚御之⑧得其道也。今天下之于胥吏，盖亦疾首痛恨，环顾而无策矣。果不可制⑨乎？抑御之者非乎？

今之制胥吏者，曰严刑以威之，额数以裁，二端而已⑩。人果爱肌肤、顾耻辱，必不为胥吏，胥吏之不畏刑明矣。而胥吏必不可裁，何也？法密⑪也。法密，官不能尽知，必问之吏，吏安得不横、法安得不枉⑫乎！法密何也？事多，法不得不密也。事多何也？官多也。官少，事不逾多乎！

天下之患，盖在治事之官少，治官之官多也。州县长吏、丞、簿、尉⑬，治事之官也。州县以上皆治官之官也。天下事无毫发不起于州县，若府、若道⑭、若布政按察使⑮、若巡抚、若总督⑯，其所治者，即州县之事也。州县者既治事，而上之府矣不足信，信道又不足信，信布政，按察又不足信，信总督，巡抚又不能一信也，而两制⑰。自府道以上，盖尊且贵，事不足分州县之毫发，为州县者必以公文书遍达之，不合则递委⑱而仍属之州县。一县之事，得府道数倍，得布政按察又数倍，得巡抚总督又数倍，县令一身两手，非有奇才异能而身任十数倍之事，势必不给⑲。不给不已，胥吏仍始攘臂⑳纵横而出乎其间。自州县以上，莫不有胥吏，凡文书皆胥吏治之，胥吏受之。非吏悍而官不勤也，吏治而吏受，州县之事已棼㉑而不可理矣。故官多者非事之利也，胥吏之利也。自知府以上少其治官之官，自州县以下多其治事之官。治官之官少则事少，治事之官多则事皆自治，彼胥吏者能攘臂而夺之哉？如此，则胥吏必大衰少，而事得理矣。

【注释】

①胥吏：小吏和差役。

②自弃于恶：自知是恶，本应弃之。

③卒：最终。

④宦官：指太监。宦官本为内廷官，不能干预政事。但其上层为皇帝最亲近的奴才，常能窃取权力，东汉、唐、明都发生过宦官专权的事实。

⑤我国家：指清朝。

⑥弭首帖耳：形容卑屈、顺服的样子。

⑦宫掖：宫中。宫：宫殿，皇帝的居住。掖：掖庭，宫中的旁舍，嫔妃所居之处。

⑧御之：治理。

⑨制：控制。

⑩"今之……二端而已"：现在治理胥吏的办法只有两条：以严刑威吓，以一定的数额限制其膨胀。裁：裁减。

⑪法密：法律法规过于细密详备，条文太多。

⑫枉：枉法。

⑬长吏、丞、簿、尉：地位较高的县级官吏。丞：地方长官的辅助官员多称"丞"。簿：主簿，掌管一县文书。尉：县尉，掌一县军事。

⑭府：清代隶属于省，下辖州、县。道：在省、府之间所设置的监察区。

⑮布政按察使：布政使专管一省的财赋和人事，按察使专管刑名，并称"两司"。

⑯巡抚：清代为省级地方政府的长官，总揽一省的军事、吏治、刑狱等，与总督平行而地位略次之。总督：清代以总督为地方最高行政长官，辖一省或二、三省，综理军民要政。

⑰"州县者……而两制之"：指州县长官受上面各级行政长官的管辖，单听信哪一级都不行，众说纷纭，无所适从。

⑱递委：递相推卸。

⑲不给：不及。

⑳攘臂：捋袖伸臂，振奋或发怒的样子。

㉑棼（yǎng）：纷乱。

【导读】

鲁一同长于谈论时政，多切中当时利弊。著《胥吏论》五篇，读过的人都认为是名言至论。这里选录其第一篇，论述胥吏强横专权的弊端，明确提出"天下之患，盖在治事之官少，治官之官多"的观点，并且试图找出解决的办法。

【作者简介】

见 125 页。

《筹运篇》缘起

殷自芳

淮扬下河①为高宝江甘兴泰东台山阳盐阜十州县之地。厥土涂泥②，其谷宜稻。灌溉之源，在于运河。运河又上承洪泽湖之水，递③相输灌，水腴而土沃，亩收数钟④，秋稔⑤所获，民食既饶，且可稞济⑥邻省。其东为泰属各盐场，牢盐⑦所产，济五省之淡食。而运源所注，支分络系，商贩如织，百货萃焉。丁漕盐课商税之赢⑧，甲于江北。粤捻之乱⑨，厘捐⑩始于下河。捐输之款巨万，士马赖以饱腾。盖江淮之间一奥区⑪也。

顾下河之水利，与南河⑫之河防相为表里。宣防得法，则运河治，下河丰稔；否，则反是。我朝二百四十年，圣圣相承，慎重河防，尤轸念⑬下河水利，不惜忆万，水衡以疏以筑⑭。凡此十州县之民，含生负气⑮，食旧德而服先畴⑯，皆圣泽所涵濡、天恩所覆庇也。

迩来河徙利津⑰，南漕改为海运⑱，库储支绌⑲，河防已成弩末⑳之势。而清水潭之堵、运河东西堤之筑两次筹备，河工局之备豫㉑，淮扬水利局之疏排，洪湖石堤之修复，各大宪公忠体国㉒，念切民依㉓，于万难筹款之时，多方设措，为斯民谋厥安全。今夏运防骎骎㉔，复赖巨帑㉕抢修。近又奏拨巨款，将运河堤工力加修培。宪章㉖谆谆，无非仰体宵旰㉗忧勤，冀以宣皇仁而恤民隐㉘。生斯土者㉙唯有勤耕耘、输赋税，长为盛世安分之农。何敢妄有陈说？唯是下河古称泽国㉚，畏水如虎又复惜水如金，视水如仇又复倚水为命，全赖节宣潴泄㉛各得其宜，斯克旱魃敛威、冯夷弭瞽㉜。此次运河东西堤工蒙加修整，重门保障，必能屹若崇墉㉝，诚下河无疆之福。

第运河前数年之涸，其病不在运河，而在湖潴之未蓄㉞；运河今年之涨，其病亦不在运河，而在淮泗去路之未疏。振衣者挈其领，结网者提其纲。窃谓经画运河之上源，尤下河水利之本。既修运堤，必须讲求及之，斯为经久之至计。况南河自道光中叶，虚诡浮靡，为世诟病㉟。潘、靳㊱诸公相传之良法，自有不可磨灭者。修防久弛，良法几于失传。幸清水潭筹堵后，综办诸巨公实事求是，弊绝风清，力挽南河积习，而工程坚实，经费节省，尤为黎襄勤公㊲以来所仅见。乘此施工，事半工倍。倘再因循十数年，诸巨公开藩陈臬㊳，谙练诸工员迁擢㊴要地，不获再莅河干^⑩；虽大吏锐意运防，而襄赞之人恐亦徒呼负负矣！时哉不可失，岂虚语哉。下河之民需泥需穴^⑪，创巨痛深。爰就管蠡所窥测^⑫，撰为《筹运篇》六首，以备辀轩^⑬之采，而志其缘起于首云。

【注释】

①淮扬下河：淮安、扬州二府境内的运河称为"下河"。甘：甘泉县，清雍正九年（1731）分江都县置，1912年并入江都县。

②厥土涂泥：厥：其。涂泥：经改良开垦的田地。

③递：顺次。

④钟：计量单位。

⑤稔：庄稼成熟。

⑥粜济：粜（tiào）：卖出（粮食）。济：接济。

⑦牢盐：《史记·平准书》："因官器作煮盐，官与牢盆。"后世称煮盐之器为"牢盆"，其所产之盐称为"牢盐"。

⑧课：国家规定数额征收赋税。赢：盈余。

⑨粤捻之乱：太平天国时期北方的农民起义军称为捻军。捻军经常在苏鲁豫皖一带护送"私盐"，不断与清政府发生武装冲突。

⑩厘捐：清政府为筹措军饷以镇压太平军、捻军而开始征收的一种商业税。后逐步在水陆交通要道设立关卡征收。

⑪奥区：腹地，重要地区。

⑫南河：河道总督（亦称南河总督）所管辖的诸河道。这里指其重点河防地带黄淮运交汇处。

⑬轸（zhěn）念：辗转思念、关怀。

⑭水衡以疏以筑：河水平复，或得疏浚以畅流，或筑堤坝使顺流。

⑮含生负气：赖以为生，充满生气。

⑯畴：田地。

⑰迩来河徙利津：咸丰五年（1855），黄河在河南铜瓦厢决口，改道由山东利津入海。迩来，近来。

⑱南漕改为海运：清末东南地区调征的粮食由海道运往京帅。

⑲支绌：开支不足。

⑳弩末：强弩之末，比喻势力已经衰竭。

㉑豫：同预。

㉒公忠体国：忠勤国事。

㉓民依：百姓之所依赖。

㉔虩虩（xì）：恐惧貌。

㉕帑（tǎng）：国库所藏的金帛。

㉖宪章：典章制度。亦指有法律作用的文件。

㉗宵旰（gàn）：早晚。

㉘"冀以"句：希望用以宣扬皇帝的仁爱之心，体恤民众的疾苦。

㉙生斯土者：本地人。

㉚泽国：多水的地方。

㉛节宣潴泄：节制，疏通，储蓄，泄放。

㉜"斯克"句：这样就能够消除水旱灾害。旱魃（bá）：古代传说中能造成旱灾的怪物。敛威：收敛威风，指不再发生旱灾。冯夷：传说中的水神名。弭辔：指水神不再驾着云车兴风作雨。辔：驾驭牲口的缰绳。

㉝崇：高。墉：城墙。

㉞湖潴之未蓄：洪泽湖聚集的水太少。

㉟诟病：耻辱，引申为嘲骂，指斥。

㊱潘：潘季驯，明治水专家，四任总理河道。治黄有显著成就。靳：靳辅，清康熙十六年河道总督，当时黄淮运河决口百余处，海口淤塞，运河断航，他继承前人"束水攻沙"的经验，塞决口，筑堤坝，使河水仍归故道，又在宿迁、清河间开创中河，确保漕运畅通。

㊲黎襄勤公：黎世序，清罗山人，嘉庆进士，任南河总督10年，勤政廉洁，治水有功绩，病逝于清江浦任所。

㊳开藩陈臬：出任藩台、臬台等高官。明清时布政使别称藩台，按察使别称臬台，分别管一省的财赋、人事（布政使）或司法（按察使）。

㊴迁擢：升迁，提拔。

㊵河干：河岸。

㊶需泥需穴：迟疑和等待在泥水和洞穴之中。

㊷管蠡所窥测：管窥蠡测，以管窥天，以蠡测海。比喻所见狭小短浅。蠡：瓢。

㊸辒轩：轻车。古代帝王的使臣多乘辒车。后因称使臣为"辒轩使"。

里下河地区从清康熙时起就发生多次决口，百姓屡受其害。同治五年（1866），淮扬大水，里运河清水潭再次决口，洪流横溢数百里，民舍田庐俱遭淹没。淮上名士纷纷提出治河方案呈送河堤二局，唯殷自芳的意见被采纳。清水潭堵口成功。事后，他又整理成《筹运篇》6首，并写了这篇《缘起》，希望乘势把运堤修治好，其忧国忧民之心十分迫切。

【作者简介】

殷自芳（约1820—1900），字沚南，亦作"芷兰"，号霜圃，别号松竹堂氏，晚号淮南老人，山阳县（今淮安区）河下人，治水专家。殷自芳"少好读书，为人诚朴，重然诺，孤介不偕于俗，工古文，横溢有奇，千言立就"。（《续纂山阳县志·人物》）同治五年（1866）淮扬大水，里运河清水潭漫决多处，他所提《导淮刍议》20多条被采纳，并被聘为清水潭堵口指挥。后一直在河二局、淮扬水利局供职，为苏北、里下河地区的水利事业贡献了毕生精力。他一生倾心研究水利，具有治理水患的实践经验，多所建树。撰论文稿54篇，部分被刊入《小方壶舆地丛钞》或辑入《山阳艺文志》。新中国成立后，他的后人曾将遗稿《筹运事略》等19篇整理后送呈水利部水利史研究室，受到重视。

金壶七墨（四则）

黄钧宰

河工

南河岁修银四百五十万，而决口漫溢不与焉①。浙人王权斋熟于外工，谓采买竹木薪石麻铁之属，与夫在工人役一切公用，费帑金十之三二，可以保安澜②；十用四三，足以书上考③矣。其余三百万，除各厅浮销之外，则供给院道，应酬戚友，馈送京员过客，降至丞簿千把总、胥吏兵丁，凡有职事于河工者，皆取给焉。岁修积弊，各有传授。筑堤，则削浜增顶④，挑河则垫崖贴腮⑤，买料则虚堆假垛⑥。即大吏临工查验，奉行故事⑦，势不能亲发其藏；当局者张皇⑧补苴，沿为积习。上下欺蔽，瘠公肥私，而河工不败不止矣。

故清江上下十数里，街市之繁，食货之富，五方辐辏⑨，肩摩毂接⑩，甚盛也。曲廊高下，食客盈门，细縠⑪丰毛，山胏海馔，扬扬然意气自得也。青楼绮阁之中，鬓云朝飞，眉月夜朗，悲管清瑟，华烛通宵，一日之内不知其几十百家也。梨园⑫丽质，贡媚于后堂；琳宫缁流⑬，抗颜⑭为上客。长袖利屣⑮，飒沓如云，不自觉其错杂而不伦⑯也。然而脂膏流于街衢⑰，珍异集于胡越⑱，未尝有挥金于室、开矿于山者。菱梴⑲华身，而河流饱腹，自上下下，此物此志也。

王孙

故同知王君之孙，贫而无赖，时人号曰"王孙"。尝乞贷于南河某厅，不应，又诮让⑳之。王笑而去，曰："细事耳。公失算矣！"他日河帅临工，前驺㉑将至，王匿柴垛内，钻穴以窥，故为呻吟窸窣之声。帅至，问："何物？"左右曰："无之。"王则大号。帅怒命启垛。积薪如屋，而中空若悬磬㉒。王㉓跽曰："小人贫苦无家室，复病哮喘，托此以蔽风雨有年矣，不知今日之败于神明也。"左右曰："胡为窃薪？"王指石垛曰："请以石试。"复发之，无不空者。王顿首曰："石不可餐，是非小人所窃矣？"帅怒，欲劾某厅㉔。某惧，求漕使、关督同为缓颊㉕，乃已。实费二万金。

广东夷变

初禁烟令下，大吏饬^㉖属严查。官弁泄沓^㉗者多，非滋扰穷民，即奉行故事，徒为胥吏肥己计耳。唯林公则徐由钦差总督两粤，规画周详，雷厉风行，搜缴尽善。定法：贩卖者杀，轻者流，吸食者黥^㉘。期以三月不悛^㉙，分别刑责。又延医配合药料，施给贫民。西洋趸船缴出烟土二万余箱，并所搜民间烟具，累箧连箱付之一炬。时通商国以十数，咸倾心受约束。独英吉利惧失重利，遂以索食为名，举兵犯尖沙觜。公遣参将赖恩爵等击走之，严断海济。先后六战，夷皆受创去。夷目义律潜赴澳门，倩西洋诸夷递说帖^㉚，求转圜^㉛。公以其言未可信，奏请相机剿抚。上手敕^㉜报曰："朕不虑卿等孟浪^㉝，但诚卿等畏葸^㉞。先威后德，控制良法也。"已尔，英夷反覆。又请停其贸易，并请沿海诸省严守备。谕^㉟曰："该夷自外生成，是彼曲我直，中外咸知，尚何足惜！"公既奉谕，益慷慨，任劳怨。英人穷蹙^㊱，屡撼公不动，则大惧。知粤中无隙可乘，乃改图犯闽浙。初泊梅岭，扰厦门，总兵窦建彪等击退。遂由舟山攻陷定海，据之，掠宁波，窥吴淞，沿海骚动。当事不能御侮，争以激变咎公，因中伤之。代公督粤者为协揆某公^㊲。至则反公所为，而密输款于夷人。夷复舍定海去，拼力广东。

英国被兵

英吉利内犯之初，正彼国被兵缺饷之会。彼熟悉我之虚实，而我不知其事变，是可惜已！初英夷与俄罗斯两国交恶。俄罗斯方争印度于英夷。积岁构兵^㊳，外强中瘠。阿付颜尼木哈腊诸部又与英夷为仇。其本国烟价关税银缺千有余万，借贷邻国，以助饷需。及以禁烟故入犯广东。兵分财匮，势颇不支。而法兰西、弥利坚^㊴等国，又皆乞我督抚请于朝廷，愿出兵船为中国效力。英夷闻之，进退维谷。当时得如林公者数人，禁汉奸，简军实，仰禀庙算^㊵，有战无和，使之负重创，失大欲，则英夷畏威慑法，必不敢久留而去，不必借国力而后患消弭^㊶者多矣！乃以一二畏葸之人，坐失机会，使得从容定变而专力于我，鸦片显布于近洋，奸宄^㊷接踵于内地。一事失策而毒痛宇内，一时贻误而延祸数十年。得失之机，毫厘千里，惜哉异哉！

【注释】

①不与焉：不在其间。

②安澜：波平水静，太平无事。

③上考：官吏考绩居上等。

④削浜增顶：削河边沟渠的土堆到河堤顶上。

⑤垫崖贴腮：浮土垫高堤岸，贴敷到堤帮上。均是以假象欺骗上司和检查人员。

⑥虚堆假垛：作假，扩大表面积，以报虚账。

⑦奉行故事：按老例走过场。

⑧张皇：慌张，匆匆忙忙。

⑨辐（fú）辏（còu）：车辐辏集于毂上，比喻人或物集聚一处。

⑩肩摩毂接：形容人车马往来拥挤。毂（gǔ）：车轮中心的圆木，周围与车轴的一端相接，中有圆孔用以插轴。

⑪縠（hú）：绉纱一类的丝织品。

⑫梨园：戏班。

⑬琳宫缁流：道院（的道士）。缁（zī）流：（穿黑色衣服的）僧众。

⑭抗颜：犹言正色，态度严正。这里有贬义，谓道貌岸然。

⑮长袖利屣：长袖：指有手腕、善于钻营的人。利屣：善于奔走钻营的人。

⑯不伦：不伦不类，不像样子。

⑰衢：四通八达的道路。

⑱胡越：胡在北，越在南，比喻相距遥远。

⑲菱楗（jiàn）：草根和木条。华身：身上都披上华丽的外衣。

⑳诮让：讥讽，嘲笑，责备。

㉑驺（zōu）：驺从，古时达官贵人出行时，骑马的随从。

㉒悬罄：形容空无所有。罄：通"磬"。空，尽。

㉓跽：长跪。双膝着地，上身挺直。

㉔劾：弹劾，揭发罪状。

㉕缓颊：说情。

㉖饬：命令。

㉗泄沓：迟缓，拖沓。

㉘黥：刑罚名，用刀刺刻额颊等处，再涂上墨。

㉙悛：改过、悔改。

㉚说帖：简帖，一种文件。

㉛转圜：挽回，调停，斡旋。

㉜手敕：手令。报：回报，回复。

㉝孟浪：轻率，鲁莽。

㉞畏葸（xǐ）：畏惧，害怕。

㉟谕：皇帝的诏令。

㊱穷蹙：困窘，局促不安。

㊲某公：指大学士琦善。他诬陷林则徐，力主求和，抵广东后裁撤战备，擅自议定《穿鼻条约》（未受清、英两国认可），允诺割地赔款。

㊳构兵：交战。

㊴弥利坚：今译美利坚，即美国。

㊵仰禀庙算：禀：领受，接受。庙算：庙堂的策划，指朝廷的重大决策。

㊶消弭：停止，消除。

㊷奸宄：指犯法作乱的人。

【导读】

《金壶七墨》记述了作者游幕期间的亲见亲闻，特别是保存了一些鸦片战争的珍贵史料，是著名的笔记小说。这里选录四则。前两则写河工之弊，一为纵览概述，一为从小故事中洞见时弊。后两则是有关鸦片战争的记载，读来可发人深思。

【作者简介】

黄钧宰（约1826—1895），一名振钧，字宰平，号钵池山农，别号天河生。淮安人。清道光二十九年（1849）举人，曾做过奉贤训导，并在江西、安徽、南京等地做过幕僚。他"性好词赋而不乐制艺"，一生偃蹇不遇。著有《比玉楼传奇四种》，其中《十二红》为揭露南河总督署的积弊而作，针砭时弊最为有力，也最著名。又有笔记《金壶七墨》等。

《书目答问补正》^①序

柳诒徵

　　淮阴三范^②，俱以抗志积学闻于南雍。伯冠东，治周秦诸子；仲绍曾，攻物理化学；叔希曾，为归方散体文。既先后卒业为中等学校师。希曾慨然谓空文无用，砧教席，发愤闭户，覃研流略^③，欲洞究学术根极支裔^④，竟古今之经变，而自跻于通儒。家贫不能多得书，广匄^⑤公私书目，时时札记于《书目答问》上下方，朱墨狼藉，盖以之为问学之基，非欲名撰述也。

　　丁卯夏，余馆盇山，要希曾助编馆目，希曾大喜，谓藉是读未见书，假以岁月，学其有成。居山馆阅三稔^⑥，日孜孜勘藏书，体羸善病，不懈益勤。馆书逾四十万卷，希曾创意厘析^⑦，为目若干卷，分别部居多独到。长日饭罢，坐陶风楼下啜茗，或休沐，徙倚乌龙潭，联袂登清凉山，纵谈平生蕲向^⑧及编摩所得，翛然有刘子政、曾子固之遗风，不屑屑与近世人较铢黍^⑨余恒幸山馆之与希曾交难得也。

　　希曾植鹄既伟远，所业未易竟，出旧所治《南献遗征》及《书目答问》实馆刊，世咸重其赅洽^⑩，希曾雅不以是自画，一夕风雪中语余，来岁将归淮阴，约守数书，植古谊^⑪，积雅诂^⑫，颛力为文，庶以垂世行远，徒断断于刊本传目，若贾胡儥宝，无当也。余慰勉之曰："博约并事，以子之年，夫何难。"然自是希曾日蕉萃，患干咳，日晡寒热间作，羸然不胜衣，经春涉夏，病益甚。所居薛庐，距馆数十武^⑬，晨往返，至不能支。冠东来视之，将护以归，且过别余^⑭，余期其善摄卫^⑮，秋爽仍南来，希曾黯然无一语。归未几，遂不起。冠东、绍曾恸其弟年之不永，撰述不能充其志，为重印《南献遗征笺》于邗上。余亦检其遗箧，斥馆金印《书目答问补正》之全稿，忽忽迨今夏，距别时垂一期矣。每循山楼，抚书椟，音尘犹若接视听，诚不意其英年玉貌而止于斯也。

　　文襄之书^⑯，故缪艺风^⑰师代撰，叶郋园氏^⑱亟称^⑲之。第其书断自乙亥，阅五十余年，宏编新著，影刻丛钞，晚出珍本，概未获载，故在光绪初足为学人之津逮^⑳者，至晚近则病其漏略矣。郋园批校增辑之三四本未印行，江氏笺补亦不广，希曾所辑最后而较备，虽亦有限于见闻，或浏览虽及而未暇胪写者，要已可备俭学之检阅，艺风之传，倘赖以益广乎。校印既竣，为述其缘起，庶阅者哀希曾之志事，而闵余之不能护持斯人使康强耆老，乃仅与其两兄累欷㉑于此附庸先哲之书也。

辛未夏五月柳诒徵。

【注释】

①《书目答问补正》：《书目答问》是张之洞为指引学生读书而编撰的推荐书目，一说是张委托缪荃孙代撰。范希曾在此基础上进行补充、纠错，成《书目答问补正》。

②淮阴三范：指范希曾与其兄弟范尉曾、范绍曾，他们均毕业于南京高等师范学堂，都勤奋学习而学业优异，事业上斐然有成，著作较多。

③覃研流略：覃研：钻研，深入研究。流略：指前代书籍。

④支裔：流派，支派。

⑤匄：聚、聚集。

⑥稔：年。

⑦厘析：分析细密而有条理。

⑧蕲向：理想，志向。

⑨铢黍：铢一黍。比喻微小之物。

⑩赅洽：广博，渊博。

⑪古谊：同"古义"。古代典籍之义理。

⑫雅诂：训诂著作。

⑬武：半步，泛指脚步。

⑭旦过别余：早晨向我告别。

⑮摄卫：保养身体。

⑯文襄之书：指《书目答问》。文襄：张之洞谥号文襄。

⑰缪艺风：指缪荃孙（1844—1919），字炎之，又字筱珊，晚号艺风老人，江苏江阴人。中国近代杰出的藏书家、校勘家、教育家、目录学家、史学家、方志学家、金石家。中国近代图书馆建设的鼻祖。

⑱叶郋园氏：指叶德辉（1864—1927），字奂彬，号直山，别号郋园，湖南湘潭人，祖籍江苏吴县。藏书家、出版家。氏：放在名号后作为尊称。

⑲亟称：极尽赞扬。

⑳津逮：由河道渡口而到达。常比喻指引后辈做学问的途径。

㉑累欷：屡次欷歔。

【导读】

《书目答问》是张之洞于同治十三年（1874）任四川学政时，因"诸生好学者来问应读何书，书以何本为善"。此书设经、史、子、集、丛书五部，下又分小类、子目若干，突破了传统的四部分类法。又于各书下注明卷数、作者、通行易得本等，间有简明按语，指示读书门径。由于张之洞所处的时代及自身的局限性，书中疏漏讹误亦不在少数。

为了使这部编于光绪二年（1876）的目录书能为民国时期的学人有效利用，范希曾（1899—1930，目录学家，江苏淮阴清河人，师从柳诒徵，深得其赏识）想采用补正之法，在保持原书体例的基础上，对原书进行修正补充。1927 年，柳诒徵为（南京）国学图书馆馆长，邀请范希曾入馆编目。这一段时间，范希曾除了协助编修《国学图书馆图书总目》外，更集中时间，从事《书目答问》的研究、补正。在柳诒徵的支持下，范希曾经过三年努力，终于完成了《书目答问补正》。

这部补正之作，纠正了《书目答问》原有的书名之误、卷数之误、作者之误、版本之误；补充了原书漏记的版本，以及光绪二年（1876）以后补刊的版本；补收了一些和原书性质相近的书，其中大多数是 1876 至 1930 年间出的书。经过这一番修正补充，《书目答问》内容更为充实、完善，条理更为清楚。遗憾的是，1930 年 7 月 10 日，范希曾刚完成《书目答问补正》就因病与世长辞。

柳诒徵怀着对门生英年早逝的痛惜心情，以及推动目录学研究的热心衷肠，于 1931 年将《书目答问补正》排印出版，此文即是该书序言。

《书目答问补正》问世后，受到了学术界的普遍重视，著名历史学家柴德赓说："一人出力，众人得益，不仅可称《书目答问》的功臣，实在也是对近代学术的一种贡献。"而范希曾取得这样的成就，也与柳诒徵的鼎力支持有很大关系。

【作者简介】

柳诒徵（1880—1956），字翼谋，亦字希兆，号知非，晚年号劬堂，又号龙蟠迂叟，江苏镇江人。学者、历史学家、古典文学家、图书馆学家、书法家，中国近现代史学先驱，儒学宗师。17 岁考中秀才；1914 年，应聘为南京高等师范学校教授；1925 年北上，先后执教于多所高校；1929 年重返南京，任教中央大学（1949 年更名南京大学），曾任南京图书馆馆长、考试院委员、江苏省参议员。抗战期间，先后任教于浙江大学、贵州大学和重庆中央大学，兼任国史馆纂修。新中国成立后，执教于复旦大学，任上海市文物管理委员会委员。

嵇康之死辨闻

季镇淮

嵇康是怎样被杀的？原因其实很明白的；但传闻异说却教我们迷惑。

郭颁《世语》说"毌（贯）丘俭反，康有力，且欲起兵应之。以问山涛。涛曰，不可，俭亦已败"（《魏志·王粲传》注）。这是一种传说。谁也不曾否认嵇康有反抗司马氏的倾向；但要说一个"常修养性服食之事，弹琴咏诗，自足于怀"的文士，企图举兵造反，而又如此天真地自告机密于司马氏的内亲山涛，那就谁也不能相信了。并且，毌丘俭，在魏少帝正元二年（255）正月，一个月内，造事者都被杀了。六年之后，就是魏元帝景元二年（261），山涛还有意推荐嵇康作官，事实上也是这样说不对头。《世语》又说"毌丘俭之诛，党与七百余人，传侍御史杜友治狱，推举首事十人，余皆奏散"。毌丘俭的党与七百余人，以及被举的首事十人，当然嵇康不在数，这就是说山涛并未泄露嵇康的秘密。那么，嵇康和山涛的秘闻，又是谁传出来的呢？刘孝标说"郭颁，西晋人，时世相近，为《魏晋世语》，事多详核，孙盛之徒，皆采以著书（《世说新语·方正篇》注）。"然而裴松之却说，"颁撰《魏晋世语》，蹇令全无宫商，最为鄙劣。以时有异事，故颇行于世。干宝、孙盛等多采其言，以为《晋书》，其中虚错如此者，往往而有之"（《魏志·少帝纪》注）。后者的话更值得我们考虑。关于毌丘俭反与嵇康有牵连这一层，裴注即以为"其实不然"。这就是《世语》的"虚错"之一例。

又有一种传说。东晋人孙盛著的《魏氏春秋》，说"钟会为大将军兄弟所昵，闻康名而造焉。……康方箕踞而锻，会至不为之礼。会深衔①之。后因吕安事而遂潜康焉"（《世说新语·简傲篇》注）。钟会拿什么"潜康"的呢？今本《晋书·嵇康传》，就说"因潜康欲助毌丘俭，赖山涛不听。"显然这是拿郭颁的话来补孙盛之所未尽，而知郭颁的话实不足信。因而钟会之是否"潜康"，就使我们很难相信了。

钟会（225—264）比嵇康（224—263）小一岁。钟会的父兄钟繇、钟毓都在曹魏作官，而且心在曹魏；嵇康又是曹家的女婿。钟会和嵇康是熟人，是朋友，这也是很自然的。《世说新语·文学篇》有一个故事："钟会撰《四本论》始毕，甚欲使嵇公一见。置怀中既定，畏其难，怀不敢出，于户外遥掷，便回急走。"时代虽无法确定，大概早年时代，他们一起闹着玩儿，不是可以想见的么？钟会是"名家"的后劲；嵇康更好辩论，以论文著名，他的文章颇有"名家"的气味。钟会以他的"名家著作，甚欲使嵇公一见"，而又"畏其难"，这也是很近情的。传说中的另一故事，就是上文引的孙盛的那呆板的记载。

但后来的《世说新语》记的却富兴味："钟士季精有才理，先不识嵇康。钟要于时贤俊之士俱往寻康。康方大树下锻，向子期为佐鼓排。康扬槌不辍，傍若无人，移时不交一言，钟起去，康曰，何所闻而来？何所见而去？钟曰，闻所闻而来，见所见而去。"刘义庆也只以为嵇康"简傲"，没有表示"会深衔之"的意思。这就是说，刘义庆并不和孙盛一样歪曲了这个故事。这个故事，我们以为，正可看出两个"名家"的语言的斗趣。

总之，钟会和嵇康，他们的政治立场相同，学术接近，交往也觉亲切，即使那个游戏性的场面，伤了钟会的自尊，钟会也不必就存心要杀嵇康。即使存心要杀，也不能如《晋书》所说，钟会以毌丘俭事"潜康"。因为钟会如以为毌丘俭事可以"潜康"，就不必等到吕安事起了。实在，说毌丘俭反与嵇康有关联，是对于嵇康的诬蔑；说嵇康被杀，由于钟会的潜言，是对于钟会的诬蔑。钟会潜康，正和何晏、夏侯玄那些"正始名士"一样，在司马氏的"法统"里，歪曲了甚至完全改变了失败的鬼魂的影子。

嵇康被杀，是有真正而明白的原因的。《魏氏春秋》又说："大将军尝欲辟②康，康既有绝世之言，又从子不善，避之河东，或云避世。"这是真实的记载。司马昭曾经要嵇康作官，不知在哪一年，但我们可以相信司马昭为了牢笼嵇康，一定会有这一着。由于一定的曹氏立场的局限，也由于嵇康本身的强烈执拗的性格，"鸾翮有时铩，龙性谁能驯"！对于嵇康，司马昭的香饵是白费的。"避之河东"，即是"避世"，即是对于司马昭的魔手的反拨。所谓"从子不善"，不过是带湾儿的一句话。魏元帝景元二年（261），嵇康"从河东还"。山涛从"赵国相"迁"尚书吏部郎"，就在公孙崇（嵇康同乡），山涛同僚和吕安（嵇康朋友）面前说要以嵇康自代。山涛的这个拟议，当然和司马昭的意旨"暗合"，但也实在是善意地为嵇康打算。不过当时因为山涛刚刚升了官，一时无官再升，自然也就无官可让。所以只是"议"而已矣，并没有真的实行。

然而就是这个空"议"，已是嵇康的思想生活上根本的刺激。

景元三年（262），吕氏兄（巽，一作逊）弟（安）家庭的丑恶故事暴露了："巽淫安妻徐氏。"嵇康在《与吕长悌绝交书》里说："阿都（吕安）去年向吾有言，诚忿足下，意欲发举。"这个"去年"就是景元三年，嵇康"从河东还"的第二年。吕安向嵇康"有言"和他的"忿"而"欲发举"，就是指的那个丑恶的故事。出于嵇康的劝阻，吕安没有发举，吕巽也以"子父六人为誓"，向嵇康担保"终不系都"，因而"都遂释然，不复兴意"了。

景元四年（263）三月大将军府增置从事中郎二人，山涛从"尚书吏部郎"就迁了这个"大将军从事中郎"。他又旧话重提，正式举康自代。大概就在三月前后，嵇康作了一封非常严峻的《与山巨源绝交书》，"大将军闻而恶焉"。这封绝交书无异是嵇康向自己头上抛下的一颗炸弹。但作为罪状看，那又显然不是了。然而吕安事件接着就在暗中燃烧起来，吕巽"密表系都"，而且"先首服诬都"。"公方以孝治天下""诬安不孝"，那是再便当也没有的了。嵇康此时才恍然觉得祸到头上，"匪降自天，实由顽疏"。他以一种绝望的愤怒，作《与吕长悌绝交书》："都之含忍足下，实由吾言。今都获罪，吾为负之。吾之负都，由足下之负吾也。怅然失图，复何言哉！"莫可如何，吕安势必"引康为证"，康也当然"义不负心，保明其事"。就是这样，嵇康再也解不了他脚下的绊索，而"卒致囹圄"了。

狱中，嵇康作《幽愤诗》。"嗷嗷③鸣雁，奋翼北游，顺时而动，得意忘忧。嗟我愤叹，曾莫能俦。"这里讲到鸣雁的"顺时而动"，诚然是一种人生的譬喻，但也显然是这首诗的时令的暗示。作者"萦④此幽阻"，鸣雁横天，耳闻心感，因而成了诗句。若然鸣雁北游，不出春夏之交，而同时就意味着，嵇康入狱及作此诗，也不出这个时限。嵇康此时，精神上受了从所未有的屈辱，"实耻讼免"——这一无底的冤狱，还要晓舌⑤来求免，反而觉得可耻了。但是嵇康自知"义直"，终不以为自己是犯了罪而不可免的。《幽愤诗》的结尾说："庶勖⑥将来，无馨无臭，采薇山阿，散发岩岫，永啸长吟，颐性养寿。"他还为"将来"的生活打算，一直不知道因为证明吕安之并非"不孝"，反而证明自己也就是"不孝"，因而被诛哩。然而嵇康，终于和吕安一道，走上了司马氏父子不亏一箦的骨山。

最后，司马昭究竟拿了什么罪名杀嵇康的？《文士传》说："吕安罹事，康诣狱以明之，钟会庭论康曰：'今皇道开明，四海风靡，边鄙无诡随之民，街巷无异口之议。而康上不臣天子，下不事王侯，轻时傲世，不为物用，无益于今，有败于俗。昔太公诛华士，孔子戮少正卯，以其负才乱群惑众也。今不诛康，无以清洁王道。'"（《世说新语·雅量篇》注）此时，钟会为镇西将军，并非廷尉，这个"庭论"没有理由相信出于钟会之手。同样，这是后来对于钟会的一种诬蔑的传说。这个"庭论"没有提到吕安事件和嵇康有何牵连，而别具手眼，指出了嵇康的罪状，"上不臣天子，下不事王侯，轻时傲世，不为物用，无益于今，有败于俗"无论这是不是当时的文献，而其意义却有某一程度上的真实的。显然"下不事王侯"一句最重要。这个罪状，指出了嵇康的生活态度。不要举兵造反了，也不要谁在暗算了，单凭这种态度就已足够杀身了。这种态度，如一切统治者所周知，是一种个人的反抗态度。而特别在魏晋之际，这种态度是不能为统治者所容忍的。隐士孙登，固然认识清楚；其实嵇康自己又何尝不知道呢。但嵇康始终努力着这种生活态度和残暴的现实对立起来，而终于在现实的毒焰里毁灭了自己。这就是嵇康被杀真实而明白的总原因。

1947 年 2 月初，清华园

（1947 年 2 月 24 日《新生报·语言与文学》19 期）

【注释】

①衔：怀恨。

②辟：帝王召见并授予官职。

③喈喈：鸟鸣声。

④絷：拘禁。

⑤哓舌：争辩，多嘴。

⑥庶勖：但愿，希望，有勉励自己的意思。

【导读】

稽康死于公元 263 年，他"临当就命，顾视日影，索琴而弹"，并叹息"《广陵散》于今绝矣"。他的一生从择友到绝交，从诗文到音乐，从交游到遇难，都非常具有传奇性，后人研究稽康的非常多。季镇淮也对稽康的死提出了自己的看法。

【作者简介】

季镇淮（1913—1997），字子韦，一名正怀，字来之，江苏淮安人。古典文学研究家，著名文学评论家。1941 年毕业于西南联合大学中国语言文学系。历任清华大学助教、中文系副教授，北京大学中文系教授。民盟中央第二届委员，民盟中央参议委员会常委，全国闻一多研究会会长。著有长篇《闻朱年谱》《司马迁》等、评论《韩愈论》《近代散文的发展》《王国维古史新征讲义跋》等，主编《中国文学史》《近代诗选》《历代诗歌选》等。

第四单元 现代散文篇

梦里依稀看淮安

赵日超

> 走进淮安，仿佛就走进了神话故事，走进了千年古镇河下，体验了古韵文化，触摸到"乡书何处达，归雁洛阳边"的漫漫离愁……
>
> ——题记

"悠悠运河水，浓浓淮安情。"一方山水养一方灵性人，正是老淮安的神韵自然与浓郁文化才孕育了吴承恩、韩信、周恩来、漂母、赵嘏、吴鞠通等名人。在这些名人中，我最仰慕和钦佩的还是中国著名的文学家吴承恩先生，总觉得先生的故乡流淌着神话色彩，先生笔下的人物都有深邃的含义。

一本书

上中学时，再读吴承恩先生的《西游记》，就对先生笔下所描述的人物充满了神往。

此前一直认为悟空火眼金睛，性子刚烈，为人正直，为取经立下了汗马功劳；悟净老实本分，一路虽说没有像悟空那样的功劳，但牵马挑担，没有功劳也有苦劳；八戒不光好吃懒做，而且在艰难的时候，总是希望着散伙回到高老庄。没想到在如来佛主最后封神的时候，八戒为何也被封了神。

带着疑问，走进吴承恩故居。踏进大门，首先映入我们眼帘的是一片苍翠的竹林。修竹丛丛，绿叶婆娑，摇曳生姿，给我们一种虚怀有节，幽雅恬淡之感。这不由得使我们想起苏轼《於潜僧绿筠轩》的几句诗："宁可食无肉，不可居无竹；无肉令人瘦，无竹使人俗"。吴承恩一生屡遭困顿，而不随波逐流，这一丛修竹不正是他傲岸不俗的风骨写照吗！

吴承恩在《西游记》中写下了"花果山福地，水帘洞洞天"的句子。带着憧憬，我体验了水帘洞别有洞天的风韵。传说，谁要能五步跨过石桥，谁就会财大福大造化大，就能够获得《西游记》中追求的五种境界：一是修行积善，功德无量；二是斩断烦恼，豁然大悟；三是前程远大，后步宽宏；四是身手不凡，本领高强；五是心宽体健，延年益寿。

吴承恩自小喜听淮河水神及僧伽大圣等故事，人称神童。他生活的年代，正是明王朝由盛转衰、日趋腐败的时期，宦官刘瑾及严嵩父子先后擅权。在父母的影响下，爱听神魔故事，搜集唐僧取经的戏剧、评话等资料。吴承恩三十六岁那年，明世宗南巡承天府（今湖北安陆县），随驾文武大臣乘机敲诈勒索，大捞横财，闹得民不聊生。吴承恩写下了著名诗篇《二郎搜山图歌》。诗中把那些祸国殃民的文武大臣比作二郎搜山这个神话传说中的"妖魔"，斥之为"五鬼""四凶"，痛快地骂了他们一顿，连皇帝明世宗也遭到了他的斥责。

青年才俊吴承恩历经寒窗苦读之后，写诗作文，一挥而就，其文才很早就受到官员、前辈、社会名流的认可。原以为可以登科及第，红袍加身，披红戴花，光宗耀祖，却因他的文风求真洒脱，一次次乡试，他总兴致勃勃地去应试，然而又总是榜上无名，扫兴而归。于是悲泪长流，面对孤灯，创作了八十万言的章回本小说《西游记》。吴承恩故居客厅前廊柱上的楹联是："搜百代阙文，采千秋遗韵，艺苑久推北斗；姑假托神魔，敢直抒胸臆，奇篇演出西游。"这副对联，概括了吴承恩创作源流和一生的文学成就以及他的名著《西游记》的历史价值。

人生之失意，于常人，是一种痛苦，而于文人，未尝又不是一种幸事。吴承恩如此，许多文人也如此。苏轼一生命运多舛，仕途坎坷，因而写出无数传世之作。还有陶渊明，遭僚敌陷害，不忍俯仰由人宦途生活，毅然弃官隐居终南山，最终写出流芳百世的《桃花源记》。当然，一生与官无缘的吴承恩，怎么也没有想到，正八品的他会因他的《西游记》而名扬天下，能让他居住的小镇光芒四射。

一个人，一辈子，一篇小说，名满天下，谁人不羡慕？然而星移斗转，日月轮回，都没有吴承恩之外的第二个人这么幸运，这就是吴承恩与众不同之处。而造就吴承恩与众不同之处的，都是他一次次失败的考试以及他官场的失意。

迄今为止，《西游记》已被译为二十多个国家的文字，外国翻译家把《西游记》的书名翻译成五花八门，有的译为《猴与猪》、有的译为《神魔历险记》、有的译为《中国的仙境》，有的就直接译为《猴子》。他们认为《西游记》里孙悟空、猪八戒写得生动有趣，对这两个人物情有独钟。《西游记》在中国文学史上，即被誉为"四大奇书"之一，成为世界文坛瑰宝。

"伏怪以力，取经唯诚"这幅挂在吴承恩塑像上方的对联由康有为的弟子、著名女书法家肖娴所书，对联向人们揭示一个人间真谛："战胜邪恶要靠力量，取得成功凭借毅力。"我们又观赏了书斋前的假山飞瀑、小鸟游鱼。置于山水景致中的是一座吴承恩的立姿汉白玉塑像。"于咫尺之中，赏千里之外"，吴老先生手握书卷，凝神遐思。吴承恩身旁的一株芭蕉悄然傍立，宽大的芭蕉叶似乎在叙述着铁扇公主当年的无奈和委屈，只因为她不愿将自己的芭蕉扇借给孙行者使用，便遭受了一场钻心的痛苦。吴承恩笔下有很多"人物"形象，大致可分为革命的妖怪、反革命的妖怪，有后门的妖怪、无后门妖怪，不同的背景，不同的出生，注定了不同妖怪的命运与下场。

现在看来，唐僧过辽，悟空太烈，沙僧太懦，吴承恩塑造了八戒上讨好师傅和大师兄，在下欺负沙师弟。人间形态被吴承恩在八戒身上表现得淋漓尽致。想八戒原来在天上统领三军，何等威风？被贬下凡之后，性情大变，从云端摔下来的滋味可不好受。吴承恩用八戒的狡诈、贪婪，拍马溜须囊括了古今奸佞小人，其讽刺之意，清晰可见。纵观古今，八戒这一形象无处不在。官场上有几个像孙悟空那样敢"闹天宫""摘仙桃""砸玉帝"的父母官？

一府衙

淮安"府衙"是全国保存最完整的知府衙门。走进"府衙"大门，迎面一座牌楼，巍然壮观，牌匾上刻着"公生明"三个古朴遒劲的大字，透出一股凛然正气，让你一进门就感知这是一个公正无私、正大光明，集皇恩和国威于一体的严肃场所。

公元976年，宋太宗赵匡义当上皇帝，看到孟昶的训诫诗后，从中摘录四句，即"尔奉尔禄，民膏民脂；下民易虐，上天难欺"。亲笔书赐给郡国大臣，正告官员："尔等俸禄，乃民之膏脂，如虐下民，等于欺天"。那座耸立在汉白玉台阶上的宫殿式建筑就是"淮安府大堂"，庄严肃穆，气象万千。从这种居高临下的气势中，可以想象当年它是何等的威严。两边厢房，与朝廷六部对应，设礼、户、吏、兵、刑、工六科。每科门外、室内立柱上，均刻有表明本科职责和官员操守的楹联。这些对仗工整、词语新奇、含意深远、书法绝妙的楹联，最有代表的一副是讲官民关系的对联，上联为：吃百姓之饭穿百姓之衣莫道百姓可欺自己也是百姓；下联为：得一官不荣失一官不辱勿说一官无用地方全靠一官。想不到在封建官僚中，竟有这样的有识之士，在那样一个历史条件下，能那么清楚地认识到自己是由老百姓养活的；能大彻大悟地说出"自己也是百姓"，喊出"莫道百姓可欺"的惊天之语。"莫道百姓可欺，自己也是百姓"，就是这块瑰宝中最闪亮的光点，即使在今天，仍有不可忽视的启示作用。一个能时刻记住"自己也是百姓"的官员，绝对不会整天在那里挖空心思，想出各种花花点子去营私舞弊、贪赃枉法、瞒上压下、鱼肉百姓。

二堂是府衙长官处理一般公务的地方，位于大堂后面。堂内有一联："与百姓有缘才来到此；期寸心无愧不负斯民。"堂前廊柱上还有一联："看阶前草绿苔青无非生意；听墙外鸦啼雀躁恐有怨情。"从这些对联中，我们似乎看到了封建官吏处理政务的原则和方法。至明太祖时，"府衙"又加刻"公生明"三字。此三字出自《官箴》："吏不畏吾严而畏吾廉，民不服吾能而服吾公。公则民不敢慢，廉则吏不敢欺。公生明，廉生威。"这段短小精悍的文字，字字警策，句句药石，内涵丰富，成为历史上许多"清官"的座右铭。淮安府署是值得一游的历史遗迹。如果把府衙当作是一位能对话的老者，当今的公仆们能否对天发问，从心底喊出，数千古清廉人物还看今朝？

大堂还有一联："到盛怒时少缓须臾俟心气和平，省却无穷苦恼；处极难事静思原委待精神贯注，自然有个权衡。" 这副楹联在提醒官员在审理案件时要注意自己的情绪，遇有疑问一定要弄清原委，不能以自己的心情想当然，也就是今天的"以事实为依据，以法律为准绳"。

其实，倘若后人能从府衙这些楹联中参悟并获得益处，不也是一件幸事么？然而，在这个追名逐利的世界上，又有多少人真正耐心去品读，多少人能够真正读得懂呢？更有多少"清廉之官"去效仿前贤呢？

一古刹

一步恍若千里。千里只是一个擦肩。1600年之后，我沿着河下古镇斑驳的石板小径，穿过拥挤的人群，一步一步走近这座向往已久的苏北名刹——闻思寺。

河下大桥上，我清晰地看见碧瓦黄墙的闻思寺，掩映在青松翠柏之中，庄严而肃穆。想象当年大河上下，帆樯如林、千船云集、熙熙攘攘的情景，人群中甚至有金发碧眼的欧罗巴人、身材矮小的琉球人、峨冠博带的高丽人、黑如墨炭的马来人。逢上好日子，皇帝老儿一时兴起，能在河下上岸，那时节，万民欢呼，人头攒动，跟着万岁爷，一路跑一路叩着响头。

史料上载：闻思寺位于河下古镇古运河畔，始于唐末，成于宋初，到清康熙年间已是气势恢宏，香客如云。历史上楚州是宗教圣地，佛教、道教、伊斯兰教在楚州都有较大的规模和影响，其中尤以佛教为旺。以龙兴寺、开元寺、闻思寺、湖心寺为代表的四大佛教场所，曾独领苏北地区佛教活动之风骚。宋时僧人兰盂重建该寺时，定名为大悲庵。到清康熙年间，寺院规模恢宏，香客如云，香火旺盛，尤当佛教吉日，更是盛极一时，屡有远道而来的高僧及文人墨客到此拜谒。

清康熙、乾隆、道光等皇帝曾到此寺参拜，清康熙四十四年（1705），皇帝南巡，途经河下，参拜此寺，观其恢宏气势，察其香客神态，深有感触，钦赐寺名为"闻思寺"，寺名为康熙皇帝亲题。由此闻思寺进入辉煌年代。《楚州志》载：由于多种原因，闻思寺于新中国成立时已成瓦砾一片。新中国成立后在其旧址上设立了淮安腌菜厂，寺庙建筑被拆除。

运河的帆影远离古镇而去，漕运、榷关、码头、渡口、水工都定格在那个远去的时代。因水而生的空前繁荣变得越来越飘渺，只留下四大寺庙的遗址，一段时期，除了散发出酱醋特有的气味和老卤大头菜的咸味外，很难再找到一点历史的痕迹。再后来，我们看到了一座座高楼大厦的崛起，却有了运河干枯的童年缺憾，有了运河浑浊的河水，这个憾事是非常残酷的，它剥夺了一代人甚至后代人最可宝贵的童年欢乐。没有历史的陈迹和倚靠在古寺庙红墙上晒太阳的乐趣，没有了晨钟暮鼓的回荡，没有焚香叩拜的记忆，一个人的童年里缺少的东西太多了，这样的童年是完整的吗？这样的缺憾往往会影响着一个人全部的人生。2005年，经市政府批准，由楚州籍旅居香港的著名高僧济平法师主持募资在原址上复建了闻思寺。

站在古寺前，想着那句俗语：三十年河东，三十年河西。而千年古刹，却又是在沉寂 300 多年后，才重新焕发朝气的。人生若梦，运河的缺憾，何时才能有大的转折？

一座桥

在兴文街与胯下街交叉处有一座跨下桥。"汉初三杰"之一的韩信，年轻时曾在此受过"胯下之辱"。

一日，一个卖肉的青年屠夫仗力逞强，看韩信身背宝剑心中不服，便欺韩信贫贱。韩信面对这无赖屠夫的逼迫，只有两种选择，一是刺杀他，等待官府杀头，二是俯身受辱。最后，韩信"熟视良久，俯出胯下。"后人于是在韩信当年受辱的地方树立了一个牌坊，以表韩信的忍辱负重和大丈夫的气概。

苏东坡在《留侯论》开头这样说："古之所谓豪杰之士者，必有过人之节，人情有所不能忍者。匹夫见辱，拔剑而起，挺身而斗，此不足为勇也；天下有大勇者，卒然临之而不惊，无故加之而不怒，此其所挟持者甚大，而其志甚远也。"这段话的意思就是说那些普通人、小人物，受到一点侮辱以后，第一个反应就是这样：拔剑而出或者掏拳头。真正的勇敢是"卒然临之而不惊，无故加之而不怒"这才是君子之勇、英雄之勇、大丈夫之勇。

"士可杀而不可辱"，而一个怀有远大理想的人是能够忍受的。司马迁遭到宫刑，这是一个男人的奇耻大辱，是一个男人不能接受的东西。为什么要忍下来？因为他要完成《史记》这部伟大的著作。而韩信同样有一个远大的理想，所以他"孰视之"，最后为了自己的远大理想牺牲了眼前的荣辱。

在胯下桥不远的地方建有韩侯祠。祠中存有"精白乃心""国士无双""兴汉三杰"等匾额。还有一副楹联：奠数千里长淮，神留桑梓；开四百年帝业，功冠萧曹。在胯下桥西北的漂母祠。内有东鲁刘大文等人书写的对联：一饭感韩信，巾帼丛中早把黄金轻粪土；千古拜遗庙，淮流堤畔有谁青眼识英雄。人间岂少真男子，千古无如此妇人。这是对中国女性和男性代表的歌颂。这里历史上还发生一个著名冤案"窦娥冤"

的故事，是元代著名剧作家关汉卿创作的戏剧作品。

人间有道不完的冤屈，没有洗不尽的耻辱。

一条街

石板街曾因漕运及盐商聚居而富甲一方，甲第园林之盛、儒雅向学之风甚浓，一时无二。

河下镇的湖嘴街、花巷等九街两巷的青石板路面，是清代盐商大户程本殿曾利用运盐的回头船运回石板，铺设而成。当时河下最大的商业是盐业。苏北沿海所产食盐统称淮盐，产量质量均为全国之冠。河下镇乃淮盐屯集之所，行销皖豫41州县。朝廷在河下镇特设淮盐运司的官衙，负责征收盐税。据说运盐后是空船回来的，因载重减轻了，过桥时不少桥太矮，就过不去了，于是就装些石头以降低船在水中的高度，过桥后就把石头卸了。后来，空船回来时干脆运条石到河下，于是就有了河下石板街。

也许街道就是街道，时间就是时间。走进这条街时，在时间的隧道里，我开始在这里驻足，回首。在街道的入口，几块赫然入目的石碑，镌刻着古镇的历史——四大名人的头像、姓氏、名字连同他们曾经的战事及其辉煌，都以文字的形式在石碑里若隐若现。

这里被誉为华夏进士镇，仅明清两朝就出过五十五名进士，状元一名、榜眼两名、探花一名。出举人一百多人。从官职来讲，有的人任过翰林、侍郎、尚书，也有人做过皇帝的老师。世界级文学大师《西游记》作者吴承恩、被誉为世界冷兵器时代最伟大的军事家韩信、南宋时击鼓抗金兵的巾帼英雄梁红玉、明代状元抗倭英雄沈坤都出生在河下……

走进这条街道，就如同走进华夏的历史，却很难触摸到他们曾经的过去。远方苍茫，远方已远。除了一个模糊的背影，祖先们的荣誉、骄傲，祖先们的功名、利禄，都已零落成泥，化作尘埃。祖先们带给自己的那份自豪和优越，早已让位给日出而作日落而息的生活与日子……

耕读传家久，诗书济世长……那些随处可见的楹联，那些随便搁放的农具、石磨，还有那些在一杆烟斗下饱经沧桑的脸庞，还有那个旁若无人正在浣衣的少妇……都在真实地告诉你，昔日的一切，都已经成为过去。最真实的，唯有对生活、日子及一份精神的守护和演绎。

一棵树

进入周恩来故居大门，一股蜡梅花香扑鼻而来，荡人心旌。走近水井边，我看见了一棵枝繁叶茂的蜡梅树。树在水井旁，茕茕独立。导游姑娘说，乳母蒋江氏是位心地善良、勤俭朴实的劳动妇女。100年前，她常带幼小的恩来到后院的空地上种瓜种菜，栽树栽花。

1903年，刚满5岁的恩来遵祖训入家塾馆读书。6岁时，恩来移居清江浦外祖父家，在那里恩来先后读了外祖父家的《西游记》《水浒》《三国演义》《说岳全传》等大量藏书。10岁时，乳母蒋江氏带领恩来在后院这口水井旁亲手栽下了这棵蜡梅，又名一品梅，暗寓背井离乡，怀念家乡和饮水思源之意。

童年的周恩来在这里曾得到了众多亲人的怜恤和疼爱，受到了多种性格的影响，生母、嗣母和乳母使恩来受到了不同性格涵养的熏陶。我的目光抬起又放下，放下又抬起。我始终游离在蜡梅和水井之间。一棵树，一口井，竟然要有如此的承载，而且注定承载千年，直至地老天荒。蜡梅，花中一品。我突然有些情不自禁——怅望千秋一洒泪，时移代易，这一份与生命和年轮同步的回望，在时间与灵魂的高度上，已然烙下不朽的刻度。然而，叶荣叶枯，关山阻隔，不见归雁，乡书不达，只有一份空茫的回望，独自而立，这是怎样的一种执着和无奈？

我不知道这是否是一种巧合。从回望一棵树开始，到想念一棵树时结束，从走出淮安开始，到回到淮安时结束，我对于一棵树的解读，竟然这样的一以贯之。这是偶然还是必然？只是想，当我走出这座古镇，走出这帘烟雨，当我最后把伞合拢，一棵树，一口井，就会成为全部的隐喻和注解，成为淮安通向世界的秘密途经——依稀，隐约如梦。

望着小桥、古宅院、酒店、茶馆，我带着对这方水土的感叹，对中国文学的感悟，对岁月春秋的感怀，对历史名人的感想，望着清澈的运河水，怀着痴情、眷恋与仰慕，久久地沐浴在中国文学的深邃博大的思想中。

本文是淮安籍作家赵日超的代表作。同为淮安籍的著名作家袁鹰曾评价说:"作者以一部书(《西游记》)、一座府衙、一座古刹、一座桥(胯下桥)、一条街(河下镇湖嘴大街)和一棵树(周恩来故居的蜡梅树)这种独具特色的手法,详细铺陈淮安的种种,引人入胜,更发人深思。"

【作者简介】

赵日超,江苏淮安人,1969 年 10 月生,中国散文学会会员,中国散文家协会理事,江苏省作家协会会员,著名散文家,代表作有《莲香清幽伴旅程》《梦里依稀看淮安》《又是小荷盛开时》等。

第四单元 现代散文篇

我这样走过来（节选）

陈白尘

一、寂寞的童年

我幼名陈增鸿，诞生于光绪末年——即 1908 年阳历的 3 月 1 日，算是经历过两位皇帝的大清帝国的遗民了。祖籍据说是"陈林半天下"的福建，但出生地则在江苏省清河县（民国后又改称为淮阴县）。5 岁那年，我们全家搬进城里，地点在东门大街上，按照当年商店的习惯，应该称为："纪家楼西、大源巷东、鼎吉祥绸布庄对门、坐北朝南便是。"因为那时——即辛亥革命后一年，全家的生活也确实好了些，父亲开了店铺；家，就在店铺后面，有三间堂屋、两间厢房，也都是瓦屋了。

父亲名寿年，字鹤亭，店员出身，但颇爱好一点艺术，是个乐天主义者。他平易近人，从不发愁，街坊邻里都称他为"陈大爹爹"；文雅点的，就称之为"鹤翁"。他并不嗜好文学，但《镜花缘》却是他引导我读的；他更没有文学修养，但他那乐观的精神以及喜好笑谑的性格，大概是影响过我的——他讲的笑话，大多是嘲讽地主和官僚，也许和我后来写喜剧有一定关系吧，但我也未敢肯定。

母亲姓徐，出身于城市平民，未受过教育，略识之无，但喜读小说。记得幼时，每天清晨一起床，她便把我搂在怀里，开始一天的"训子课"了。受她的影响，我囫囵吞枣地读完了家中所藏的全部绣像小说，如《三国》《水浒》《西游》《封神》，以至《红楼》等等。她是我接触文学的第一个启蒙老师。

大概从 6 岁起，我便进私塾"开蒙"认"字方"了。前后一共换过三位老师——万二先生、顺老先生、汪维洲先生，却无一人认真教过课。特别是最后的那一位，一到下午便跑到茶楼品茗听书去也。于是我也来了个"逃之夭夭"——从此以后，吃完中饭便再也不进塾堂的大门了！

那个年代，自然没有少年宫，也没有什么儿童乐园或儿童游戏场，在这将近两年的逃学日子里，除去年假日与节假日之外，还有五六百天，叫我如何安排，又叫我去跟谁商量——我的上面有三个哥哥，但最小的也要比我大 8 岁，已经懂得"窈窕淑女，君子好逑"了，自然不会来过问我这个"小不点"；我的下面有一个妹妹，可同样比我小了 6 岁，还整天围在妈妈身边撒娇呢！于是只有 10 岁年龄的我，没有伙伴，孤身一人，每天下午只能走大街，窜小巷，靠数石板、算路程来过日子。偶尔逃一两天学是种幸福，天天以逃学为生，可真不是滋味！

每到傍晚，即算一算该到私塾放学的时间了，我便常常会不自觉地爬上北门即拱宸门的城楼之上，歇一歇疲乏的双腿。更重要的，自然是因为那里有一个年轻的号兵，每到傍晚总在这城楼上吹他的铜号，进行晚间的练习。他吹的每个单音，都拖得很长，听起来很是悲怆凄凉。但我喜欢听，听到它，我知道就可以回家了；听到它，更仿佛听到生病时母亲为我"叫魂"的声音——那也是低沉而曳长的："大四儿呀……！跟妈妈回来吧……！"听那么一阵之后，我便踏着这悲凉而曳长的号声，挪动着疲乏的双腿，一步一步走回家去，接受母亲迎接我的笑容。这是我一天中最大的安慰……

终于有一天，我的这个秘密被父亲发觉了。他以从未有过的愤怒向我大喝一声："跪下！"

冤哉枉也，挨他打了一顿屁股！不过"塞翁失马，焉知非福"？这顿屁股，却为我换来了一片新天地，第二年开春，父亲将我领进了一个新的塾堂，从此我总算结束了寂寞而又孤单的逃学生涯！

我的第四位老师——姜藩卿先生的杏坛所在地在进彩巷。它位于东门大街南侧，纪家楼西，空心街东。姜先生的私塾颇具"改良派"的色彩，他教授的课程有国文、算术、历史、地理，甚至还有注音字母（这在当时可算是先进事物了）。虽说他依旧尊孔读经，甚至还用戒尺体罚学生，但他却是一位在特殊的时代里以一种特殊的方式从事教育事业的优秀教师。于是我在学习上终于打开了一个新的天地，我这才知道世界上有五大洲，大地原来是个圆球，太阳和月球的关系，日蚀和月蚀的由来；也知道了"英灭缅甸""法占安南""日据台湾"，以及"八国联军"是怎么回事，还知道了美国有个华盛顿、法国有个拿破仑、德国有个俾士麦……国文课自然还是读古文，于是《陋室铭》《醉翁亭记》以及《祭十二郎文》，全都背得滚瓜烂熟。为此我对作文也颇感兴趣了，尤其是记叙文，凭我两年来逃学生活中的所见所闻，也凭我从读过的那些乌七八糟的"礼拜六派"小说中获得的修养，下笔虽未及千言，也"庶几乎"了。特别是结尾，已经大大跳出当时一般惯用的"归时已万家灯火矣"的老套子，这更获得了老师的赏识。于是没隔多久，我便荣升为甲组的组长，也就是全私塾的大学长了。

二、少年行

1923 年的暑假，在姜藩卿老师的极力鼓动下，我考入了淮阴市成志中学。学校位于淮阴县署之西，其貌不扬，但是我们所有的同学却以有李更生先生为校长而感到自豪。李校长是江苏著名的教育家，此前曾担任过极负盛名的扬州第八中学校长。他为八中争校舍，面对驻军黄旅长的手枪，临危不惧，据理力争，甚至上控督署，终于获得了胜利。他思想解放，锐意革新，为培养学生爱国精神，不忘"二十一条"之耻，竟在校园中建碑，上镌："汝忘五月九日六时乎？"他身为校长，却与同学们同台演戏，他扮演的江苏督军李纯，极为神似……为此，他那爱国主义的精神以及对白话文和演剧的大力提倡，对我的一生起到了决定性的作用——由于前者，我初步走上革命的道路；由于后者，我终于舞文弄墨起来。

此生我第一次参加的政治运动，就是在李更生校长的影响之下——那是"五卅惨案"爆发之后，上海的大学生们派人到淮阴第六师范学校进行鼓动宣传，李校长要我们成志中学的全体同学都去参加。整个会场上群情激愤，口号声震耳欲聋，我则涕泪交流，第一次跟着大家喊出了"打倒帝国主义"的口号。第二天，全城学生举行示威游行，我们"成志"的同学则身穿校服——李更生校长亲自为我们设计的一种猎装式的制服，显得特别精神焕发。大家手执纸旗，高呼口号。在经过我家门前时，我的口号喊得特别响，这是我在向家人们表示：我已经是一个参加革命的成年人了！几天后，我与几个同学又组织起了一支小分队，前往邻县进行宣传和募捐。李校长听说后非常高兴，不仅为我们大开绿灯——不以旷课论处，而且还在全校的周会上大大地表扬了我们一番。

在"成志"的三年期间，也是我学写白话文的重要开端，并且将自己的新诗和小说屡屡投稿，成为淮阴城内的那家唯一的报纸——《江北日报》的"专栏作家"。1924 年秋，在同学们的怂恿之下，我壮起胆子向上海的刊物进军。但那时我心目中只有一个《小说世界》，恰好它也正在搞征文活动，于是便将自己的处女作小说《另一世界》寄去了。1925 年的 9 月，评选终于揭晓——惭愧得很，只列入了第四等。但"精神胜利法"使我得到点安慰：有两个大学生的名次还在我之后，我这初中生该知足了！

也是在"成志"期间，我第一次登台演戏。记得那是由王绳之老师亲自编写的一个话剧，是讽刺曹锟贿选总统的。王老师演曹锟，我演他的三弟曹锐。台词并不多，我只是劝他道："大哥，咱们还是贩大布去吧！"据传，曹锟是布贩子出身。曹锟闻后大怒，骂了我一顿。我便将头一掉："那好，我睡觉去了！"于是就跑下台来……其后还演过一个英语剧，是我们的课本《莎氏乐府本事》中的一出，由于我的英语水平太差，真叫做"蛤蟆垫桌腿——死撑活挨"了！但这次演出却有另外一个重大的收获——排演之前，张雅焜老师讲了一番重要性，尤其是以洪深先生排戏的事例来说明话剧是一门神圣的艺术，是完全不能与文明戏相提并论的，一个动作，一句台词，都有着无穷的学问。他还告诉我们洪深先生的学问如何之深，演技如何之妙，在排演中又是如何之严格等等，这使我对戏剧艺术之崇高和洪深先生之博学有了深刻的印象。我自己和别人都认为田汉先生是我的第一位戏剧老师，其实我应该算是洪深先生的再传弟子。

1926 年的暑假，我以优异的成绩于成志初级中学毕业了。然而家道的日衰，则令我不能按部就班地再去读高中了。为了能早日自立，更为了能实现自己的梦想，我选择了一条"终南捷径"。

直接去上海，报考那种不需要高中文凭的"野鸡大学"……

【导读】

本文节选自《我这样走过来……》，该文内容主要来自陈白尘晚年所著的回忆录，由陈白尘的两位女儿陈虹、陈晶整理出版。陈虹、陈晶在编后记中说："这第一人称的形式，既亲切又坦诚，就像是一位老人在娓娓地讲述着自己的一生，在细细地咀嚼着生命的内涵。"

【作者简介】

陈白尘（1908—1994），中国剧作家、戏剧活动家、小说家。原名陈增鸿，又名征鸿、陈斐，笔名墨沙、江浩等，江苏淮阴人。青年时代在上海求学。1930年参加左翼戏剧家联盟，从事戏剧活动，曾参加南国、摩登等剧社。后回家乡从事革命活动，1932年7月任共青团淮盐特委秘书，因叛徒出卖而被捕。在狱中创作了一些短篇小说和独幕剧。1935年出狱后在上海从事文学创作。抗战开始后，在各地坚持进步的戏剧活动，创作了大量剧本，代表作有《乱世男女》《结婚进行曲》《岁寒图》《升官图》等。新中国成立后参加创作了电影剧本《宋景诗》和《鲁迅传》等。"文革"后重操文笔，1978年任南京大学中文系教授、系主任。主持建立了戏剧影视研究所，这是国内第一个戏剧学专业博士点，培养了许多戏剧人士。1983年当选为第六届全国政协委员。陈白尘对于讽刺喜剧有着独到的贡献，被誉为"中国的果戈理"。

运河水——故乡水

袁鹰

美不美，故乡水；亲不亲，故乡人。

从出生到十岁，我在家乡——大运河畔的古城江苏淮安度过。以后在杭州西湖边生活了五年，上了小学和初中一年。以后，又在上海黄浦江畔生活十五年。从二十八岁到现在，一直在北京，已经有半个多世纪。这些地方，都可以说是我的故乡。西湖和钱塘江是故乡水吗？黄浦江和苏州河是故乡水吗？永定河、颐和园和昆明湖是故乡水吗？是。又不全是。

说来说去，常常在梦中流淌、唤起许多遥远的记忆的，还得数那纵贯南北、不舍昼夜的运河水。

我是喝了十年的运河水长大的。运河水哺育了我，怎能将她忘怀？何况，我还在她的南端杭州住过五年、在她的北端北京住到如今呢？

原先，我对运河并没有太深的印象，更谈不上有浓烈的感情。幼年时代，只是偶尔随长辈和表哥表姐们从西门外运河堤上经过，看看南来北往的帆影，看一辆辆水车打满一桶桶河水送往城里去供居民饮用，也知道父亲去杭州做事，姑母到上海求学，都是由运河里的轮船将他们送走的。那到候，就听祖父讲过隋炀帝开运河从洛阳到扬州看琼花的故事。运河两岸，千百年来流传下来一个恐怖的形象："大马虎子"。我幼年时代就常听说过。小孩哭闹，大人们就吓唬他："再哭，大马虎子来了！"这句话很灵验，立刻就止住啼哭。当时疑惑不解，这个"大马虎子"究竟是什么东西？多次问长辈，他们也说不出，想象中是个兽面人形的妖魔。长大了看到些笔记，原来是隋炀帝手下督造开运河工程大将麻叔谋，对开河民工残忍严酷，人们痛恨地称他"麻胡"，代代讹传，就成"马虎子"了。这是对运河水唯一有点阴暗色彩的记忆。

1934年秋天，我十岁那一年。我们全家离开生于斯、长于斯的淮安故土，搬到父亲当时供职的杭州去，再没有搬回来，从此告别了运河。

祖母已在两年前病故，姑母先后出嫁，家里人口减少了，也从原先住的百善巷搬到廖巷。其实两处院子是相通的，不过后来住的面积小些，房屋也少些，门内前院有个小小的竹园。父亲不在家，就靠母亲带一位老保姆操持家务，上有七十高龄的老公公，下有四个子女。母亲那年才三十岁，真够她辛苦的了。平时的日子也就这么过去，到了搬家离乡的时候，大小杂务，都由她担负起来，繁忙劳累可想而知。坛坛罐罐、锅碗瓢盆和日用什物，不能带走的，大部分留给亲友邻居。但是全家人四季衣服被褥，总是要带的，祖父的书籍字画，更不能损坏散佚。而父亲又不可能有太长的假期回来照料，只能在镇江码头等候。我们要坐运河轮船到镇江，再转乘火车去杭州。千里旅程，如今非常方便，七八十年前却是艰苦的长途跋涉。年轻的主妇虽然能干，也从未经历过举家搬迁的大事，但她还是处理得井井有条，忙而不乱。

那几天，我总有点七上八下，心神不定，在屋里院子里走来走去，这时候才忽然感到有点依依不舍，果真要离开故乡、离开老家了么？还能再回来吗？两个弟弟，一个三岁，一个才一岁，自然什么都不明白。比我大两岁的姐姐是明白的，但她忙于当母亲的小助手，也无暇想什么。我就独自一人在院里东转转、西看看。到祖父的小书屋里，见他正对着空空的书案沉思，不敢打扰，赶紧退出。到院子里梧桐树下，想起常和弟弟蹲在树下看蚂蚁搬家，腿酸了也不觉得。这时候桐叶落了许多，满地都是，没有蚂蚁搬家，我们却要搬家了，而且搬了就再不回来了。再走到前院小竹园里，呆立了一会，春天雨后，我曾经同姐姐来仔细观察竹笋怎么节节长高的，今天却是满地枯叶，风过处沙沙作响，好像悄悄地为我们送行。

终于到了上船的那天，有些亲戚早早就来送行，同祖父和母亲说些惜别的话，我也没有心思去听。吃完简单的午饭，就坐上几辆人力车去西门外去河码头。等航班从淮阴驶来，上船不久，船就开了。

运河水缓缓地流着。我趴在舱口，目不转睛，盯住高大的城墙慢慢后移，心里说不出是什么滋味。城墙向东转弯处有一座矗立的角楼。船上人有人在叫："南角楼，南角楼！"想起祖父以前教我对对子时说过一副本地风光的趣联："南角楼，北角楼，南北角楼望南北。东长街，西长街，东西长街买东西。"我以前没有去过南角楼，只觉得那副对联有趣，今天要离开它时，才发现它也并不高大，只是城墙长一座普通的小楼阁，大约是过去供守城瞭望时用的。回头望望祖父想说一下这副对联，却见他神色黯然地眺望船舱外的运河水。过了半晌，他低声吟哦两句诗："仍怜故乡水，万里送行舟。"吟毕，朝我看了一眼："你背得出李白这首诗吗？教过的。"我定一下神，勉强想起来："远渡荆门外，来从楚国游……"

母亲也默默地坐着，并没有贪看舱外运河景色。直到此刻，她似乎才从几天来的劳累中得到休闲，但是显然也被浓重的离愁所笼罩。我的外祖父母和舅舅都早已先后去世，几位姨母的家全在淮安。母亲最小，排行第六，很受几位姐姐钟爱，姨母家的孩子都喊她"六姨娘"。如今离乡去千里外的杭州，也不知道什么时候才回来，还能和她的姐姐们相聚吗？到杭州人地生疏，语言不通，又给她增添些忧虑。好在能同父亲团聚，从此结束牛郎织女般的两地相思，也可以分担些家务重担了。

也许是受祖母和母亲的离情别绪感染，也因为堤岸上没有什么景致，运河里来来往往的船也渐渐少了，暮色苍茫，河面上一片灰黯，我不再趴在舱门口，回身默默坐下，姐姐挽着我的手，悄然无语，两个弟弟早已在狭窄的床上睡熟了。

运河水不紧不慢，却是一去不回地送走了我在故乡的童年岁月，从此以后几十年，就只在梦中无声地流淌了。

【导读】

袁鹰生命的最初十年是在淮安度过的，这里给予了袁鹰最初的记忆，即便几十年后，依然让他印象深刻，充满了感情，这些在文中都有表现。

【作者简介】

袁鹰，原名田钟洛，1924 年生，江苏淮安人，当代著名作家、诗人、儿童文学家、散文家，政治家。其生于一个破败的地主家庭，曾发表过《白杨》《筏子》等优秀作品，以散文影响最大。袁鹰在上海读完中学、大学，一度担任中学教员，长期从事新闻工作。1945 年末进入上海《世界晨报》，1947 年为上海《联合晚报》副刊编辑，同年底又任上海《新民报》特约记者，在这期间他写了很多杂文、散文、小说、诗歌。新中国成立初期任《解放日报》记者、编辑，1952 年调北京《人民日报》，任文艺部编辑、副主任、主任，并任中国作家协会第三、四届理事，第四届主席团委员。迄今为止，他已出版文学创作、评论随笔的集子 40

多种，散文集、儿童文学作品多次获全国性的优秀文学奖。出版散文集有《第一个火花》《红河南北》《运行》《京华小品》以及《袁鹰散文选》等。袁鹰散文题材广泛，感情激越，思想深邃，作品中描述的一人一事、一景一物，都反映了社会的人情风貌，跳动着时代脉搏。在艺术方面，他的散文深含着诗的因子，具有诗的联想、诗的意境、诗的语言，充溢着诗情画意。

回忆我的孩子时代（节选）

吴强

一

　　一个儿童，一个少年人，被人们称作孩子或小孩子。当年，我是怎样的一个孩子，我的孩子时代的生活，是怎样的呢？

　　一九一〇年二月，我出生于江苏省涟水县的高沟镇（该镇在抗日战争发生之前属沭阳县）。那是辛亥革命前一年，当朝的是正在黄金时代里享受荣华富贵的小宣统。大概在六岁的时候我开始记事，现在我还记得我们家那个年代的日子过得很不好。也许是大荒年吧？我家一天三顿吃豆腐渣，有时吃上一顿榆树叶子玉米饼，脸上便露出笑容。我家是个大家庭，有祖父、祖母。我父亲是长子，他有三个弟弟和一个妹妹，一家老小共十七八人，在一口锅里做饭吃。我祖父在一家槽坊（造酒的作坊兼售门市）当同事，也就是店员。我的父亲、二叔父没有固定职业，有时在商店、粮行当雇员，有时自己掌秤，开经售柴草的行家，叫"同茂柴厂"，不雇用伙计，拿点经售代销的"行用"，一年大致可以做三四个月的生意，因为只有到了秋后，才有百里开外的地方由水路运来柴草托售。

　　因为穷，我的父亲祖父皆只上过三几年私塾，就做事过日子了。当时，常见到有些人家在春节时贴着这样一副对联："谈笑有鸿儒，往来无白丁"。我的父辈不是白丁，但识字也不多，只能勉强记记账，鸿儒当然是算不上了。那时，也没有洋学堂，上一年私塾，要付给三块到五块银洋的学费。一九一六年也就是我六岁那年春天，我父亲让我的哥哥随同我的小叔叔去一家私塾入学，我哭着闹着也跟了去，死命也要念书。可是，在向孔夫子牌位跪地叩头的时候，我小叔叔对我说："你岁数小，不用叩头了。"到第二天，不让我再跟他们去上学，说我昨儿没有向孔圣人叩头，老师不收。这时，我才知道昨儿受了他们的骗。这使我心中非常难过，对他们很不满。后来，我的奶奶和妈妈都对我解释说，年成不好，柴厂没什么生意，家里那么多的人吃饭，上顿望下顿，常常一天只吃两顿，小叔和哥哥上学的学费要八块钱，我再上学，那就更困难了。我说："他们为什么一定要上学呢？"她们说："都不上学，以后家里记记账，打打算盘，写个八行书的人都没有，也不行；还要被人家看不起，说我们家尽是大白丁。"这样一说，我总算明白了，也不再埋怨家里不让我上学了。不久，有一天中午，我哥哥从私塾里抱着书本子哭着回到家里，妈妈问他为什么事情，他把两只手朝外一伸，妈呀！肿得像两个高粱馒头！是私塾老师用戒尺打的。后来，小叔叔回来，说哥哥背不出书来，老师便这样惩罚了他。看到我哥哥被打得这种样子，我的心也揪起来了，也就不再想上这种私塾学堂了。

我的祖母，为人十分温和慈祥，我是她的小孙子，便特别卫护我，经常讲故事给我听，虽然讲的都是些神呀鬼的，牛马通人性之类，因为她讲得有眉有眼，骨骨节节都交代得清清楚楚，像真的似的，我就很愿意听；觉得很有味道。我哥哥挨打之后，不肯再上学了，就留在家里，同我一起；在家里帮助做点事情，跑跑腿，没有事，我们就抱住奶奶，要她讲故事听。

二

高沟镇是全县最大的一个市镇，那时就有六七百户人家，远看，乌烟一片，有好些瓦屋和高大的祠堂庙宇。镇的西面是通达入海的六塘河，其他三面有土圩墙，圩墙外面是水深七八尺的护城河，河里种的鸡头菱角，圩墙上也每隔三五十步，便有一座满是枪眼的碉堡。镇上商店很多，单是酿酒的槽坊就有五家，有钱有田产的大户更是不少，由于风气渐开，主要是为了教育他们的子弟，他们便办了个新式的学堂叫育英小学，于一九一八年春天开了学，这时，我哥哥十一岁，我是八岁，因我们家境贫寒，同意不收我们学费，我们弟兄两个都去报了名，入了学，算是一年级的学生，这个小学的校长姓严，叫严薪传，是从二十里路外的马圩聘请来的。他教国文、历史、地理等课，一位算术教师也是外乡人，姓郑，还有一门课"读经"，是本地的一位老冬烘任教，因为没有上成私塾，我在家里没事，便常常练习写字，没钱买纸，就用破笔蘸水在砖块上练，砖头吸水，随写随干，这样，我在两年当中练了也认识了好多的字。我的小叔叔也常这样练字，我又从他那里识了一些字和学到了怎样运笔的方法。所以，我进了育英小学，那些课文如"人手足刀尺，一身二手，大山小石……"我根本用不着学，早就会认会写了，两位老师便很喜欢我。

上了一年，五四运动来了，新学更兴旺了，镇上也掀起了一阵风暴，岁数大的学生们和一些私塾学生，一下子聚拢起来，把个古庙——天齐庙的泥菩萨全都砸了，用绳子拉倒了另外几个庙宇的菩萨，也砸掉部分，所有教四书五经的私塾；则都一律停办。不久，县里便在镇上办起了县立第三小学，初级班、高级班都有，校长叫刘旸午，是县教育局委任的，是个画家。我在育英小学上了一年半，学制改为秋季始业，经过考试，我晋升到三年级。到了三年级，我的功课还是全班级最好的一个。之后，我哥哥的功课还是不好，有一次，他参加一些同学的爬墙打架又被郑老师用藤教鞭打了一顿，脊背上显出横七竖八的好多条血痕，我爸爸妈妈便叫他不再读书，把他送到镇上涌泉槽坊去当学徒了。我的哥哥不读书了，成了我可以继续上学的一个条件；同时，我的学习成绩一直很好，也使我祖、父两辈都觉得我似乎有点出息，便鼓励我，叫我"不要像你哥哥"，还对我表示说，学习得好，初小毕业以后，可以让我考我县立三小的高级班。

在这个期间，在春天一个星期日的上午，有几个同学约我到河西乡里去玩，看看农村的风景。大约是清明节前后，田里的麦子长到膝头高了，菜花开得满地黄，一片金，花蝴蝶儿飞来飞去。忽有一个同学提议说："我们打点香椿头，回去吃酒好不好？"听了他的话，大家同声说："好！"有的指着我说："你想法子去弄酒。"大家跟着闹闹吵吵地说："好！"因为我的祖父、父亲、哥哥都在槽坊里，我去弄点酒出来，是办得到的。于是我也就点点小脑袋表示同意了，有两个同学会爬树，看看四周没有人，像小猴子似的轻手轻脚地上了香椿树，把嫩嫩的香椿头一把一把地摘下来，扔到我们拉开等着的衣兜里。回到河东，大家约好，太阳甩向西南的时分，大家在唐守业同学家里聚齐，要唐守业把香椿头拌拌好，再买上半斤百叶掺掺，并且要我一定要弄到一瓶元干大曲酒来。

我到我祖父和我哥哥所在的涌泉槽坊，去转了一转，看到有好些人在，不好大明大白地提一瓶酒出来，觉得那些人的眼睛都在盯着我，好像知道我想偷酒似的。我便走了。当时，我爸爸在公兴槽坊当店员，我有时候也去要要。公兴槽坊的作坊和门市部在北大街后巷子里，比较偏僻，下午三、四点钟了，柜台上没什么人买酒，恰巧，我进了店堂的当儿，站柜台的店伙计说他要上厕所，叫我代他照看一下，这真是再巧再好没有！我说："你去吧！这里有我了。"他出去之后，我看看前后左右没有人，便从柜台旁边拾起一只长脖子酒瓶，把一只酒瓮的盖子揭开，将空酒瓶朝酒瓮里一按，于是，扑鼻香的大曲酒便咕噜咕噜地装满了一瓶，我随即塞上木塞，揩去瓶子外面的酒，朝我的长衫下面一掩，对着从厕所回来的伙计说了一声："没有人来打酒，我走了"便若无其事地扬长走了出来。走到北水塘旁边唐守业家里，我从长衫下面把满装大曲酒的瓶子朝桌子上用力一放，瞪着围在那里的同学们说："来！有本事的，碰几杯！"唐家已经把香椿头和百叶切好拌好，杯筷都已齐全，几个和我差不多大的孩子，便闹起酒来，先是用嘴唇抿上一点点，后来就真的吃到嘴里，咽下肚子。唐守业的妈妈是个风骚泼辣的中年女人，在她的挑唆之下，几个同学竟拼起酒量来，一口一杯地把烈性大曲酒朝肚子里灌。吃完了酒和香椿头，大家感到非常畅快而又满足，跳着笑着，有的歪歪倒倒摇摇摆摆地离开了唐家。这时，天色已经黑定。

那个年头，镇上学打拳的人很多，有一位从外地请来的拳教师，就住在我们育英小学所在的三元宫里。这位拳教师白天在三元宫的院子里教拳，夜晚，在东庙——天齐庙里的佛殿里教拳。我对打拳很有兴趣，不论白天夜晚，只要不上课，功课做好了，便挤在人堆里看，看在眼里，记在心里，事后，自己就照样子打，久而久之，不花一文钱学费，我也学会了套"弹腿"的拳术和扫堂腿、旋风腿等动作。我吃了酒的这天晚上，我照例去到天齐庙的东院。到了那里，教拳已经开始，佛像前面和门里门外挤满了观看的成年人和孩子。因为酒吃得多了，不知是什么时候，我看了一会儿拳，就醉卧在泥菩萨前面的青砖地上。打拳的和看打拳的人们是什么时候散场的，我一点也不知道。大概到了午夜过后，我隐约地听到庙外大街上呼喊和石板路上奔跑的声音，接着是好几个人打着灯笼跑进庙堂，把我拾起来就走，在纷纷嚷嚷的声响里，我模模糊糊地感觉到我的父亲也来了。把我抬到家里，他们闻到我呼出来的浓烈的气味，知道我吃了酒，以为是醉得死过去了，慌乱得不得了，我的奶奶、妈妈竟然号哭起来，谩骂道："是哪个灌了他的酒！该死的！"后来，弄来了白醋、山楂糕等朝我的嘴里灌、填。这当儿，我渐渐地醒了酒，胸口觉得火烧似的难受。这次醉酒，好比害了一场大病，过了好几天，才恢复了正常。对这件事，我的父母没有深究，我也不好意思说出真相。吃醉酒的苦果，我自己吃了，真是哑子吃黄连，有苦说不出。心里想：以后，我再也不干这种事了。

三

在育英小学毕了业，我的爸爸没有食言，让我去报考县立第三小学，这所小学设在关帝庙后院的文昌楼，有前后两个天井，前头一个大天井，算是操场。加上新建了五间头的草屋，在当时，规模算是不错的。许多人家都以孩子能考进三小，引为高兴的事。我考取了，我爸爸就让我上了。这时，我的小叔叔已经从私塾转进了三小的高级班，他是三年级，我是一年级。他的学习成绩很好，尤其国文底子好，能用文言文作文，他的大字小字都写得很有功夫，大字，他能用斗笔替人家写春联和商店招牌，小楷写蝇头大的字，十分秀气，像印的似的。他毕业的时候，是全班第二名，算是优等生。可惜，他出去报考中学，镇江的省立六中没有录取，赶到常州报考省立五中，考得个备取生第五名，后来，正取生中只有一名取而不上，他便没有补得上去，此后，他也不想再上中学，就买了些医书在家里自学，打算行医为业。他这次没有考取中学，对我的后来升学，发生了非常不利的影响。我在育英初级小学毕业，准备报考县立三小高级班的时候，我爸爸就这样说，"你小叔叔不是高小毕业吗？不也是优等生吗？花了那么多盘缠钱，坐了轮船火车开洋荤，下江南，考取了吗？我看，你别做那个当洋秀才的大梦了！"我同他争辩说。"他是他，我是我，他考不取，我就一定考不取吗？"他认为我的这种说法，居然自认为会比小叔叔高明，是"自大狂"，不禁哈哈大笑起来！我觉得他是瞧我不起，便咕噜道："不要门缝里望人，把人看扁了！"经我这样一争辩，又有我妈妈打圆场，说："考中学的事还远，那时再说那时话，三小还是让他考吧！"我爸爸也就对我摊开来说："去报名吧！考得取就上，考不取就拾大粪！"

背着粪箕，拿把粪勺，起早带晚拣粪便，也是一个生活行当，在我们那里有不少人干，但那是被人鄙视的下贱活，我纵然考不上三小，我爸爸也不一定叫我干这一行。但他是个烈性子人，弄得他不高兴，什么地方惹了他，他给你一巴掌，脸上就是五个手指印，叫你火辣辣的受不了，他要叫你拾大粪，你就得去拾。在一家人里，我最怕的是他，怕他真的叫我去拾大粪。所以，我考的特别用心，成绩特别的好，发榜时，名列第一。这一来全街的人都传了开去，说甘罗十二为宰相，我是十一中"状元"，我爸爸当时听了，虽在脸上堆满了笑容，他心里却埋藏着许多忧愁。我妈妈常常对夸我的乡亲邻里的人长吁短叹地说："一无田，二无房产，三无店铺，唉！怎么巴得起呢？年头又是兵荒马乱的！"

我进三小，上了刚刚一个学期，家里发生了事情：我的年过花甲的祖父被军阀队伍拉夫拉了去挑子弹！

一九二一年严冬，我家门前的六塘河冰封了。人、车、马都在冰上行走。一天没有阳光的下午，北风怒吼，像重棒搥鼓似的。一家人正围着一盆牛屎火，听奶奶讲长毛造反，住在我们家后小草房里的杨大娘，忽然跑来传告，说白大人的队伍过来了。我爸爸和叔叔们一听，连忙溜出去，绕到屋后向偏僻的地方隐去。我和我的弟兄姊妹们，则被关在家里不准出去。

在妈妈婶母不注意的当口，我从院子里小巷子溜掉，几步就窜到六塘河边，想看看白大人是什么样子。站在河岸上朝大王庙那边一看，黑压压的有骡有马的队伍，至少有好几百人，在冰河上从河西朝河东过，河两边的岸上，也有一些人在那里观看。我的爷爷，已经六十多岁，留了好几寸长的灰白胡子，他以为他是个老人，拉夫拉年轻力壮的，怎会拉他。他便慢慢地沿着河岸上朝队伍过的地方边走边看，因为他的耳朵有点聋，奶奶喊他回来，他听不见，就一直走到大王庙门前队伍经过的路口。待大兵上前拉他的夫，他才提脚跑开，可是已经跑不掉。听看到他被拉走的人说，被抓去的，全是像我爷爷那样的老头子，总共有二三十个，给他们的差事是挑、扛子弹。我的奶奶一听说爷爷被拉夫拉了去，眼泪一下子蹦了出来。她一边号哭一边骂我爷爷没罪找罪受。哭了骂了一阵，她又骂白大人和他的队伍："祸害老百姓，遭炮子儿的！"

这白大人叫白宝山，官衔是海州镇守使。海州下辖东海、赣榆、沭阳、灌云四县，高沟属沭阳县，是个富庶的市镇，镇守使、县知事这等官每年至少要来一趟，刮刮地皮，弄点银洋米面等等，这种明打明地敲竹杠是家常便饭的事。拉的夫子，只要有钱去赎，也可以随拉随赎。可是，我们家哪有那么多的钱。直到五六天以后，我的爷爷才被他们放回来。他说，没饱饭吃不算，还一路上挨打挨骂，挑的，扛的，有子弹枪支，多半都是沿途抢的衣服被裤、金银首饰等等。我爷爷这个人原是个忠厚老实墨守成规的人，骂天砸菩萨，他固然不赞成，说几句县官、衙门不好的话，他也不许；说为人不可犯上，对父母官怎好任意褒贬。这一回白宝山的队伍打骂了他，以及出现在他眼前的他们沿途的胡作非为，给他真真实实地上了一课。他居然也这样说了一句："这种世道是要变一变！"他的思想在开始变了，他带头一变，我爸爸叔叔们也跟着变了。他们这一变，对我大有好处。从我奶奶、妈妈的嘴里听到说，我爷爷和我爸爸这样商议过："小二子（我排行第二）还可以的话，巴就巴巴看"。这样，我的奶奶、妈妈也就在我身上下功夫了，我的纸笔用完了，奶奶就把她编结芦席和搓钱串儿卖得的钱，给我几个，让我去买。他们看到我用功临帖写字或做功课的时候，就这样念叨着鼓励我："铁杵磨成针，功到自然成。"或是这样说："人往高处走，水向低处流。"我总是不声不响，装着没有听见，其实我听了觉得身上里外发热，都——记在心里。

　　不知是什么缘故，我觉得我并没有特异的天资，比别的人格外的聪明，功课就是比那些岁数比我大的并且特别用功的同学好。作文经常得到老师给予"文笔流畅"，"文意充沛"一类的批语和四个圈的记分，英语老师上课，总是指定我用英语叫"起立"！"鞠躬"！"坐下"！我的英语学习成绩总是全班最好的一个。那时，新学初办不久，建立的公立学校很少，全县只有四个完全小学，而学制也不完善，学生入学年龄没有固定的规定。记得我们这一班级有一位从五里开外的李家庄来走读的同学，比我要大上十四五岁，他每天早晨跑来上学，还带着一个三四岁的女孩子坐在自己身边，学校允许他，同学们开始觉得好笑，之后知道他的老婆要下田种庄稼，又要忙家务，对他带着孩子上学，也就体谅了。此外，还有从百里开外的地方，前来上学的好几个寄宿生，他们也都是二十岁里外的青年。我在这个班级是年龄最小的一个，站队总是站在排尾，个子最矮。论学习成绩，只有一个比我大两岁的学生可以同我比较高低。在高小毕业的时候，他的各种成绩和我相比，我的"甲"比他多，但他的毕业证书是"元"号，我却是"贰"号。原因是这个学生平时规规矩矩，一声不响，级任老师认为他的操行好，评了个"甲"，而我却喜欢说话，同一些外地的学生常在一起，这些外地学生中有几个年岁较大，比较调皮，爱挑老师的刺，在老师心目中，他们都是操行不良的，为此，也就把我的操行压到下面一等，总成绩因而排在第二名，当了"榜眼"，"状元"让别人当了。

四

　　紧跟着高小毕业的问题，是考不考中学。我们这一届的毕业生共四十八名，外地的十几个同学，毕业证书一拿到手，就回家去了。不知道他们当中哪些人想升中学。我们镇上的，想升中学的凑到一起，共有八个，包括我也在内。那个拿元号毕业证书的，家里是个殷实大富户，既有田产七八十亩，又在镇上开了爿大百货店，住宅在南后街，一片瓦屋几十间。他要和他两个哥哥分家，独立门户经商兼领田产，决定不去考中学了。他接受了他大哥的经验教训：跑到上海，读了中学，而后又上过江亢虎办的南方大学，用去学费等大洋一千多块，最后一事无成，还是回家做生意。所以，他不走读书谋饭碗这条路。至于救国、改造社会等等，他是从来没有想过的。

　　根据我平日的估量，我祖父和我父亲让我去考中学，应当是没有问题的事。所以，我和同学们全都商量妥当，决定八个人都到灌云县治所在的板铺镇，去报考江苏省立第八师范学校。大家估计：淮安城里的江苏省立第九中学容易考，但收费多；设在淮阴城即清江市的江苏省立第六师范学校，学、膳、宿费全免，只收书籍费、杂费、服装费，但从来报考的人多，不易考取；第八师范同样是省立的，收费和第六师范一样，因为地方偏僻，考生较少，便一致想去考这所学校，觉得考取的希望大些。谁知我们商量定了，当我向我爸爸说明赴考日期和要盘缠的时候，他却一口断言："不考"这真是冷水浇头！我一再向他说明，盘缠不过三块钱，考取之后，寒暑假来回川资和学校收费都是为数很少，要求他一定让我去考，他却主意已定，如同木板钉上钉，一点改动的余地也没有。我妈妈看着他板着脸，也不敢插言多嘴，我见他袖子一甩，走了出去，便"哇"地大哭起来，朝床上一倒，两手抱着脑袋，两腿不住地在床上摔掼蹬踢。我的奶奶来了，后来，把我爷爷也找得来了，他们只是哄我劝我，叫我不要哭，却没有一个当得起家，做得了主，说一句同意我去考学的话。所以，不论他们怎样哄劝，我一直睡在床上不起来，水也不喝，饭也不吃。我拿定主意，不让我去，我就不起床，死了算了。一天，一个同学跑得来告诉我：船已经雇好了，连来连去，包括吃饭在内，每人三块钱，说三天以后，就要动身。这时，我已经三天卧床不起，滴水未下，我妈妈怎么劝我吃饭，我也不理。她慌了跑到我奶奶跟前去哭，告诉我奶奶，说我三天不吃不喝，弄的面黄肌瘦，我奶奶一听，也跟她一起，一把眼泪、一把鼻涕地哭将起来。我听得明白：我奶奶、妈妈正哭泣呜啦的时候，我爸爸从外头回来，他一进院子，见到我奶奶、妈妈都在哭，不知出了什么事情，便问他们哭的什么。我的奶奶原也害怕他的杠子脾气，这会儿，她也顾不得了，她迎着我爸爸的话，就撒泼下来：

"你还有脸问我！问你自己！你把个孩子弄成什么样子！你不要他，我也不要你了！你，你，你给我滚出去！"

我爸爸知道是为的我。便问我妈妈：

"还是不起床，不吃饭？"

我妈妈回他的话说：

"你去问他自己吧！"

我奶奶又气抖抖地跟着我妈妈的话说：

"没有钱，把我那两件破棉袄送到当铺里去！反正我也快上西天了。"

我爸爸心软了，被我奶奶骂服了。他对我妈妈说：

"让他去还烧饼账吧！叫他起来！"

我妈妈把在身底衣袋里焐得温暖暖的三块白晃晃的银元交给我，对我说：

"不是你爸爸心狠，不让你去考。这三块钱是拿的印子钱，要长利的。"

一听这两句话，我的心就发了酸。心里暗暗想道：拿利债去考学校，考不取怎么办？考取了，又怎么办？……我愣住了。我妈妈仿佛看到了我的心底，滴着眼泪对我说："要考就去考吧！不去考，你也是心不死！"

考不取怎么办？叫我做什么？拾大粪，当学徒……考取了，又怎么办？拿利债给我上学缴学费？她没有说。我却早就想定了主意，一定要去考，一定要考取，考取了，就一定要上，上学就是我前面的路。我听到过许多说法：救国必须读书，读书为了救国，这是三小刘校长常常讲的主张；"书中自有黄金屋，书中自有颜如玉"，这种读书可以升官发财的言论，更是到处流传的；也常常听到、看到这种情形，中学、师范毕业可以当小学教师，大学毕业可以当中学教师，还可以出国留学，出国可以自费，也可以考官费生，回来就是硕士、博士，当大学教授。读书、上学，有了学问，可以著书立说……这许多在我这个十四岁的小学生的脑子里，凑成一个概念：只有读书上学，才有出息，才能长进，才可以不受恶势力的欺侮。拾大粪，当学徒，我不干。

八个同学包雇了一条船，沿六塘河北上，经过洪流滚滚的四条河汇合的武障河口，转入灌河，过大伊山，到了板浦，船靠南门外码头，路上过了一宿，共计一百来里的路程。这是我和同学们第一次出远门，看到了山山水水，不算怎样稀奇，却也算稍稍开了眼界。那七个同学都船一靠岸就上去耍了，我则一个人留在船上温习功课，做初中考试算术复习题。他们都是有钱人家的小少爷，有的准备考不取，去进私立中学，有的说，考不取拉倒，上学不上学无所谓。我怎好跟他们比，我考不取，好，站柜台，当小学徒；不好，拾大粪，人家会叫我"屎壳虫"、"屎壳郎"的！

考试分两段举行：初试考国文、英文、算术、常识，一天考完，凭考分点平均，肯定录取名单，发草榜。那时，评卷、算分、发榜，搞得很快，考试第三天下午就发出潦草榜，跟我同来的那几个同学抢先去看了，他们看了回到船上，就吵着叫船家"起锚！开船！"不等船家和我开口，有的就动手拿篙子，拉锚链。我看到这个样子，知道他们定是没有被录取。至于我被录取与否，他们也没有说。我说："你们为什么这个样子呢？"他们中的两三个朝我瞪着眼睛说："你留下来好了！晓得你考取啦！"听了，我便踏上跳板，急匆匆地跑下船，直向学校所在地陶公祠奔去。奔到那里，大家叫他"二戆子"的同学正在看榜。我抬头一看，我的名字果然写在贴在校门前高墙上的大榜上，列在第六名。再看下去，二戆子的名字被列在第二十九名，他也被录取了。榜上写明这是草榜，凡是姓名列在草榜上的，一律要在次日上午八时，参加智力测验和体格检查。在测验、检查之后，再发正榜，公布录取名单。我和二戆子看了榜，回到船上的时候，那六位没有被录取的同学已经一切准备停当，马上就要开船离岸了。我们两个觉得他们一定要把船开走，也只好让船家退给我们一半船钱；住到码头一家小客栈里去。二戆子同学身上有钱，他对我说，我的川资不够，他可以借给我，我也就定了心，准备迎接明天的智力测验了。

智力测验和体格检查的结果，我和二戆子皆被列为正取生，写在榜上。榜上又写明九月一日开学，被录取的正取生必须在八月三十日、三十一日报到，缴纳应缴的各项费用，过期不报到，即由备取生依次递补。

我和二戆子搭乘人家便船，回到家里，家里已经从先回来的同学口中，知道我和二戆子上潦草榜，我一家人自然是觉得光彩，心里高兴，但又焦愁我到底是个十三四岁的孩子，远去百里之遥的外乡异地，会不会遇到困难，出什么问题，虽有比我大两岁的二戆子在一起，总还是有些牵挂，不放心。见到我回到家里，一切如常，又听说我终于被列为正取生，我的奶奶和妈妈便满脸是笑，不住地问长问短，在涌泉槽坊当同事的爷爷也特地回家来，向我问这问那：作文考的什么题目；算术有几道题，是不是都做对了，考的人多不多？板浦市面怎么样，等等。我们这个高沟镇上，在外地读书上学的，不到十个人，都是有钱户的子弟，出身贫寒之家，又只才十四岁，便考上了省立师范，到此时为止，只有我这一个。人们便彼此传告，有的沾亲带故，或者平日就有好感的，不免加点渲染、夸大，竟将我吹嘘成神童一般。

有一位外号"电报杆"的人，从这家说到那家，依照他的臆断，说我的名列第六，是按姓氏笔画多少顺下来的，要是凭考的分数排名次，十成十是头名。这些人觉得镇上出了人，他们也脸上有光，因而又吹又捧，弄得我简直不敢上街。因为一到街上，街上的人就有的一问再问，有的当面夸奖，有的还开玩笑说：洞房花烛夜，金榜挂名时，金榜挂了名，什么时候洞房花烛呀？"人们说说笑笑，一时间，把我这样一个孩子当作了谈话的中心。我的爸爸却成天板着他的团方脸，呼着水烟袋，有人用笑脸跟他说话："生了个好儿子呀，要是在清朝，就是中举呀，恭喜你呀"。他却冷冷淡淡地回敬人家："有什么好恭喜的！不瞒你说，虽不是手无一文钱，家无隔日粮，可读书上学，我们巴不起呀！"我心里明白，我爸爸是个直爽人，他不是有钱不肯花在儿女身上，也不会有意装穷说苦。虽说是师范学校收费低廉，来去川资、杂费、书籍费、服装费，加上纸笔墨砚、洗澡、理发等零用，一个学期至少也得三十到四十块银元。那三块钱赴考的旅费还是借的债，这三十元呢？再去借债！当时，向私人借债，月息五分，三十块钱的一个月的利息就是一元五角，而且必得一到月底就交利钱，不交，就得加到本钱上朝上滚。我亲眼看到，西大街一个老寡妇徐大奶奶，离月底还有四五天，她就来了。她说："早点预备好呀！不能叫我到时候空跑！"

离开学的时间越来越近了，到了八月中旬，我从妈妈嘴里听到，我爸爸找我三表叔借债，三表叔不肯借，怕我们还不起。我听了，心里十分恼恨，觉得有钱的富人真坏！古人说："为富不仁"，确实不错。这个三表叔和我们家不算近戚，却也不是远亲。他的母亲是我祖父的同胞姊妹，她人还健在；每年春节，我们要去向她这位老姑奶奶叩头拜年的，对这位家有三十多亩良田，开一爿雇用伙计的粮行，腰里又有银钱不下千金的三表叔、我和我的哥哥也同样要在大年初一初二去双膝跪地向他礼拜的。我爸爸是他的表兄，表兄的孩子考上了师范，向他表弟借债，答应立下字据，按照双方商定的利率计息，并约请双方合意的中人作证，到期还本付息，分文不欠；这位表弟居然摇头摆手不同意。我妈妈的娘家也是个贫户，她说她是在苦水里泡大的；所以一听说三表叔贱视我们家，不肯借债给我当学费，她的眼泪就簌簌地滴落下来。"是不是非上学不可呢？"我妈妈用她的泪眼看着我；嘴里没说心里说。我真是难过极了，我的心被我妈妈的泪水浸湿了，泡软了；但我不愿意轻易地丢掉我的求学上进的发自心底的愿望，对我妈妈说："算了，我不上学了。"于是，我成天到同学们家里去，在二戆子家里转，了解他在怎样准备上学去的行装。

一天早晨，我早饭碗一丢，就走了。我没有告诉妈妈，奔到离家十二里路的小瓦庄——我的三姨妈家里去。我的三姨父是个农业中学毕业生，在家赋闲，他父亲是个中医，并开个小中药铺，还有四五亩沙薄田，不算小康之家，却也生活过得去。他们听说我考取了第八师范，也知道我的家境贫寒，立即表示愿意帮助我一点学费。在他家住了一天，第二天临走的时候，三姨妈拉着我，把一张伍圆的中国银行钞票塞到我的手里，说："好好地放到口袋里，不要掉了！"我心里有多高兴！觉得这个三姨父三姨母，比那个三表叔不知要好到多少倍！

我从小瓦庄回到家里，知道因为我不声不响地走了，家里人以为我是赌气出走，或者是去寻短见了，一家人四处到处寻找无着，我的奶奶又把我爸爸骂了一顿，逼着我爸爸"还我的孙子！"我回来以后，晓得我去了三姨妈家，我的奶奶才消了气。我把三姨妈给我的五块钱钞票交给妈妈，妈妈告诉我说，这两天，我爸爸天天在想法子，打主意，借钱拿债让我去上学。说着，她拿过尺来，叫我把身子站正站直，让她量尺寸，准备替我做件新大褂子，说："到远处去上学，不做件新衣服，像什么样子？"

镇上中桥口东边，有一位本家的大伯父，原来开百货店，后来蚀了本，店不开了，是个破落户。这个人写得一手好字，他的米南宫大草，是镇上极其有名的，他是个爱才的热心人，听说我考上了第八师范，名列前茅，遇到手头宽敞的人，就替我化缘似的，希望他们能够给我一些经济援助，说镇上多出个人才，也是大家的气象。里里外外筹划的结果，除去衣服、被褥、床单、蚊帐等等用物由我父母置办之外，钱款计有姨父姨母五元，我爷爷五元，我表兄五元，加上大伯父筹集的十元，我爸爸借债来的二十元，我临动身的时候；我奶奶又塞给我一块银元，说："饿了，买点吃的。"一共是四十六元，二戆子带的也不过比我多四块钱。八月三十日这天早晨，我终于和二戆子两个与在八师已经上了学的两个学生以及去东海十一中学读书的三个学生，共乘一条大航船，去板浦省立八师报到了……

【导读】

本文选自吴强的散文《回忆我的孩子时代》，文章行文精简，感情却极充沛，可见作者驾驭文字的功力。

【作者简介】

吴强（1910—1990），原名汪大同，江苏省涟水县高沟镇人。1933年在上海参加左翼作家联盟，抗战爆发后投笔从戎，1938年参加新四军，1939年参加中国共产党。1949年后，历任华东军区政治部文化部副部长。1952年后曾任上海市文联副主席、中国作协上海分会副主席，上海小说家联谊会会长等职。著有长篇小说《红日》、散文集《心潮集》等。

漂母墓记

赵恺

　　洪泽湖畔，五河汇流，五条水系浮起一座苏北古镇——码头。码头是淮阴故城之所在。"酒酣夜别淮阴市，月照高楼一曲歌"——温飞卿[①]描摹它的空间；"我尝贳酒阴市，韩信墓前木十围"——黄山谷[②]描写它的时间。走进老街，仿佛置身秦汉博物馆。街旁巷侧，摇曳的酒旗舒展醉意，香热的狗肉颇具沛风。鲜鱼瓦缶击水，螃蟹竹篓舞钳。男女老幼摩肩接踵而至者，无不带剽悍的楚汉古风。"韩侯故里"是一条宽仅容人的狭巷。门额字迹古朴苍劲，笔画之间透露出悲壮压抑的气息。"胯下桥"始于无赖足下而止于将军帐前，小小一座砖桥，画出一道耐人寻味的弧：对于人生，两点之间最短的当真是直线？桥侧那一汪澄澈平静的池塘就是韩信垂钓的所在了。"漂母岸"如今已然无人浣纱洗衣，柳荫深处，只有鸟声追寻天籁。一位十二三岁的孩子坐在"韩信钓台"下钓鱼。他在钩上裹起一块面团甩进水里，随之，垂线四周泛起一片水珠：鱼吃食了。起钩，却是空的。再加食，又空钩。如此往复十多次，他连一条小子也没有上。问他，他说鱼食不好，没筋。问他为什么不用蚯蚓，他莞尔一笑，说："我喂鱼呢。"

　　向东五六里路就是名闻遐迩的漂母墓了。二十二米的高度，百七十八米的周长，仿佛苏北平原上巍然矗立起一座金字塔。韩信饿倒街头，漂母周济他；韩信知恩图报，漂母训斥他。"大丈夫不能自食，吾哀王孙而进食，岂望报乎？"一句话，让一个民族冷汗涔涔地记忆了几千年。待到将军功成名就、衣锦还乡，他的漂母早已劳顿一生，寂然长逝了。没有亲人，没有儿女，甚至没有自己的姓名。韩信悲痛不能自已，他命令十万将士每人捧一捧泥土在漂母墓上。将军亲领大军浩浩荡荡列阵而来，步履如雷，气势如虹，扬起的尘土，盘旋闪烁覆盖了半个天空。今日漂母墓边，一片安详静谧。羊眯眼打盹，仿佛婴儿伏在娘怀里。牛不动，像哲学家。一只褐鸟静立枝头，一只蓝鸟跳跃枝头，动静成趣，但都悄然无语。白蝴蝶停在野花上，像诗笺却没有字。喇叭花举向天空，像奏乐却不出声：连草木都知道，能够诉说的思念不是最深甚至不是真正的思念。

墓地好像一座药用植物园。十步之内，我就发现了苦艾、风寒草、枸杞子、铺地锦、苦苦丁、车前子、瓜篓、野蔷薇等众多品种。生前救死，死后扶伤，天地不绝，母爱不绝。一种草叶生五瓣，像手掌。问老农，老农说，这种草只在漂母墓长，说不出名字。这倒怪了：它们莫非是漂母伸出的手掌，夏为大地遮阳，秋为大地御霜?

镇政府独具慧眼，他们预备在漂母墓边盖一座漂母小学。我想，漂母墓小学的孩子们的第一课当是"母亲"？哦哦，墓草青青，母爱青青。

【注释】

①温飞卿：指唐代大诗人温庭筠，原名岐，字飞卿，太原祁县人。

②黄山谷：指宋代大文豪黄庭坚，字鲁直，号山谷道人、山谷老人等，世称黄山谷。洪州分宁（今江西九江）人，祖籍浙江金华。

【导读】

作者写了在淮安著名景点漂母墓游览时的见闻和所思所想，小文似诗，余味悠长。

【作者简介】

赵恺，1938 年出生于重庆，祖籍山东，1955 年毕业于南京晓庄师范学校，后生活于淮安。当代诗人，兼创作散文、小说等。一级作家，享受国务院政府特殊津贴。1950 年开始发表作品，1982 年加入中国作家协会。历任淮阴市文化馆副馆长，淮阴市文联主席，江苏省作家协会副主席。

湖 草

赵恺

洪泽湖西有一片方圆二三十公里的大草荡，它苍凉厚重，旷远迷蒙，像古诗《敕勒川》的写意。草荡里的草兼有芦苇的刚和菖蒲的柔，当地叫它"湖草"。

草荡四季分明：秋是金，冬是银。开春，叫天子黏在蓝天上唱，串串鸣啭珠玉般泼洒在湖边，生出茸茸的绿。入伏，湖草长大，雷电长大。草荡的雷豁达、潇洒，青铜般的声响压在湖草上又被柔韧地反弹回去，成为缠绵的余韵。雨打湖草不像"雨打芭蕉"，也不像"雨打残荷"，它超然于音乐之上，属于诗。闪电则明晃晃、亮锃锃地划破潦草荡云空。

秋冬之交，湖草砍倒了，太阳一晒，湖风一吹，锦鸡、野鸭扑棱棱扇得遍野干草香，编织开始。片片草叶在指尖缠绕，在怀里跳跃，水乡一片创造情趣。草席、草帘、草鞋、草焐子，一船船，一车车，西去蚌埠，南下扬州，换取温馨的梦。残梗断叶用来烧锅，烧饭饭香，烧水水甜，夕阳恋着炊烟不落。

抗日时期，草荡被湖匪霸占过。农民进荡子，豁草要"刀头钱"，逮鱼要"鱼头钱"，放牛要"牛头钱"。荒田野湖，滔滔淮河默默地流泪。

1940年秋，新四军政委刘少奇来到淮北，住在四师师部半城东南的小吴庄。那年，农民们开展过一次夺草斗争。

一天天刚亮，湖西六个乡一万多农民扛着砍刀、铁叉、扁担向大草荡进发。进入草荡，各乡按计划插牌过界，迅速砍起草来。第二天，被湖匪发现，第三天，他们抢草来了。洪泽湖上，八九条船一字儿排开，像舰队。湖匪还没靠岸，草荡深处却哗地亮出一面大旗。接着，农民们呼啸着奔跑犹如洪泽潮汛。他们面对匪船排成三行，拉出二三公里长一面刀墙。

匪没敢靠岸，掉头跑了。"夺草指挥部"连夜开来二百多条船，把草运走。接着湖匪交出了大草荡。

那天，指挥旗边站着一位军人，灰白的军装，修长的身材，沉静的神态。是军人，却没带枪；像农民，又没带砍刀。嘴吮一截草根，脚穿一双草鞋——湖草编织的草鞋。老百姓并不打听他的名字。

他们知道，新四军是保护老百姓的，新四军的领导自然也是保护老百姓的。但他们不知道，当时平常的事，以后竟变成了不平常的事。他们只是勤勤恳恳地用湖草编织平静的岁月，一代又一代。

【导读】

作者写了在洪泽湖大草荡的往事，文中颇多方言口语，读来相当亲切；文字非常诗歌化，是作者散文一贯的风格。

【作者简介】

见《漂母墓记》。

第五单元 传记篇

司马迁评传

季镇淮

一 家庭和少青时代

司马迁，字子长。汉景帝中元五年①（公元前145），生于左冯翊夏阳县的一个农村（今陕西韩城县商芝川镇）。这个地方，东临奔腾怒吼的黄河，北有横跨黄河的龙门山。自古以来，千千万万的劳动人民和黄河洪水作斗争，流过无穷无尽的血汗，面对着黄河由北而南，流入峡谷，迅急地穿过龙门山，滚滚浊浪，不可阻挡的自然形势，既不断地作制服黄河水患的艰苦努力，同时也用历史或神话故事来鼓舞自己，龙门山自然地成为人们驰骋幻想的一个神奇的地方。司马迁自己说生于龙门，就是习惯地乐于称道这个自古相传著名的地方。

司马迁出身于中下层官吏家庭。高祖司马昌，当秦始皇时，作主铁官。曾祖司马无泽，在汉初作长安的一个"市长"。祖司马喜，没有作官，而有第九等爵位，为"五大夫"。他的家庭在汉文帝（刘恒）时可能是所谓"中人之家"，以农业、畜牧致富，因而能够出粟买爵。司马迁说自己"耕牧河山之阳"，大概在他小时候，家庭还以务农为业，他也帮助家人养牛放羊，作些辅助劳动。

父司马谈约生于汉文帝初期，是一个有广泛文化修养的读书人。他曾"学天官于唐都"，学天官就是学天文，观测日月星辰，唐都是当时有名的观测星象的专家；"受易于杨何"，《易》讲阴阳吉凶，和天文星象有关，杨何是当时有名的《易》学专家；"习道论于黄子"，道论就是汉初流行的黄老学派的思想，黄子就是黄生，是当时黄老学派的学者。

司马谈在汉武帝（刘彻）建元年间（前140—前135）作了太史令，通称太史公。这是史官，汉武帝新恢复的一种古官。官位不高，职权不大。主管天时星历、祭祀礼仪、搜罗并保管典籍文献。这是史官的传统。他的三个方面的文化学习，有的可能学得早些；有的可能是在作太史令到长安以后的事，因为到这个时候不仅职掌上有迫切的需要，而且也具备了便利学习的条件。

史官掌握文化知识，是历史上出现最早的一种官。从殷周奴隶社会时代到春秋战国奴隶社会转变为封建社会时代，史官的职权、地位逐渐降小、降低，但他们的政治立场或态度，从来没有改变，无例外地为维护统治阶级利益而掌管文化事业。他们的职掌，历代相传，最重要的是为统治阶级记言记事。在殷周时代，他们记录的是最高奴隶主即帝王的言和事；在春秋战国时代，由于奴隶制向封建制的过渡，社会阶级的升沉变化，他们记录的范围相应地扩大到各国统治者及其卿大夫的言和事。但到汉武帝时的太史令并没有这项职掌，司马谈自觉地按照古代史官传统，准备要为新兴的封建统治阶级记言记事。他在大约三十年（前140–前111）的太史令职守上，在"百年之间，天下遗文古事靡不毕集太史公"的便利条件下，不仅有论述历史的志愿和计划，而且很可能已开始了部分的撰述工作。

但在统治思想上，司马谈当时是有不同的看法的。他有一篇《论六家要旨》的文章，论述春秋战国以来众多的学术思想流派，区分出重要的阴阳、儒、墨、名、法、道德六家。在这里，他对于阴阳等前五家都有所肯定和批判，而对于道德一家即道家则完全肯定地加以赞扬。他认为道家思想已批判地采取了其他五家思想的长处。道家思想即"黄老"学派的思想，是汉王朝初期的统治思想，皇帝、皇后、贵族、大臣、学者、隐士爱好奉行"黄老"，盛极一时。黄指战国以来传说中的黄帝，老指老子。这一学派主要以战国时代的《老子》为依据，认为虚无的"道"是天地万物的根本，政治上主张"无为而无不为"，就是司马谈所说"与时迁移，应物变化"，也就是适应时势，顺其自然。这样统治者就会得到清净、安宁。汉王朝是在篡夺了秦末农民大起义的胜利果实的基础上建立起来的。汉初统治者鉴于秦王朝短期覆灭和农民起义的教训，一方面大封贵族王侯以图保卫王朝的统治；这是迫于形势的倒退措施，必然走向反面。汉王朝的统治区，在汉初并未达到全国，只有十五郡②。一方面承长期战乱之后，人口消耗、地广人稀、生产力低下的现实，缓和压迫、减轻剥削，扶植中小地主成长，鼓励个体小农开垦，以图安定和巩固封建统治秩序，恢复和发展农业生产。道家黄老思想是适应这种政治经济的需要的，因而流行一时，成为统治思想。司马谈接受道家黄老思想的影响，在西汉初期几十年，是很自然的。汉武帝当权后，经过汉初六七十年的社会安定及汉景帝（刘启）对吴楚等七国叛乱藩王的打击，汉王朝的封建统治已经相当巩固。随着生产事业的发展，社会物质财富的增长，它必然结束"清净无为"的局面，走上强大发展的阶段，进一步加强中央集权的、专制主义的封建统治。春秋战国时代孔子、孟子所讲仁义道德及"君君、臣臣、父父、子子"的一套，就是应时的、合适的需要，因而被认为代替了道家思想，成为统治思想。汉武帝罢黜百家，独尊儒术，绝不是随意的选择，而同样是为当时的政治经济条件决定的。司马谈这时依然独崇道家，显然不合时宜，落后于封建国家形势的发展。但汉武帝时代，实际对各派思想并未加以严格禁止。汉武帝尊重的董仲舒，特别提拔重用的公孙弘，都不是单纯的儒家。董仲舒以儒家而讲阴阳家的学说，公孙弘"习文法吏事，而又缘饰以儒术"（《史记·平津侯主父列传》）。"学黄老之言"的汲黯，并未遭到冷遇，汉武帝曾两度特任他为郡太守，"吾徒得君之重，卧而治之"（《史记·汲郑列传》）。可见汉武帝时代的统治思想，实际是儒家思想而兼用阴阳家、法家和道家"黄老"的思想，所谓"汉家自有制度，本以霸王道杂之"，并不"纯任德教"（《汉书·元帝纪》），就是司马谈独崇道家也还承认这三家各有所长而为统治阶级所需要的。汉武帝时代统治思想的复杂化是当时社会矛盾、阶级斗争复杂化的反映。

司马谈的史官立场和工作及其政治思想对司马迁都是有影响的。作为学术论文，司马谈的这篇《论六家要旨》，不仅给司马迁后来为先秦诸子作传以很好的启示，而且也给后来刘向刘歆父子对先秦诸子的流派分类以重要基础。这篇论文是有时代意义和历史价值的。

司马谈是个读书人，在作官之前，不可能是一个劳动的农民。司马迁小时候在家乡也未必是一个完全的牧童，大概在作牧童的同时已开始了学童的生活。司马谈到长安作官以后，司马迁自然地随着父亲到了长安，因而更能专心学习，有了更多的学习机会。司马迁自说"年十岁则诵古文"，当是到了长安以后的事情。所谓"古文"，就是用古代文字写的典籍。汉初传习的古书，许多是用汉代通俗应用的隶书即所谓"今文"写的，也有先秦保存下来的，用古文写的。司马迁十岁时所通的"古文"，就是指某些用古文写的书，不必专指某一种书。他所以这样说，表明他很早就有古文的修养，他的童年学习是艰苦而正轨的。

司马迁十岁这一年，即建元五年（前136），汉武帝立五经（《诗》《尚书》《礼》《易》《春秋》）博士。次年，好黄老思想的窦太后死了，贵戚武安侯田蚡为丞相，汉武帝就毫无顾虑地按照儒家思想来办事情了。又次年（元光元年，前134年），通过贤良对策的方式，传公羊《春秋》的董仲舒和"学春秋杂说"的公孙弘，都成为封建王朝的著名人物。此后，司马迁于元光、元朔之际，约在十七八岁的时候（前129-前128），曾亲受董仲舒的《春秋》和孔安国的古文《尚书》。董仲舒的《春秋》学说和孔安国的《尚书》学说，对年轻的司马迁都有影响，特别是董仲舒的《春秋》学说，竟成为司马迁后来著作《史记》的指导思想。

还在司马迁童年的时候（建元二年，前139）汉武帝在长安城西北八十里、槐里县的茂乡，建造自己的陵园，周围三里，把茂乡改为一个县，叫作茂陵（今陕西省兴平县）。并鼓励人民移仕茂陵，每户给钱二十万，田二顷。到司马迁十九岁这一年（元朔二年，前127），汉武帝为了加强封建王朝的统治，听信说客主父偃的献计，把全国地方豪杰及家产在三百万以上的富户迁到茂陵。轵县（今河南省济源县）的游侠郭解，本来家贫，不合迁徙的规定。但郭解在民间的威信很高，人民拥护他，地方官吏不敢不举徙他。大将军卫青给郭解讲情，汉武帝不听。郭解终于被迫全家迁往茂陵，地方上人集款送行，不下千余万。郭解到了长安，一般"贤豪"认识或不认识郭解，听说郭解来了，都争着要和他作朋友。司马迁大概也就在这个时候，曾经见过郭解。郭解为人，短小精悍，生活简单，说话不多，给司马迁的印象很深。后来举徙郭解的同县人杨季主的儿子、杨季主和家人接连被郭解一帮人杀了，于是汉武帝就下令通缉郭解。而郭解已经举家逃亡，沿途望门寄宿，他不隐瞒身分，人民也愿意留住他。临晋（今陕西省大荔县）人籍少公从来不认识郭解，为了掩郭解的踪迹，自杀灭口。过了许久以后，郭解才为王朝捕获。王朝审讯的结果，郭解所犯杀人的罪状，皆在大赦之前，因此郭解又被释放了。第二年（前126），王朝派专使到轵县调郭解案情，在招待使者的坐席上，有人称誉郭解，有个儒生表示反对。后来这个儒生又被郭解的人杀了。但郭解实在不知道这一件事，凶手亦无影无踪，莫知为谁。地方官吏又上报郭解无罪。这时汉武帝特别提拔起来的公孙弘已为御史大夫，坚决主张杀掉郭解。于是汉武帝就杀了郭解及其家族。郭解对年轻的司马迁的影响是无形的、深刻的。后来他写《游侠列传》，歌颂这样一个专和王法作对的游侠，并歌颂一切真正的游侠，表示了对历史人物和封建道德不同的看法，这是封建王朝及其士大夫们所想象不到的。

在汉武帝始而鼓励人民、继而压迫豪强迁徙茂陵的形势下，司马迁的家庭不知在那一年和什么原因，也搬到茂陵来了。因此茂陵显武里成为司马迁的新籍贯。晚年的董仲舒和著名辞赋家司马相如，也都移家茂陵。后来到司马迁五十岁的时候（太始元年，前96），汉武帝又一次"徙郡国吏民豪杰于茂陵、云陵（今陕西淳化县北）"，这时茂陵"户六万一千八十七，口二十七万七千二百七十七"，约占右扶风二十一县户口的三分之一，它已成为一个有名的皇家贵族的游园别墅和公开、集中地管制豪强的很大的城市了。

二 漫游祖国和郎官经历

汉武帝元朔三年（前126），二十岁的司马迁大概是奉父亲司马谈的命令，暂且停止古文经传的诵读，远游访问名山大川，接触伟大祖国的土地和人民，实地考查古代和近代的历史，表现了实践主义精神。

司马迁从京师长安出发，出武关（今陕西商县东），经南阳（今河南南阳县），至南郡（今湖北江陵县）渡江。他到了长沙（国）的罗县，访问了县北汨水楚国诗人屈原自沉的地方。屈原的悲剧遭遇，引起他的同情和幻想，凄楚流涕，想见屈原的为人。而后从长沙溯湘江而上，考察了古代传说帝舜南巡死葬的九疑山（湖南宁远县境），又从湘南到湘西，顺沅江而下，这就是他所说"阚九疑，浮于沅湘"的情况。

司马迁在"浮于沅湘"之后，东浮大江，"南登庐山"。这一带河流密布，"皆东合为大江"，他考察"禹疏九江"的传说。然后顺江而下，东南上会稽山（今浙江绍兴县东南）山上有一洞，传说禹王进去过，因而叫禹穴。司马迁到这里来，是为了"探禹穴"的。之后，他回到会稽郡的吴县，这里湖泊众多，相连成一片，他又登上了姑苏山，眺望了所谓五湖。在吴县，他还参观了楚国贵族春申君黄歇的故城及其规模宏大的宫室。

司马迁在游历了江南之后，渡江北上，首先到达淮阴（今江苏淮阴县东南），这是汉朝名将韩信的故乡和封侯之地。他访问了淮阴父老，从父老们的口中得到了许多生动的淮阴侯的故事。在父老们的指引下，他参观了韩母墓地。然后渡过淮水，沿泗水北上，就到达了鲁国的都城（今山东曲阜县）。这是古代文化的一个中心，是儒家创始人孔子生长的地方。他访问了城北泗上的孔子墓和孔里；还参观了孔子的庙堂、车服、礼器等等遗物，又看见在孔子的遗风影响下儒生们按时习礼的情景：这一切使司马迁对孔子发生无限的崇敬，想亲见孔子的为人。他在这里旅居的时间相当长，观察体会，处处可以看到孔子的遗风。这是印证古书的地方，他在这里向儒者们请教，讲习学业。他还特地到齐国的都城（今山东淄博市临淄区）去过一趟，也是为了同样的目的。

司马迁在游历了齐鲁之后，就转向南游。他在邹县逗留下来，游览了秦始皇东巡郡县曾到过的峄山，并在这里学习了饮酒、射箭的礼节。

由此向南，经过齐国孟尝君田文的封邑薛的故城（今山东滕县东南），司马迁和父老们谈话，知道当日孟尝君好客养士，无分好歹，一概收容。作奸犯法的人，亡命藏身到薛中来的共有六万多家。传说孟尝君以好客自喜，真是"名不虚传"。

从薛再向南，就到了有名的彭城（今江苏徐州市）。这是秦楚、楚汉战争必争之地，也是赫赫一时的西楚霸王项羽的都城。司马迁到这里当然更要访问一番。这是搜集秦汉之际历史资料的一个中心。他没有因为这时已非常穷困而影响漫游计划，对于秦末农民起义军的若干领袖的故乡是不能轻易走过的。

他从彭城向西北，就到了沛郡的沛县（今江苏沛县东）。丞相曹参是这里人，秦时为沛狱的属吏；丞相萧何是沛郡的丰县（今江苏丰县）人，和曹参同事，是沛狱的主吏。汉高帝刘季当时为沛东的泗水亭长，和萧何是同乡。刘季到沛县打官司，常常得到萧何的袒护和开脱；他为沛县送民夫到咸阳，县"吏皆送奉钱三，何独以五"。公元前209年（秦二世元年）的秋天，陈胜、吴广首先在沛郡的蕲县（今安徽宿县）发难起义，接着各地人民纷纷起来杀掉本县的"长吏"响应。刘季在沛县人民杀了沛令之后，得到沛县人民和萧何、曹参等的拥护，成为沛县起义军的领袖沛公。沛县是秦末农民起义最初的一个中心，这里参加起义的人独多。鸿门宴上的壮士樊哙是沛县人，当日原是卖狗肉的。汝阴侯夏侯婴是沛县人，原以编织养蚕器具为生，还时常为丧家作吹鼓手。司马迁在这里参观了他们的故居，听到他们平居时的许许多多故事，觉得闻所未闻。还有汾阴侯周昌、周昌堂兄御史大夫周苛、蒯成侯周緤、安国侯王陵、辟阳侯审食其等等，也都是沛县人。

由沛县向西，就到了丰县。非刘氏封王（燕王）的卢绾也是这里人，和刘季同里（阳里）、同日生，后来又"俱学书"。两家家长一向也很要好。刘季在沛县起义后，卢绾也就跟着刘季，参加了起义军。由沛县向西南，经砀县到睢阳（今河南商丘县南）。颍阴侯灌婴原是这里一个贩卖绸缎的小商人。

最后由睢阳而西，就到了大梁（今河南开封）。这是魏国的都城。司马迁在这里访问了所谓"夷门"，原是大梁的东门。当日魏国贵族信陵君无忌谦恭下士，亲身拜访夷门监者侯嬴的故事，如在目前，更觉亲切了。父老们还为他讲述秦魏最后一战的故事，据说秦军围大梁，引河水灌城，三日城破，魏王投降。秦人就这样灭了魏国。过大梁而西，司马迁大概没有再到别处去，就径直回长安了。

司马迁这一次长途漫游，是一个壮举，也是一个创举。这是他的学习和实践。他游历了祖国的广阔山河，接触了广大人民，考察了历史遗迹，了解了许多历史人物的遗事、逸闻以及许多地方的民情风俗和经济生活，开阔了眼界、扩大了胸襟，他的收获是丰富而宝贵的。这对于他后来著作《史记》无疑是有很大的帮助的。尤其重要的是他在彭城、沛、丰一带的访问收获，对于他叙述秦楚、楚汉战争的形势和以刘季为首的汉王朝初期统治集团的面貌，必然会发生很大的影响。司马迁这样一次有目的、有意义的漫游，大概需要一二年或者更多的时间。

司马迁在漫游祖国之后，又过了几年，约在二十五六至三十岁之间（元狩、元鼎间，前122–前116），开始登上仕途的阶梯，作了一名"郎中"。这是汉王朝宫廷内部庞大郎官系统中最低一级的郎官。月俸三百石，实领十七斛。郎官的一般职务是"掌守门户，出充车骑"。皇帝不出巡的时候，他们是宫门武装执戟的卫士；出巡的时候，他们是车驾的侍从。平常在宫廷内部，亲近皇帝，既很有光彩，一旦由内廷外调，往往改为"长吏"。所以郎官是富贵子弟追求仕进的目标。司马迁得到小郎官，由一个地位卑微的史官的儿子，变为武帝左右的亲信，那也算很不容易了。

从此以后，司马迁以一个郎官身分，当然和宫廷内各种官吏一样，是要侍从皇帝的。武帝在当权的初期，因为忙于加强内部统治以及对北方强敌匈奴的攻击和防御，一直没有出巡过。公元前113年（元鼎四年）冬十月（这时历法仍以十月为岁首），武帝开始出巡郡县。先到雍（今陕西凤翔县），祭祀五帝。之后，折向东北，从夏阳到河东。在河东郡（今山西夏县北）的汾阴（今山西荣河县北），立后土祠，举行祭礼，一切仪式是太史令司马谈和祠官宽舒议定的。礼毕之后，武帝复南渡黄河，取道荣阳（今河南荣泽县西南）西返，到了洛阳，下诏说："祭地冀州，瞻望河洛，巡省豫州，观于周室。"武帝这一次周游河洛，观省民风，司马迁父子都是跟着的。第二年（前112）冬十月，武帝照例到雍祭祀五帝。之后，西过陇坂（山名，在陕西陇县、甘肃清水县境），登了崆峒山（今甘肃平凉具西），又北出萧关（今甘肃固原县东南），和数万骑兵一起打猎于新秦中（今内蒙古自治区鄂尔多斯地），然后回到甘泉（宫名，在今陕西省淳化县甘泉山）。后来司马迁回忆说："余尝西至空桐（崆峒）"。就是讲这一次侍从武帝西登崆峒的事。

崆峒侍从的明年（元鼎六年，前111）秋后，司马迁奉武帝之命出使巴蜀以南，代表汉王朝去视察和安抚西南少数民族地区。从过去二十多年来武帝先后派唐蒙、司马相如、公孙弘等去西南所负通好和开发少数民族地区的重大使命看来，司马迁此时已经表现出很有才能，被武帝认为是当朝众多的"辩知闳达，溢于文辞"（《汉书·东方朔传》）的人材之一，取得了武帝的重视和信任，因而才能有这次西南之行的使命。他这次到西南去，条件好得多了，巴蜀人民多年来流血流汗，用艰苦的劳动和自然斗争，开辟了通往巴蜀以南的道路。司马迁当时由长安出发，南出汉中（今陕西汉中南），经巴郡（今四川重庆市北）到犍为郡（今四川宜宾县），由犍为郡到牂牁郡（今贵州黄平县西）。然后到蜀郡（今四川成都市），出零关道（今四川芦山县东南），过孙水（今安宁河）桥，到越嶲郡（今四川西昌县东南），到沈犁郡（今四川汉源县东南）。这就是司马迁说的"奉使西征巴蜀以南，南略邛（西昌）、筰（汉源）、昆明（今云南保山、腾冲、顺宁等地）"的具体路程。司马迁这一次的出使收获无疑也是很丰富的。从此，司马迁对祖国西南地区的地理、物产、民情、风俗，便有了亲切的认识。这对他后来写《货殖列传》等是有很大的帮助的。

汉武帝在平定了南越、安抚了西南少数民族地区之后，便于元封元年（前110）冬十月，亲自率领十二部将军，出长城，向多年威胁西北的匈奴大示威。匈奴人这时休养兵马，不敢出头。接着东越人也来投降，武帝便命反覆无常的东越人迁到江淮间来，以便控制。这样就结束了东南沿海近百年的割据局面，出现了帝国统一的新形势。于是汉武帝便决意及时举行"封禅"典礼。这是祭祀天地一种特别隆重神秘的仪式，先到泰山顶上去祭天，然后在泰山底下祭地。一个帝王举行了这种典礼，才表明他是真正的受命天子，完全有资格作为天的唯一合法代表，实行其对人间的统治。这种说法，起于战国时代，是为封建地主阶级的愚民统治服务的。秦始皇在作皇帝后的第三年（前219）曾举行过这种典礼。汉初六七十年，还来不及做这种不切实际、欺骗人民的事。到了武帝时代，地主阶级的封建统治不但巩固而且强大发展了，就不断地有人劝武帝举行封禅。到了东南沿海完全平定，匈奴远遁漠北这个时候，该是庆太平、告成功的时候了，武帝就自然地把封禅典礼提到出巡的日程上来了。

同年（元封元年）春正月，当武帝东行齐鲁、准备封禅的时候，司马迁从西南回来，赶到洛阳，见到了快要死去的父亲。封禅是千载难逢的盛典；司马谈侍从武帝，到了洛阳，因为得病，留下来了，又急又气，病更重了。他拉着儿子的手，一边哭，一边说，把毕生的事业和理想最后遗留给司马迁。他希望司马迁在他死后，仍然做一个太史；做了太史，不要忘记他所欲论著的一切。他看到孔子死后，至今四百多年，诸侯兼并，史记断绝。当今海内一统，明主贤君、忠臣义士应该论述的人物，他作为一个太史而没有论述，废弃历史事业，甚为惶惧。他希望司马迁记住这件事。司马迁眼看这种情景，垂着头，流着眼泪说"小子不敏，请悉论先人所次旧闻，弗敢阙"（《史记·太史公自序》）之后，司马谈就瞑目长逝了。司马迁接受了父亲的遗命，因为他的出使尚未复命，也因为他作郎官的经常职务，他不能多耽搁，必须赶快再去山东，侍从武帝。

武帝到了山东，先东巡海上，命数千人入海到蓬莱山求神仙，而后在泰山上下祭祀了天地。礼毕之后，仍希望遇到神仙，复东至海上，沿海北上，至碣石山（在河北昌黎县境）。又巡辽西郡（今河北卢龙县东），历北边，至九原郡（内蒙古五原县）。五月，回到甘泉。武帝这次巡行封禅，绕了一个大圈儿，行路万八千里，赏赐所过地方，"用帛百余万匹，钱金以巨万计"（《史记·平准书》）。司马迁这一次从巡，参观了长城内外，对祖国北方的认识更扩大而充实了。

明年，元封二年（前109）的春天，武帝东巡，又祭祀了泰山。而后亲临濮阳（今河北濮阳县南）瓠子的塞河工地。这是黄河的一个老缺口，二十多年来没堵得牢，常常决开。这次武帝亲临工地，先举行了祭河礼，"沉白马玉璧于河"；而后就命文武侍从百官，都去背柴草，参加塞河工程。决口处先用竹子一排一排地打下桩，再填上土石和柴草。这时是春天，东郡人民又都烧草起火，因此柴草缺乏，工程进行很困难。武帝恐怕这一次塞河又不得成功，就用当时流行的楚歌体作歌二首。其中有句说："不封禅兮安知外？"这显然是为他的徒劳无功、愚惑人民的封禅把戏在进行着辩解和赞扬。瓠子塞河工程，在武帝的亲临督责之下，文武侍从也都参加劳动了，数万真正的劳动大军也感到稀奇和鼓舞，多年为害的瓠子决口终于塞起来了。为了纪念这个塞河工程的完成，武帝还在瓠子新堤上建筑一个宫，名"宣房宫"。

司马迁这时虽新遭父丧，但必须如常地侍从武帝。在此次塞河工程中，司马迁也参加了负薪的行列。武帝的《瓠子歌》也使他深受感动。"悲《瓠子》之诗而作《河渠书》"（《史记·河渠书》赞语），他的《河渠书》就是在这件事的直接影响之下产生的。

在郎官的职务上，因为不断地侍从武帝和奉命出使的关系，司马迁游历了祖国更多的地方，接触了更广大的土地和人民；同时也见识并结交了宫廷内外的许多人物，获得了更多的见闻；他的实践经验愈来愈丰富了。

三 开始著作《史记》

司马谈逝世的第三年（元封三年，前108），司马迁果如他父亲的遗言，作了太史令。这是司马迁毕生著作《史记》的起点和重要的条件。东汉人桓谭说得对："太史公不典掌书记，则不能条悉古今。"（《全后汉文·新论上》）太史令是六百石一级的官，实领月俸七十斛，是"长吏"之一。在一系列官僚系统中，太史令虽然还是低级的，总算属于"卿大夫"一流了，比起郎中来，当然堂皇得多。实际上，他由"内廷"到"外廷"，由亲近武帝的侍从官员变为王朝的一个普通下级官员了，不过"厕下大夫之列，陪外廷末议"而已。但这样一个职位，也不是随便个人就可以得到的，它需要有"文史星历"专门知识的人才能充任，司马迁正是由于早有多方面的学习而具备了这个条件的。司马迁抱着极大的热情来对待他的职位，他几乎断绝一切往还应酬，忘掉家庭事务，日夜思虑怎样贡献他的全部才能和智慧，专心一意地钻研自己的工作以求得到武帝的欢心和信任。从为太史令起，他开始了著作《史记》的基本工作，"䌷史记石室金匮之书"。这就是在封建王朝的藏书处阅读、整理一切历史资料。这个工作的开始是很困难的，因为从汉初解除"挟书律"到武帝这时候，王朝的藏书已经非常丰富："天下遗文古事靡不毕集太史公。（《史记·太史公自序》）"但是杂乱无章，缺乏源流和分类条理，连一个可资查考的目录还没有。其中有断简残编、重见杂出、真伪交错以及古今文字不同等等棘手问题。司马迁以一人之力，从大堆杂乱的古代典籍、近代著作以及王朝档案里，抽出系统的历史条理，是需要高度的热情和创造性的劳动的。

司马迁在整理史料的同时，还有一种无定而经常的职务，这就是和作郎中一样，仍需侍从武帝。武帝这时还是常要出巡，公元前107年（元封四年）冬的北巡（自言"北过涿鹿"，就是这一次侍从的事），次年（元封五年）冬的南巡，又次年（元封六年）冬的北巡，司马迁都因太史令的职务不断地侍从武帝。他自己也说过："余从巡祭天地诸神名山川而封禅焉。"（《史记·封禅书》赞语）这对司马迁的著述工作，不是妨碍，而是更有益处。随着仕途的升迁和阅历的加深，他对祖国的认识愈来愈熟悉、愈全面了。

太初元年（前104），司马迁更因太史令的专门职务，倡议并主持了改革历法的工作。

战国晚期以来，流行着阴阳家齐人邹衍"五德终始"的学说。这种学说把金、木、水、火、土五种物质力量互相克制的自然现象的概括，应用到人事上来，企图证明历史上改朝换代不断反复的现象，就是由于这五种物质力量规律性地前后替代而决定的。它们的不断替代，反复循环，叫作"五德终始"。谁要得了五德中的一德，谁就是受命天子，应该作为一个朝代的统治者。受命的证验就是那些非由人力、而由天命出现的各种"符瑞"。和五德相应的就是各个朝代不同的制度。它解释历史上的朝代，说最早黄帝得土德，后来夏得木德，商得金德，周得火德。因此这些朝代各有相应的符瑞和制度。它把原始朴素的唯物主义的"五行"思想，变为唯心主义的历史循环论，产生并流行于战国后期，显然是统一形势的要求，为新朝代的出现制造舆论、准备思想条件的。第一次按照"五德终始"的公式办事的是秦始皇。他在统一六国之后，以为周得火德，秦代周，当为水德，于是就定出一套与水德相应的制度。历法用一种古历叫《颛顼历》，以十月朔为岁首。

汉王朝建立后，一直没有实行受命天子必须改制的一套。其初汉高帝自以为是黑帝，得水德，一切制度当然和秦一样，无须更改。但到文帝时，汉家究竟得到何德，却成了长期争论不休的问题，丞相张苍坚决认为汉得水德，洛阳年轻人贾谊和鲁人公孙臣，先后又以为汉得土德。因此改制的事当然无从实行。这是适应汉初几十年统治者只求坐稳天下，无暇顾及改制的实际情况的。武帝当权后，汉王朝的统治已经得到初步的巩固和发展，他于元光五年（前130）的贤良策问中，反复强调探求天人关系以及历史上朝代兴衰、终始变化的问题。儒家而兼阴阳家的董仲舒于武帝第三策对答中，提出了"夏上忠，殷上敬，周上文"又一唯心主义的历史循环论。他认为"道之大原出于天，天不变，道亦不变"。夏、商、周三代的道都是一样的，而所崇尚的不同，只是补救弊政；王者改制，只是顺承天命，实际并没有要改变道的事。他只讲夏、商、周三代循环论，认为三代所崇尚的忠、敬、文是百王所同的，足以循环应用。并进一步说："今汉继大乱之后，若宜少损周之文致，用夏之忠者。"（《汉书·董仲舒传》）汉武帝这时既未按照董仲舒的建议用夏政去改制，后来内外繁忙，也顾不得改制的事。到了元封元年，武帝既然举行了王者的封禅典礼，改制也就成为早晚必不可少的一幕。而实际推动武帝改制的力量是司马迁的改历工作。

汉兴以来，既然一直没有改制，历法仍沿用秦的《颛顼历》，已与天象不符，"朔、晦月见，弦、望满亏，多非是"（《汉书·律历志上》），早有改正朔的必要。司马迁为太史令后，大概已注意到整理历法，到了元封七年，他就和太中大夫公孙卿、壶遂等上书，"言历纪坏废，宜改正朔"（《汉书·律历志上》）。司马迁等的建议原是从改正朔的实际需要出发的，在当时汉武帝当然要把它和王者受命改制的一套联系起来，就叫御史大夫倪宽和博士们共议："今宜何以为正朔，服色何上？"（《汉书·律历志上》）宽和博士赐等皆说："帝王必改正朔，易服色，所以明受命于天也"。（同上）于是武帝就命令司马迁、公孙卿、壶遂和侍郎尊、大典星射姓等共同制订汉历。为了精密的推算，这个受命改历的小组就要求更多的懂得历法的人参加工作。结果历法专家邓平、长乐司马可、酒泉侯宜君、侍郎尊和民间的历法研究者共二十余人皆入选。年老的方士唐都，巴郡的隐士落下闳也都被请来了。在数十位专家共同努力推算之下，一个精密的新历终于确定下来了。这个新历，以正月为岁首，即有名的《太初历》，是对古历的一次重大改革。汉武帝改元封七年为太初元年，并下令改制，除改历一项外，按汉得土德的系统宣布了一套制度改革。于是汉兴百年以来，刘氏封建王朝受命改制神秘的胡诌终于成为现实了。由此可见，武帝实行改制是由实际的改历需要促成的，而改历则是由司马迁的倡议和主持而完成的。武帝的受命改制，不过是刘氏封建王朝欺骗人民的虚伪的一幕，而以司马迁为主要负责人的改历，却是一件对人民有益的工作。《太初历》以建寅之月为正月，是所谓"夏正"，是春秋晚期以来"行夏之时"理想的实现。"盖三王之正若循环，穷则反（返）本。"（《史记·历书》）它不合于"五德"系统，而合于三代循环论所谓"三统"的系统。但它的价值并不决定于是否符合封建统治阶级的思想系统，而决定于是否符合人民的需要。以司马迁为首的太初改历工作，对人民是需要的，是值得称道的。

封禅是一个受命的王者向天作报告，表明他作为一个天的代表者对人间的统治已经巩固了，大功告成了。改制表明一个受命的王者，必有不同于前朝的、自己的制度，以显示出他是真正合格的、代替前朝的王者。这些滑稽的花样，都是欺骗人民的幌子，都是封建统治者抬高自己以加强对人民群众的统治的办法。但当时士大夫们的看法，却不是这样的。他们以为象封禅、改制这样的事，是千载难逢的盛典，是划时代的历史事件。司马谈没能参加封禅，认为终身憾事。可见这些骗人的把戏，在当时一般士大夫心目中是如何的神圣！司马迁在六年前既参加了封禅；这时又参加了改制，倡议、主持并完成了改历工作，可以设想，他当时躬逢这些盛典，也是引以为荣、非常兴奋的。不过我们也要知道，改制一幕中最重要的一部分就是改历，而这是在司马迁的倡议、主持下完成的，因此司马迁对改制的兴味，就不是神秘和虚无的，而是确有实感的，因为他确乎做了一件最有价值的改历工作。

但是改制之后，那种神秘的太平盛世的气氛，使司马迁仿佛感觉到：作为孔子的一个继承人，著作《春秋》那样一部书的时候已经到来了。父亲司马谈的遗言他记得很清楚：周公卒后五百年而有孔子，孔子卒后到现在又有五百年，应该有人继承孔子，作一番述作事业。他觉得他有责任担当这种事业。经过与壶遂对孔子作《春秋》以及自己著作计划和理想的讨论，司马迁的著作志愿更坚定了，目的也更明确了。就在改历完成这一年，即太初元年，他开始了继《春秋》，著作《史记》的工作，这年他四十二岁，正是精力弥满的时候。

司马迁于太初元年改革历法之后，开始著作《史记》，这决不是偶然的。这时汉兴已经百年（前206—前104），封建国家出现了空前统一的壮阔形势，政治、经济和文化都有了进一步的发展；同时封建统治阶级对广大人民的压迫、剥削日益严重和残酷，阶级矛盾和统治阶级内部矛盾也不断深化和复杂化。总结历史经验，清理古代历史文化并记载秦汉以来的近代历史，是适应封建统治阶级的现实要求的。史官从来是统治阶级人物并为统治阶级服务的。孔子作《春秋》，是代表没落奴隶主贵族阶级而制订奴隶制的政治道德纪纲的。司马谈、迁父子以私家著书而继《春秋》论述历史，也是不能违背这一根本立场的。特别是《春秋》以后的几百年历史即封建社会的历史，无疑是要为封建统治阶级而制订政治道德纪纲的。司马谈对司马迁的遗言，司马迁和壶遂的谈话，都证明了这一点。而从司马谈到司马迁也逐渐具备了论述历史的条件，司马迁这时不仅占有国家藏书处丰富的特别是秦汉以来的历史资料，而且也学习了多方面的历史文化和科学知识；更重要的是他二十多年来的实践经验，调查了许多古代历史传闻和故事，接触了伟大国家现实面貌和当代许多重要人物，并从许多前辈重要人物的子孙后代，得到了从未记载的许多谈话资料。司马迁这时开始著作《史记》无疑是最合适的人选。

司马迁是怎样开始他的工作的呢？这我们无法具体知道。但是有些基本观点我们还是有根据的，可以肯定的。

首先是著作的目的。他从为封建地主阶级制订政治道德纪纲的立场出发，对历史事件和人物要象孔子作《春秋》那样，显示褒贬和爱憎，就是"别嫌疑，明是非，定犹豫，善善恶恶，贤贤贱不肖"（《史记·太史公自序》）。这样作，当然是有标准的。因为是非、善恶、贤不肖等等，都是有阶级内容的，他的标准只能是封建地主阶级即统治阶级的政治道德的标准。

第二是著作的形式和计划。由于过去一些历史著作的启发，他把古今历史作一次通盘的清理而纳入于"本纪""表""书""世家""列传"五种不同的体例。"本纪"记历代帝王世系；"表"记历代大事；"书"记个别事件的始末；"世家"记侯王贵族的世系；"列传"记各种人物生平的言行活动。它们各自独立又互相呼应和补充，从而形成一个完整的体系。这是前所未有的一种独创的历史著作的形式和计划。

第三是正确地处理历史资料。历史著作必须依据确实可信的资料，而无论是古代和近代的资料，也无论是著录或传闻的资料，都有真伪、可信不可信的问题。司马迁提出"考信"的原则是调查研究的科学原则。问题在根据什么去"考信"，他以古代历史文献《诗经》《尚书》等等作为信史的根据，这在我们今天看起来，当然是大有问题的。因为这些文献本身就有真伪问题。但在当时缺乏信史的情况下，它们还是比较系统的、可信的古史资料。更可贵的是，司马迁并不是盲目地尊古、信古，他的最后依据，还是相信他的亲身实践所获得的活资料。他写第一篇《五帝本纪》，对黄帝的古史资料的处理，就是一个很好的例证。他既不相信"百家言黄帝"，也不完全相信孔子所传黄帝的某些资料。他根据自己"西至空桐，北过涿鹿，东渐于海，南浮江淮"的实地见闻，以为"长老皆各往往称黄帝、尧、舜之处"（《史记·五帝本纪》赞语），民间确有关于黄帝的传说，因而相信黄帝的存在，并结合古书上某些可信的记载，"著为本纪书首"。对于许多史事缺乏资料或有记载而无法"考信"，则缺而不记或表示怀疑的态度。这是实事求是的科学态度。

第四是严肃地对待历史事实。历史事实是可信的，能不能认真地记载，还是一个关键问题。对古代历史需要恰当地选录事实，除了认识上局限性外，如果工作认真，并不难做到这一点。但对秦汉以来即近代和当代的历史，就不只是抄录、运用史料的问题，而是第一次记载历史，这直接关系着汉代统治阶级的实际和利益，不仅需要创造性的努力，而且还需要严肃态度和坚毅精神。司马迁懂得"孔氏著《春秋》，隐桓之间则章，至定、哀之际则微"（《史记·匈奴列传》赞语）——其所以微，就是因为切近当世而有所"忌讳"。春秋时代史官为维护奴隶主统治而记事，因而遭到杀戮的史实，他也是熟悉的。但是为了忌讳或畏祸，而不能认真地记载历史，那也就不能维护封建统治阶级的利益，达到著作的目的，得到严正封建纪纲的作用。真实地记载历史是客观存在对人们主观意识的斗争问题，也就是唯物史观对唯心史观的斗争问题。这是不能由封建统治阶级的意愿来解决的。实践证明，司马迁对这个困难问题是正视的，表现了某种认真记载历史事实的严肃态度和坚毅精神。

我们说，这些基本观点司马迁在开始工作的时候是有考虑的，明确的，但我们并不能由此得出结论，认为司马迁在他毕生工作过程中，对这些观点都贯彻得周到、一律。实际上在他的著作中，存在着不少矛盾。对这些矛盾，需要具体地分析，从而给以肯定或否定，这在下面我们还会谈到。

四 发愤完成著作计划和理想

太初元年，司马迁开始著作《史记》，他订了庞大的计划，用毛笔在竹木简上书写，工作仍是很不方便的。由于他的基本目的方法和态度都是明确的，整理阅读资料也已经有了几年的工夫，可以想象，他的工作进行得很顺利。但无论司马迁怎样热心于他的著述工作，他根本不可能闭户著书。这时武帝巡视四方，祭祀天地，已成为每年的习惯，司马迁必须照例侍从。他的工作是在武帝不断出巡的间歇中努力进行的。不过司马迁也从全国游历中获得历史资料，这已经和他的著述工作构成了不可分离的关系。这样他一直工作了六年。

意外的是，司马迁在开始著作后的第七年遇到了李陵投降匈奴的事件。李陵是与匈奴七十余战名将李广的孙子。司马迁早年见过李广；后来与李陵同在宫廷侍从，虽未相熟成为朋友，但很佩服李陵的为人，是一个"奇士"，有"国士之风"。天汉二年（前99），李陵与匈奴战于浚稽山（今蒙古人民共和国喀尔喀境），最后兵败投降匈奴，败坏了"李氏世降"的家风，丧失了民族立场。司马迁对李陵投降匈奴的看法怎样呢？他和许多人不一样，很有理由地同情李陵，以为李陵决不会向匈奴投降。因此触怒了武帝，下了监狱。这时司马迁的一班朋友们，没有谁敢出来奔走营救；武帝左右的那些亲贵也没有谁肯为他讲一句话，他只得"独与法吏为伍，深幽囹圄之中"而无可告诉。封建法庭严刑审讯的结果，司马迁得了"诬上"（欺骗皇上）的罪名，是一个死罪。这时是天汉三年（前98），他的全部著述工作，还在"草创未就"的时候。

　　封建王朝的法律，原是保护封建统治阶级利益、压迫人民的工具。汉武帝时代，犯死罪的人，根据两条旧例可以免死：一条是拿钱赎罪，一条是受"腐刑"。这时司马迁面临三种选择：一是"伏法受诛"，二是拿钱免死，三是甘受"腐刑"。要多少钱可以免死呢？从此后三年内两次免死诏令看来，需要五十万钱。这是一般"中人之家"五家的家产。司马迁既然得不到朋友的帮助，自己又官小家贫，哪来这许多钱呢！用钱赎罪这一条生路，司马迁和一般穷人一样是走不通的。因此司马迁实际只有两种选择：死，还是受"腐刑"？他想到，人总不免一死，但"死有重于泰山，或轻于鸿毛"，死是有轻重意义的不同的。这里，司马迁提出这个死有不同意义的重大问题，但是他不可能、实际也没有解决这个问题。他只觉得如果他这样"伏法"而死那就象很多牛身上少一根毛，死去一个蚂蚁一样，是毫无意义、很不值得的。他看到有"死节"的人。什么是死节？就是为封建的政治道德纪纲而死。但他认为，他这样的死，又说不上是什么"死节"。那么，不死，就只有受耻辱？他认为这是关系维护封建礼制的"士节"（"刑不上大夫"），但是事已至此，耻辱已经受了，还谈什么"士节"？司马迁想到这里，死与受辱的纠缠好象容易解开了。实际他既无法逃避封建王法的网罗，也抛不开封建名位的羁绊。因而他忽又想到，一般人总是贪生怕死、留念亲戚、顾恋妻子的，只有那些"激于义理"（坚决维护封建是非）的人，才能相反。他相信自己不是那种怕死的人，他早已失去父母，没有兄弟，孤单一身，对妻子也没有什么顾恋。他又以为"勇者不必死节，怯夫慕义，何处不勉焉"。他即使承认自己是一个懦弱的人，要苟活偷生，却也晓得何去何从，何至甘愿忍受牢狱中的耻辱？多少奴隶婢妾，犹能决然而死，何况他受辱至此？司马迁千思万虑，他觉得除了他的平生著作理想还未实现之外，实无忍辱苟活之理。他想起："西伯拘而演《周易》（事见《史记·周本纪》）；仲尼厄而作《春秋》（事见《史记·孔子世家》）；屈原放逐，乃赋《离骚》（事见《史记·屈原贾生列传》）；左丘失明，厥有《国语》（参看《史记·十二诸侯年表》）；孙子膑脚，兵法修列（事见《史记·孙子吴起列传》）；不韦迁蜀，世传《吕览》（事见《史记·吕不韦列传》）；韩非囚秦，《说难》《孤愤》（事见《史记·老子韩非列传》）；《诗》三百篇（即《诗经》），大氐（抵）贤圣发愤之所为作也。此人皆意有所郁结，不得通其道，故述往事，思来者。及如左丘明无目，孙子（孙膑）断足，终不可用，退论书策，以舒其愤，思垂空文以自见。"这就是说历史上一系列人物，也都是在遭遇了苦难之后发愤著书，以鸣其不平于天下后世的。实际这些人物的遭遇和著书情况，本来各不相同，很难一概而论，司马迁这样想，只是尽量寻求历史人物在不幸的境遇中著书的故事作为自己的精神支柱。这样，司马迁终于在封建纪纲之外，看到了自己的生路，决计忍辱含垢，坚持他的著作计划和理想。也就在天汉三年（前98），司马迁"卒从吏议"，甘心下"蚕室（执行腐刑的一种特殊监狱）"，"就极刑而无愠（怒）色"，他受了最耻辱的"腐刑"（又称宫刑）从此以后，他的著述工作得到更大的力量，而在若干篇幅里也自然地流露着自己的不幸遭遇的隐痛。

太始元年（前96）夏六月，汉武帝大赦天下，司马迁因于此时出狱。之后，他作了中书令。这个官也是汉武帝新设的，"领赞尚书，出入奏事，秩千石"，比太史令高。经常职务是把皇帝的命令下到尚书，也把尚书的奏事呈给皇帝。从此以后，司马迁以一个宦官的身份，在内廷侍候，更接近武帝了。好象"尊宠任职"，实际已为一个打扫宫廷、听候使唤的奴隶。他除了坚持他的著述工作以外，对朝廷内外的一切事务，已经毫无兴味，往往精神恍惚，"居则忽忽若有所亡，出则不知所如往"。他的内心忍受着痛苦的煎熬和无限的愤恨，"每念斯耻，汗未尝不发背沾衣也"。

司马迁的一个叫任安（字少卿）的朋友，于太始四年（前93）的四五月间，写信给他，"教以慎于接物，推贤进士为务"。任安是出于好意，勉励他，安慰他，希望他有所作为。实际在这好意里面，却也包含着把司马迁当作一般宦官的看法，以为他身在宫廷，接近武帝，容易乘机进言。不知司马迁这时"自以为身残处秽，动而见尤，欲益反损，是以抑郁而无谁语"。当时司马迁刚从武帝巡行山东回来，又忙于处理日常事务，没有机会和任安见面，也没能及时给任安写回信。不久任安因罪下狱，到了十一月，司马迁因为任安可能于十二月受刑，生死莫测，他自己也要于彼时侍从武帝巡行西北，才不得不给任安写回信。在这封充满怨言的《报任安书》里，司马迁把他所以"隐忍苟活"的苦心，所以不能"推贤进士"而不过"从俗浮湛（沉）与时俯仰"的苦心，悲凉沉痛地呈献在朋友面前，而以"死日然后是非乃定"自誓。这一篇恰是鲁迅先生所说"无韵之《离骚》"，是对自己不幸遭遇的反复申诉。在这封信里，司马迁也告诉任安一个重要的消息："仆窃不逊，近自托于无能之辞。网罗天下放矢旧闻，略考其行事，综其终始，稽其成败兴坏之纪，上计轩辕，下至于兹，为十《表》、《本纪》十二、《书》八章、《世家》三十、《列传》七十，凡百三十篇。亦欲以究天人之际，通古今之变，成一家之言。"③共"五十二万六千五百字，为《太史公书》"。这样看来，他的著述工作已经基本完成了。从这里，我们也可以看到，他完成的是一部包含五种体例、从黄帝到著者当世约三千年的通史，他的著作目的已从开始时设想继承《春秋》、"采善贬恶"的论人论事，发展而为探究天人关系以及古今历史"成败兴坏"的规律变化；他的著作性质不是官修书史，而是"一家之言"。这是空前的一个创造，是司马迁的理想、血汗和坚强努力精神的结晶，是我国古代文化史上值得庆幸的一件大事。这时司马迁是五十三岁。

从此以后，司马迁的事迹已无可考，他是怎样死的，最后活到多大年纪，都很难有确定的答案。他大约卒于武帝末年（前87），一生与武帝相始终。

司马迁从元封三年（前108）为太史令后开始阅读、整理史料，准备写作，到太始四年（前93）全部写作计划基本完成，共经过了十六年。这是他的著述事业的主要阶段。在这时期中间他主持了改历工作，无辜地"遭李陵之祸"，虽然因此耽搁了一些时间，但这种特殊的工作和不幸的遭遇却成为鼓舞和推动他写作的一种很大的力量。在这之前，从元朔三年（前126）到元封二年（前109），由于漫游祖国侍从武帝和奉使西南地区，他的读书时间好象很少，但这些接触实际的经历却成为他后来写作资料的一个重要来源（其中侍从武帝巡行四方一事，是贯彻终身的）。在这之后，即在征和元年（前92）以后，他除了担任中书令一职，经常在武帝和尚书中间传达事务外，在晚年的主要工作就是对于他的全部著作的修补加工。司马迁一生的仕途历程，在汉王朝的官僚系统中，处于中下层被屈辱和被损害的地位，但这也就是他的著作事业的准备、创造和完成的过程。司马迁坚持完成的著作即《史记》和他一生丰富的实践经验、广泛的科学文化知识，构成了血肉相连不可分离的密切关系。

司马迁的著作，除《史记》外，传世曾有八篇赋，现在还存一篇《感士不遇赋》。这篇抒情小赋，大致可以相信，是司马迁晚年的思想情绪的反映。它诉说着"谅才韪而世戾，将逮死而长勤"；"何穷达之易惑，信美恶之难分"；"理不可据，智不可恃"：在专制主义的封建压迫下，在矛盾重重的封建地主阶级内部，一个正直的、有才能的中下层士大夫，总会遭遇到这种无可奈何的命运的吧。从这篇作品里，我们看见一个饱经忧患、感慨深沉而又"逮死长勤"终生坚持自己的理想的老人。

五 《史记》人物传记的思想性及其叙事特点

毛泽东同志在《中国革命和中国共产党》论著中指出："在中华民族的开化史上，有素称发达的农业和手工业，许多伟大的思想家、科学家、发明家、政治家、军事家、文学家和艺术家，有丰富的文化典籍。"司马迁一生努力完成的《史记》就是中华民族从黄帝以来的开化史，它是根据丰富的古代文化典籍和著者的实践经验而写成的。司马迁是属于中华民族伟大的文学家和历史家的行列的。

司马迁著《史记》，以"究天人之际，通古今之变，成一家之言"为目的，以本纪、表、书、世家、列传五种体例为形式，有组织有计划地整理了公元前一世纪初以前中华民族三千年开化发展的历史。这是一部巨大的历史著作，是前所未有、并世少见的创作。

五种体例互相区别而又互相联系和补充，形成了一个不可分割的整体。八书以叙事为主，是个别事件的始末文献，是全书叙事单一集中的补充。它们叙述的是政治、经济、军事、宗教、科学、文化等方面的始终变化。十表是依朝代顺序并把它们分为几个阶段而制作的，它们互相独立而又互相联系；以简单的记事为主，是某一历史时期、某一历史现象或事件的始终变化，是全书叙事的联络和补充。就历史著作说，这八书和十表是重要的，不可少的。但它在《史记》中却居于次要的地位。《史记》的主要部分是十二本纪、三十世家和七十列传。这是全书的中心。十二本纪除《秦本纪》《项羽本纪》外，是历代帝王世系和纪年的系统，是叙述历代帝王的政绩的。三十世家除《孔子世家》《陈涉世家》外，叙述秦以前地方割据世袭的侯王和汉代侯王的历史。七十列传除《匈奴列传》等六篇外，叙述贵族公子、各种官僚、政治家、军事家、思想家、文学家、经学教授、策士、隐士、说客、刺客、游侠、土豪、医生、卜者、商人、俳优、幸臣等等不同社会阶层、不同类型人物活动的历史。上述例外的那些篇，有的仍是割据的世袭侯王的历史（《秦本纪》）；有的是秦末农民起义领袖的历史（《项羽本纪》《陈涉世家》）；有的实际上也还是思想家活动的历史（《孔子世家》）；有的则是秦汉以来在东南沿海新的割据侯王的历史（《南越列传》《东越列传》）；有的是西南少数民族君长的历史（《西南夷列传》）；有的是外民族君长的历史（《匈奴列传》等）。由此可见，《史记》的中心部分是从古到汉各个社会阶层、各种不同地位、不同职业的人物活动的历史，是历朝历代一系列历史人物的传记。

以人物传记为中心来反映历史内容这一新的历史方法，是司马迁的首创。但也有其历史和现实的根源。春秋战国以来，社会大变革的结果，解放了奴隶，产生了新的阶级关系，活跃了社会各阶层人物。在发展的小生产互助中，个人的作用更突出了。诸子百家从代表各自阶级、阶层的利益出发，风起云涌于政治和文化的斗争舞台，表现了蓬勃的朝气。这些都给司马迁以人物活动来反映历史，提供了历史内容的前提。而《左传》《国语》《国策》等历史著作中，也往往具体生动地描写了春秋战国时代人物活动的片断形象，这对司马迁写作历史人物传记，无疑也有所启发。特别重要的是经过秦末的农民大起义而建立起汉王朝大一统的统治已经百年，产生了一代新的历史人物，更有记载的必要。司马谈在给司马迁的遗言中说："今汉兴，海内一统。明主贤君忠臣死义之士，余为太史而弗论载，废天下之史文，余甚惧焉！汝其念哉！"正是一代新人物需要记载的反映。

由此可以想象，事实也正是如此：以人物为中心的《史记》，主要写的不是人民群众的历史，而是帝王将相和官僚士人的历史，也就是历代统治阶级，从奴隶主阶级到地主阶级，特别是汉兴以来地主阶级的历史。司马迁的世界观或历史观还是唯心主义的。汉兴百年的统治思想，从战国晚期以来的阴阳家思想，到汉初的道家思想，到汉武帝时代以董仲舒为代表的儒家而兼阴阳家的思想，对司马迁都有程度不同的影响。司马迁的世界观或历史观是很复杂的。"天人之际"即天道和人事的关系，以及历史上朝代的兴亡盛衰的变化是汉兴以来，特别是汉武帝时代统治阶级共同探讨的根本问题。司马迁把他著作《史记》的最终目的也归结到这里，是符合当时统治阶级的要求的。作为这一根本问题答案的两套历史循环论，即五德循环论和三代循环论，对司马迁的影响是很自然的，他的世界观或历史观基本上跳不出这些圈套。它们把天人关系说成是人事最后由天命来决定，历史上的朝代兴亡盛衰以及个人的成败得失，都说成是非由人力所致，而是由天命来决定的。这种愚民的统治思想在《史记》里有不少反映。例如作者在《六国年表·序》里说秦"卒并天下，非必险固便形势利也，盖若天所助焉。"在《秦楚之际月表·序》里十分强调地说汉之代秦，"此乃传之所谓大圣乎？岂非天哉，岂非天哉！非大圣孰能当此受命而帝者乎？"而《高祖本纪·赞》则完全用董仲舒的三代循环论。司马迁作《孔子世家》，自乱其例，提高孔子的历史地位，实由于迷惑孔子为周公卒后五百年天命的圣人。《史记》以人物为中心，更根本的是以帝王即圣人为中心，这在《太史公自序》里也是说得清楚的。此外汉初统治阶级信奉道家黄老学派"清净无为"的思想，实质是统治阶级企图稳定封建秩序、束缚人民手足的一种愚民的思想，对司马迁的政治思想也有一定的消极影响。先秦的法家思想，到汉武帝时代，实际并未禁绝，而为统治者与儒术同时运用的统治工具，这对司马迁是有切身的经验的。但从政治思想上说，司马迁大致和司马谈一样，承认它对封建统治有"正君臣上下之分"的作用，而批判其"严而少恩"，极端残酷的刑法统治。

《史记》以人物为中心的进步思想意义和历史内容在于：司马迁不是从主观唯心主义的哲学公式出发，而是从客观存在的历史实际出发来观察历史的变化发展，这就是《太史公自序》里所说"王迹所兴，原始察终，见盛观衰，论考之行事"。这表现在两方面：首先他扩大了历史记载的范围。这在《八书》里就有显明的表现。就中心部分讲，不但写汉族、少数民族即秦汉以来封建国家以多民族而存在的历史，也写了一些外民族君长与中华民族通使往还以及斗争的历史；不仅写统治阶级的历史，也写了一些下层社会人物的历史：反映了全面的历史观。其次，他承认历史并不永远是一王一姓的，而是不断变化和发展的。《秦始皇本纪》《项羽本纪》《高祖本纪》《吕后本纪》依历史变化顺序而编写，突出地反映了这个发展的观点。司马迁认为秦应"世异变，成功大"；指出"学者牵于所闻，见秦在帝位日浅，不察其终始，因举而笑之，不敢道"，是不对的。因而并不象唯心主义的三代循环论撇开了秦王朝短暂的统治④。承认秦汉之际项羽的统治和吕后的统治，也都是从历史实际的变化出发，而不是从任何循环论的公式出发的。他作《陈涉世家》，把陈涉起义比之为"汤武作"和"《春秋》作"，以"圣王"看待陈涉，不仅因为陈涉是秦末农民大起义最初的发难者，而且也因为陈涉在秦楚之际确有发号施令半年的统治。这也是从历史实际的变化出发的。与此相应，对社会发展，司马迁赞成道家《老子》的顺其自然，有消极的因素；而反对它的"小国寡民"历史倒退论，却是把历史看成变化和发展的。

正是由于司马迁从历史实际观察历史的变化和发展，他在观察了许多的历史人物和历史现象之后，就能发现了问题。在《伯夷列传》里，他对所谓"天道无亲，常与善人"的天道观，反复地举出了相反的事实，提出了质问，最后说："余甚惑焉，傥所谓天道，是邪非邪？"在这里，他所举出的善人、恶人诚然是有问题的，但基本观点却是怀疑神秘的天命论即唯心主义的世界观或历史观。这是对当时统治思想的圈套的突破。同样地，在《游侠列传》里，他比较了各种人物，也怀疑了封建统治阶级所谓圣贤和道德。而肯定社会下层人物游侠的救人之急、牺牲自己的道德。他这里引"鄙人"的话说："何知仁义，已飨其利者为有德。"又在《货殖列传》里说："人富而仁义附焉。"都是对封建统治阶级的道德观的虚伪性的揭露。不论司马迁的自觉意识怎样，这些例证实际上包含着道德观的阶级属性和阶级对立存在的看法。这是对封建统治思想的又一突破。班固在《汉书·司马迁传》赞语中批评司马迁"是非颇谬于圣人：论大道则先黄老而后六经，序游侠则退处士而进奸雄，述货殖则崇势利而羞贱贫"。班固说的第一点是不正确的，第二、三两点却正是司马迁的进步思想。

从历史实际出发（观察历史），关键问题还在于是否忠实于历史事实，依照历史实际的本来面貌记录下来。后于司马迁不远的西汉刘向、扬雄，东汉的班彪、固父子都认为司马迁的《史记》是"实录"。依照班固的解释，"实录"的意思，是"其文直，其事核，不虚美，不隐恶"，即照事实实事求是地直录。这里包含着认真对待历史实际的方法和态度问题。对于古代历史，"实录"是考订、选取、运用历史资料问题。而对于秦汉以来的近百年史，特别是汉代当代的历史，就不只是现成资料的摘录、移写问题，而是面对现实，记录现实，这就不能不发生"忌讳"的问题。但司马迁是坚持了"实录"的精神的。《史记》的人物传记，正如鲁迅先生在《汉文学史纲要》（第十篇）中所说："不拘于史法，不囿于字句，发于情，肆于心而为文。"即不为传统历史记载的成规所拘束，而按照自己对历史事实的思想感情记录历史。这直接表现在对汉代统治阶级一系列人物的历史记载。从最高的皇帝到王侯贵族，到将相大臣，到地方长官等等，他固然不抹杀他们的神奇、光彩的一面，但突出的是揭露他们的愚昧、偏私、腐朽、丑恶以及残酷的压迫和剥削人民。

一九六八年我国文物考古工作者对河北满城汉景帝儿子中山靖王刘胜及其妻窦绾两座墓葬的发掘和研究，有力地证明了司马迁在《五宗世家》里对刘胜骄奢淫逸的揭露确是实录。这种实录精神，有古代史官记事的影响，如《左传》里就有许多记载是对奴隶主阶级罪恶历史的揭露；更重要的是司马迁认真对待亲身经验的结果。这是《史记》所以被认为是"谤书"的由来。但是司马迁的实录精神是不能不受他的世界观或历史观、政治思想以及个人好恶制约的。他的实录最重要、最大量的一部分在于揭露汉代统治阶级的罪恶，而其目的归根到底在于为封建统治者提供历史的借鉴作用。例如在《酷吏列传》里，他写了汉武帝时代残酷的刑法统治，是实录；又写了在这种统治之下所造成的官逼民反的严重情况，也是实录。因此可以认为，司马迁在这里写了阶级斗争，反映了真实的历史，是难能可贵的。但他并不认为这时的民反，就是人民的起义反抗，而认为是"法令滋章，盗贼多有"的结果。由此可见他的实录是为他的阶级立场决定的，而其目的在于为封建统治者寻求统治方案，提供历史的借鉴作用。因此，对司马迁的实录，无论是古代的历史还是秦汉以来的近百年史，我们还需要加以分析和研究。

从实录的精神出发，司马迁又是怎样写作人物传记的呢？首先是为什么人作传的问题。他所写的人物很广泛，主要从实际出发。有些人物不得不写，如帝王和公侯贵族有关纪年、世系为历史著作所必需；此外还有广阔选择的余地。他所选的人物，不是取决于其人的官职或社会地位，而是取决于其人的实际行为表现。官为丞相的人，他不一定为他们作传。在《张丞相列传》末，他说："自申屠嘉死之后，景帝时，开封侯陶青、桃侯刘舍为丞相；及今上时，柏至侯许昌、平棘侯薛泽、武强侯庄青翟、高陵侯赵周等为丞相：皆以列侯继嗣，娖娖廉谨，为丞相备员而已，无所能发明功名有著于当世者。"可见，一些无所作为的丞相，没有什么发明，没有功名著于世，不过是备员而已，只用一句话概述了几个人，并不给他们一一作传。司马迁不为那些庸庸碌碌无所成就的丞相作传，相反，他却写了许多下层人物传记，如游侠、商人医生倡优等等。因为这些人都是有某些可取之处的。人物选定了之后，就是具体的叙事问题。以人载事，叙述一个人生平事迹始终，这是司马迁的首创。人物无论大小，他的生平事迹总是很多的，又如何写呢？司马迁的笔法是，着重写其"为人"，并注意其"为人"的复杂性。如《平津侯主父列传》写公孙弘："弘为人恢奇多闻，常称以为人主病不广大，人臣病不俭节。"又说："弘为人意忌，外宽内深。诸尝与弘有却者，虽详（佯）与善，阴报其祸。"这个人是被汉武帝特别提拔作丞相的。这里可见作者注意写他的为人内外两方面。"弘为人恢奇多闻"，写其为人表现宽弘奇伟，知识很广博。"弘为人意忌"，写其对人多有积怨，外宽内深，是写其心。又如《酷吏列传》写张汤："汤为人多诈，舞智以御人。始为小吏，干没，与长安富贾田甲、鱼翁叔之属交私。""干没"是空手得利的意思。这是写张汤为小吏时好用计谋以制服人的表现。下文又说："汤至于大吏，内行修也。通宾客饮食。于故人子弟为吏及贫昆弟，调护之尤厚。"则写其为大吏时为人颇为宽厚，有利于人。这些例证都可见司马迁写人物传记要写出其为人大体，并注意其复杂性。司马迁是不喜欢公孙弘和张汤的，但是写了他们的好处。概括言之，《史记》人物传记的最大特点，其一是真实性和倾向性的统一。过去有人说："《史记》于叙事中寓论断"（顾炎武《日知录》卷二六），又有人说："叙事不合参入断语，太史公寓主意于客位，允称微妙"（刘熙载《艺概》卷一）。他们说的都是一个意思，就是把自己的看法寓于客观的事实叙述之中，用事实来表示自己对所写人物的爱憎态度。如有名的《项羽本纪》，他同情项羽，以极其饱满的热情来写这个失败的英雄，既赞扬项羽勇猛无前，摧毁秦王朝暴力统治的功绩和精神；也指责他沽名钓誉，头脑庸俗，胸无大志；批评他以粗豪自恃，无比残暴。所有这些都是通过项羽本人的事迹来表现的。在本传里，作者没有发议论，但他对项羽的爱憎态度于叙事之中是有显明的表示的。但有时可能使人有"依违"之感。唐萧颖士"尝谓仲尼作《春秋》为百王不易法，而司马迁作本纪、书、表、世家、列传，叙事依违，失褒贬体，不足以训"（《新唐书·萧颖士传》）。"依违"是"不专决"的意思⑤，即倾向性不明显。如《商君列传》，写得很完整，把商鞅的变法主张和经过写得具体、仔细，读到最后还觉得作者是赞成这个人物的。但是在传《赞》里，才表明他对传主的看法："商君，其天资刻薄人也。"这就是说，《史记》人物传记于叙事中寓褒贬，有时不很显明，要结合传《赞》才能认识清楚。《史记》里许多人物，无论作者对其人是爱是憎，大抵都是如此写法。只有少数如《伯夷列传》《屈原贾生列传》等，叙事兼议论，或则发舒孤愤，提出问题；或则略似后世作家作品评论。伯夷这个人，在战国时有很多传说，汉朝初年也有不少传说，都赞美这个人，但没有具体的事实，给这个人作传，没有多少事可写。传说中有伯夷，为人清廉，给他作传，使那些不清不廉的有所借鉴，有所标榜。《屈原贾生列传》也是如此，事实也是不多的，特别是《屈原传》。这两篇传和其他的传不同，所以鲁迅先生以为这两篇如小品文（《且介亭杂文二集·杂谈小品文》），确是《史记》人物传记的变体。这和传主事迹渺茫或较少有关系，也和作者对他们的遭遇同情有关系。

　　《史记》传记叙事的又一特点是个性和典型性统一。司马迁写人物传记，无固定的格式，大抵因人立传，因事成文。就形式说，有单传、合传、类传的区分，主要意图在于表现传主"为人"的特征。根据对人物特征的认识取舍事件。取大事，这是当然的，因为它们有关于客观的历史实际，也有关于人物的历史业绩。但也不排除小事。如《李斯传》

在传首写李斯"见吏舍厕中鼠食不絜"和"观仓中鼠食积粟"而感叹："人之贤不肖譬如鼠矣，在所自处耳！"目的在于表现李斯为人见机行事，不顾是非美恶，阿世苟活，一生贪图富贵利达的特征。又如《张汤传》在传首写张汤儿时"掘窟得盗鼠及余肉……并取鼠与肉，具狱磔堂下"的故事，叙述详细，目的在于表现张汤为人善于治狱，他的酷吏之才，实出于天性。此外如张良、韩信、陈平等传，也都写他们年轻时一些小故事，而这些小故事往往也不都是光彩的。司马迁写这些小故事，目的同样是为了表现他们为人的特征的。一般取事不多，这是《史记》的事简。不写太多的事件，选取重要的几件事来写，这样叙事是简洁的，不堆砌许多事。项羽、李广都自称身经"七十余战"，但传中所写他们的战迹也都只有两次。有些事件由于牵连别人或其他原因，则写于别传，这是司马迁惯用的"互见法"。项羽的好多缺点，写在韩信传里。一方面表现出韩信用兵有独到的见解，一方面也赞美了韩信，避免了正面批评项羽。又如写刘邦美的事情，大的事件，但看了《项羽本纪》及其他一些传，就会感到刘邦还有另一个面貌。刘邦被项羽打败，逃难，以及把儿子和女儿屡次推下车等情节，都写在《项羽本纪》里。避免在一篇中堆砌事件，影响人物形象的塑造，而"为人"的复杂性则于此可见。对于所取之事，无论大小，往往极力描写，有细节、场面，使之故事化，成为历史画面，则又是《史记》传记的文繁。这是古代史官记事又一新的高度的发展，实开后世小说的先河。这里历史和文学就分不开了。《项羽本纪》里关于"鸿门宴"的描写；《廉颇蔺相如列传》里关于蔺相如完璧归赵、秦赵渑池之会的描写都是最突出的。如以《汉书·高帝纪》中所写的"鸿门宴"与《史记》的相比那就清楚地看出历史文献和文学作品的差异。《史记》所写的《鸿门宴》，也不是司马迁想象或虚构出来的，而是根据传说写成的。这种文繁，实即重点突出。梗概的叙述和具体的描写相结合，形成波澜起伏、繁简相间、引人入胜的独特风格。选择人物，全面了解人物的"为人"，剪裁事件，重点突出。某些事件，既是个人传记，又往往有典型意义，反映丰富的历史内容。这是一个创作的过程，从而塑造了生动鲜明的人物形象。如《魏公子列传》《项羽本纪》《李广传》《魏其武安侯列传》《酷吏列传·张汤传》《游侠列传·郭解传》等，都是代表作品。

《史记》人物传记的语言很丰富，口头流传的成语、谚语、歌谣，广泛采用；又不避免方言土语，和后来古文家只求"雅"不同。用古史资料，往往以当时通用语翻译古语。如《五帝本纪》写关于尧舜的事迹，取材于今文《尚书·尧典》与《舜典》，把《尧典》《舜典》的"允厘百工，庶绩咸熙"，"百姓如丧考妣，三载四海遏密八音"，"惟时懋哉"等语，译为"信饬百官，众功皆兴"，"百姓悲哀，如丧父母，三年四方莫举乐"，"维是勉哉"，原文和译文比较读之，就觉译文易读易懂多了。《史记》的语言，是"文言"，但接近口语，一般叙述语和人物对话谐和一致。明快而含蓄，言外有意，耐人玩味；简约而繁复，不拘一格，各当其用，大抵服务于人物特征的描写。特别引人兴味的是刻画人物说话口吻，从而表现人物的精神态度。又往往适当地强调、夸张，使人物形象突出。这是《史记》语言很突出的特点，这样的例子是很多的。一、《高祖本纪》："（五年）正月，诸侯及将相相与共请尊汉王为皇帝。……汉王三让，不得已，曰：'诸君必以为便……便国家。'"二、《陈涉世家》："陈胜王凡六月。……陈王出，（其故人）遮道而呼涉……入宫，见殿屋帷帐，客曰：'伙颐！涉之为王沈沈者！'"三、《陈丞相世家》："于是上（孝文皇帝）亦问左丞相平。……平谢曰：'主……臣……陛下不知其驽下，使待罪宰相。'"四、《张丞相列传》："（周）昌为人强力，敢直言。……及帝欲废太子……而周昌廷争之强，上问其说，昌为人吃，又盛怒，曰：'臣口不能言，然臣期……期知其不可。陛下虽欲废太子，臣期……期不奉诏。'……"五、《汲郑列传》："天子方招文学儒者，上（武帝）曰：'吾欲……云云。'黯对曰：'陛下内多欲而外施仁义，奈何欲效唐虞之治乎！'"以上五例，汉高祖让皇帝位的话，陈胜故人惊讶陈胜为王一派阔气的话，陈平惶恐对答汉文帝的话，周昌口吃对答汉高祖的话，汉武帝对汲黯的讲话，都是当时口语的直录摹拟，或完全或不完全，生动地反映了说话者当时各各不同的神情态度，至今读之，犹觉汉初人物谈话的各种情景展现于目前。《史记》人物传记的出色和作者运用语言的努力是有极大的关系的。

　　《史记》人物传记的成功，主要表现在战国秦汉以来的那些篇，既是历史文献而又富有文学性。其特征在于作者根据确实可信的历史事实，加以选择、剪裁和强调，通过明晰通俗的语言，忠实地塑造了各种人物的生动鲜明的形象，有他们的个性和典型性，从而反映了一定历史时期复杂的社会面貌和本质。司马迁开创了我国的传记文学。

由于辞赋和散文的发达，东汉时代产生了文章的概念，人们往往以司马相如和司马迁为文章家的代表，文章家就是文学家。司马相如是汉武帝时代的著名的辞赋家；司马迁也写过辞赋，但著名的作品则是《史记》的传记散文。他开创了我国古代散文一个新的历史时代。

《史记》流布以后在历史学和文学的发展史上发生了长远、广泛而深刻的影响。这些我们在这里就不多说了。

【注释】

①司马迁生年旧有二说：一为生于汉武帝建元六年（前135），一为生于汉景帝中元五年（前145）。本文从后者，参看王国维《观堂集林》卷一《太史公行年考》、梁启超《饮冰室合集》专集第十五册《要籍解题及其读法》、郑鹤声《司马迁年谱》（商务印书馆版《中国史学丛书》）等书。

②《史记》卷十七《汉兴以来诸侯王年表第五》："……汉独有三河、东郡、颍川、南阳，自江陵以西至蜀，北自云中至陇西，与内史，凡十五郡，而公主列侯颇食邑其中。"三河指河东、河内、河南，加东郡、颍川、南阳，共六郡。江陵以西至蜀五郡：南郡、江夏郡、汉中郡、广汉郡、蜀郡。云中至西三郡：云中郡、定襄郡、陇西郡。以上加内史，共十五郡。

③此据《文选》卷四十一所录《报任少卿书》较《汉书》卷六十二《司马迁传》所载稍详。

④钱大昕《史记志疑·序》谓"史公著述，意主尊汉，近黜暴秦，远承三代，诸表微见其旨，秦虽并天下，无德以延其祚，不过与楚项等，表不称秦汉之际而称秦楚之际，不以汉承秦也"。此论显未体会司马迁承认客观实际、发展的历史观。而说"近黜暴秦"，更不合史公之意。

⑤《汉书》卷三十六《楚元王传》刘歆《移太常博士书》"犹依违谦让"，师古曰："依违，言不专决也。"

【导读】

本文详细叙述了司马迁的生平，并解析了其生平对于写作《史记》的影响。季镇淮认为司马迁通过选择和识别人物，选取可信的和重要的事迹，适当地安排、剪裁，并加以一定的具体描写，突出了有典型意义的代表人物和人物的重要方面，从而反映复杂而丰富的历史内容。并从许多细节和司马迁的生平入手，分析了《史记》的思想性和局限性，治学功力相当深厚。

【作者简介】

见 261 页。

主要参考书目

1. 鲍照.鲍参军集注 [M].钱仲联,增补集说校.上海:上海古籍出版社,1980.

2. 萧统.昭明文选 [M].扬州:广陵书社,2009.

3. 王勃.重订新校王子安集 [M].何林天,校注.太原:山西人民出版社,1990.

4. 彭定求,陈尚君补辑.全唐诗:增订本 [M].北京:中华书局,1999.

5. 李白.李太白全集 [M].北京:中华书局,2003.

6. 傅璇琮,倪其心,许逸民.全宋诗 [M].北京:北京大学出版社,1993.

7. 钱锺书.宋诗选注 [M].北京:人民文学出版社,2005.

8. 唐圭璋.全宋词 [M].北京:中华书局,1965.

9. 苏轼.苏东坡集 [M].北京:商务印书馆,1958.

10. 苏轼.苏轼诗集合注 [M].上海:上海古籍出版社,2001.

11. 淮阴县志编纂委员会.淮阴县志 [M].上海:上海社会科学院出版社,1996.

12. 薛鏊,陈艮山.正德淮安府志 [M].荀德麟,陈凤雏,王朝堂,点校.北京:方志出版社,2009.

13. 宋祖舜,方尚祖.天启淮安府志 [M].荀德麟,刘功昭,刘怀玉,点校.北京:方志出版社,2009.

14. 金秉祚,丁一焘.乾隆山阳县志 [M].清乾隆十四年(1749)刻本.

15. 吴棠,鲁一同.咸丰清河县志 [M].葛以政,等点校.北京:中国文史出版社,2017.

16. 吴承恩.西游记 [M].北京:人民文学出版社,1955.

17. 刘鹗.老残游记 [M].北京:人民文学出版社,1982.

18.《淮安乡土》编写组.淮安乡土 [M].淮安:淮安县中学印刷厂印,1984.

19. 胡燕平 . 淮安名人作品选 [M]. 北京：中共党史出版社，2003.

20. 杜涛，叶占鳌，葛晓丽 . 名城淮安丛书·名诗名文 [M]. 北京：中国文史出版社，2012.

后 记

　　本书记载了淮安深厚的历史文化底蕴、灿烂的文化硕果和昂扬的人文精神。希望通过她，可以让读者更加了解淮安这片美丽的土地。

　　在编撰过程中，我们选择了前贤大家的优美诗词文章，以及现代淮安籍作家的优美散文，力争留下最好、最美的关于淮安的文化记录。我们注重作品的思想性、艺术性与可读性，尽可能地选取有代表性的优秀作品。作者皆为有定评的古今作家，作品内容涵盖淮安的山川名胜、名家贤人、史迹文物、精神传统与乡风民俗。

　　尽管我们作了最大的努力，受编者水平所限，难免有遗珠乃至错选之憾，敬请读者鉴谅。

　　鉴于诗歌部分大部分诗文作者离世久远，读者对其时代背景与人生经历较为陌生，我们对古代诗词均加上了必要的注释。对个别难于理解的文章提供了译文。由于工作量大，编注中难免有疏漏之处，祈请各位读者批评指正。

编者

2019 年 1 月

图书在版编目（CIP）数据

淮安乡土语文 / 陈武，严苏，陈晓岩主编；上海社
会科学院长三角城市历史文化研究中心编 . -- 镇江：江
苏大学出版社，2022.9
　ISBN 978-7-5684-1529-3

　Ⅰ . ①淮… Ⅱ . ①陈… ②严… ③陈… ④上… Ⅲ .
①中学语文课－高中－乡土教材 Ⅳ . ① G634.301

　中国版本图书馆 CIP 数据核字（2022）第 163533 号

淮安乡土语文
Huaian Xiangtu Yuwen

主　　编 / 陈　武　严　苏　陈晓岩
责任编辑 / 夏　冰
出版发行 / 江苏大学出版社
地　　址 / 江苏省镇江市京口区学府路 301 号（邮编：212013）
电　　话 / 0511-84446464（传真）
网　　址 / http://press.ujs.edu.cn
制　　版 / 湖州文华制版设计有限公司
印　　刷 / 湖州日报印务有限责任公司
开　　本 / 710mm×1 000mm 1/16
印　　张 / 21.75
字　　数 / 350 千字
版　　次 / 2022 年 9 月第 1 版
印　　次 / 2022 年 9 月第 1 次印刷
书　　号 / ISBN 978-7-5684-1529-3
定　　价 / 55.00 元

如有印装质量问题请与本社营销部联系（电话：0511-84440882）